湛庐CHEERS

与最聪明的人共同进化

HERE COMES EVERYBODY

ANTONIO
DAMASIO

解码人类情绪脑
开启感官新时代

安东尼奥·达马西奥

01 掀起情绪革命浪潮的神经科学家

安东尼奥·达马西奥是公认的神经科学思想领袖，他是美国南加州大学神经科学、心理学和哲学教授，也是美国艺术与科学学院、美国国家医学院、欧洲科学与艺术学院院士。

长期以来，人们普遍认为情绪会扰乱一个人的推理和决策：古代的哲学家大都认为情绪是理性思考的杂音，是一种多余的心理能力；早期经典决策理论的假定也与之相似，认为人们所做出的决策是完全理性的；20 世纪认知科学的兴起更是让科学家们把注意力放在了认知模型和推理过程上。

然而，既是临床医生又是神经科学家的达马西奥通过研究得出了截然不同的结论，他认为人类的理性决策离不开对身体情绪状态的感受。这一论断简单却有力，从根本上颠覆了支配西方几百年的身心二元论。

他在首部著作《笛卡尔的错误》中对此做了详细讨论。由于书名较为尖锐，达马西奥原本只是希望可以安静地陈述观点，只要不被人轰下台就好。但意想不到的是，这本书受到了众多读者的支持和欢迎，已被翻译成 20 多种语言，畅销全球 30 多个国家。达马西奥带来的情感革命浪潮，也使得心理学、神经科学、经济学、哲学、社会学、管理学、政治科学等众多学科的关注点发生了转变。

02 解密科学史上最经典案例的模范夫妻档

达马西奥的妻子汉娜·达马西奥也是一位杰出的神经科学家，她在脑成像和损伤分析领域建树颇丰。两人携手走过了 50 多年的科研之路，堪称科研界的模范夫妻档，他们曾经模拟出了神经科学史上最有名的病人之一盖奇的受伤场景。

当年，25 岁的盖奇在美国佛蒙特州铁路工地工作时发生意外，一根铁棍从他的颧骨下方刺入，又扎穿了他的眉骨，穿透头颅，但他却在严重的脑损伤后奇迹般地存活了 13 年。更为引人注目的是，盖奇在经历了脑损伤以后，脾气秉性和为人处世的风格都发生了巨大的转变，与从前判若两人。这让盖奇成

了科学界研究的热点。

达马西奥夫妇为了完成有关情绪工作的整套理论，对盖奇和其他几位额叶缺失患者进行了深入研究，试图寻找盖奇人格翻天覆地的变化的原因。最终他们得到了满意的结论，并且让这项研究登上了 1994 年的一期《科学》杂志封面。这奠定了当代认知神经科学的基础。

03 极客型资深音乐发烧友

除了研究大脑，达马西奥还爱好艺术，他平时喜欢收集自己的作品在各国的不同版本，而妻子汉娜的业余爱好则是制作雕塑，两人对艺术的兴趣促使他对情绪有着比常人更深刻的理解。他与汉娜创立了大脑与创造力研究院，并在其中专门设立了音乐厅，希望通过音乐会的形式探讨情绪在艺术创作以及儿童教养方面的重要作用。

2009 年，达马西奥联手知名大提琴演奏家马友友，在美国自然历史博物馆举行了一场音乐公演。公演以达马西奥的著作《当自我来敲门》为题，演奏期间，舞台屏幕上同步呈现了炫丽的大脑成像图。

知名作曲家布鲁斯 · 阿道夫曾说：“达马西奥教授的科学著作为作曲家提供了生动的描述，进而对音乐创作带来了结构性影响，他诗性的语言也为音乐等抽象表达方式预留了必要的空间。”

04 影响力遍及全球的思想引领者

达马西奥在神经科学研究的第一线奋战了几十年，获奖无数。他提出的躯体标记假设启发了欧美诸多神经科学实验室研究人员的思路，并为理解情绪、感受和意识背后的大脑运行方式作出了重要贡献。

在神经科学领域外，他的研究成果还被其他学科的许多研究者引用，美国科学信息研究所称其为“最高被引学者”之一。他影响的学者包括诺贝尔生理学或医学奖得主大卫·休伯尔、诺贝尔经济学奖得主弗农·史密斯、著名哲学家汉斯·约阿西姆·施杜里希等。达马西奥的名字还曾被写入施杜里希所著的《世界哲学史》，成为让 20 世纪哲学思想发生转变的标志性人物。

正是这样的跨界影响使得达马西奥的作品能够长踞心理学、脑科学、哲学、社会学、国际关系与管理学等领域经典书单之中。他的新作《万物的古怪秩序》为读者提供了一种理解生命、情感和文化起源的新方法，帮助我们重新理解这个世界以及我们在其中的位置。这位享誉世界的神经科学家总能给我们带来新的惊喜。

Descartes' Error

Emotion, Reason, and the Human Brain

笛卡尔的错误

情绪、推理和大脑

[美]安东尼奥·达马西奥（Antonio Damasio）◎著

殷云露◎译

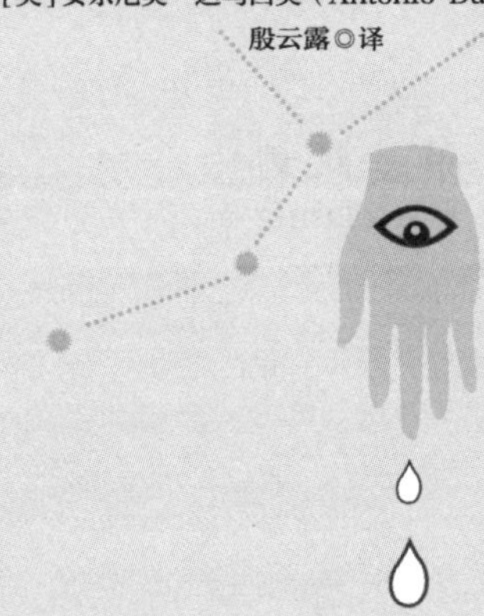

北京联合出版公司
Beijing United Publishing Co.,Ltd.

献给汉娜
For Hanna

推荐序

从理性和感性走向演化理性

——序达马西奥著作五种中译

汪丁丁
北京大学国家发展研究院经济学教授

大约 15 年前，我陪诺贝尔经济学奖得主弗农·史密斯（Vernon Smith）在友谊宾馆吃午餐，他来北京大学参加中国经济研究中心十周年庆典的系列演讲活动。闲聊一小时，我的印象是，给这位实验经济学家留下较深印象的脑科学家只有一位，那就是达马西奥。其实，达马西奥至少有三本畅销书令许多经济学家印象深刻，其中包括索罗斯。大约 2011 年，索罗斯想必是买了不少达马西奥的书送给他的经济学朋友，于是达马西奥那年才会为一群经济学家演讲，并介绍自己 2010 年的新书《当自我来敲门》（*Self Comes to Mind: Constructing the Conscious Brain*，我建议的直译是“自我碰上心智：意识脑的建构”），同时主持人希望达马西奥向经济学家们介绍他此前写的另外两本畅销书，即《寻找斯宾诺莎》（2003）和《笛卡尔的错误》（1995），后者可能也是索罗斯最喜欢的书。索罗斯总共送给那位主持人三本《笛卡尔的错误》。笛卡尔是近代西方思想传统的“理性建构主义”宗师，所以哈耶克追溯“社会主义的谬误”至360年前的笛卡尔也不算“过火”。索罗斯喜爱达马西奥，与哈耶克批判笛卡尔的理由是同源的。

脑科学家达马西奥，在我这类经济学家的阅读范围里，可与年长五岁的脑科学家加扎尼加相提并论，都被列为“泰斗”。术业有专攻，达马西奥主要研究情感脑，而加扎尼加主要研究理性脑。“情感”这一语词在汉语里的意思包含了被感受到的情绪，“理性”这一语词在汉语里的意思远比在西方思想传统里更宽泛，王国维试图译为“理由”，梁漱溟试图译为“性理”（沿袭宋明理学和古代儒学传统），我则直接译为“情理”，以区分于西方的“理性”。标志着达马西奥的情感与理性“融合”思路的畅销书，是1999年出版的《感受发生的一切》（*The Feeling of What Happens*，我的直译是：“发生什么的感觉：身体与情绪生成意识”）。达马西奥融合理性与感性的思路的顶峰，或许就是他2018年即将出版的新书《生命的秩序》（*The Strange Order of Things*：*Life, Feeling, and the Making of Cultures*，我的直译是：“世界的奇怪秩序：生命，感受，文化之形成”）。

在与哲学家丽贝卡·戈尔茨坦（Rebecca Goldstein，史蒂芬·平克的妻子）的一次广播对话中，达马西奥承认斯宾诺莎对他的科学研究思路有根本性的影响，甚至为了融入斯宾诺莎，他与妻子[①]专程到阿姆斯特丹去“寻找斯宾诺莎”。他在《寻找斯宾诺莎》一书的开篇就描写了这一情境，他和她，坐在斯宾诺莎故居门前，想象这位伟大高贵的思想者当时如何被逐出教门，又如何拒绝莱布尼茨亲自送来的教授聘书，想象他如何独立不羁，终日笼罩在玻璃粉尘之中打磨光学镜片，并死于肺痨。如果这两位伟大的脑科学家知道陈寅恪写于王国维墓碑上的名言——“惟此独立之精神，自由之思想，历千万祀，与天壤而同久，

① 达马西奥的妻子名为汉娜（Hanna），是《脑解剖图册》（*Human Brain Anatomy in Computerized Images*）的主编，她在脑科学领域的名望，不亚于达马西奥。

共三光而永光”，可能要将这一名言写在《寻找斯宾诺莎》一书的扉页。

斯宾诺莎的泛神论，斯宾诺莎的情感学说，斯宾诺莎的伦理学和政治哲学，对达马西奥产生的影响，不论怎样估计都不过分。晚年达马西奥的问题意识，很明显地，从神经科学转入演化生物学和演化心理学，再转入“文化”或“广义文化”（人类以及远比人类低级的生物社会的文化）的研究领域。文化为生活提供意义，广义文化常常隐含地表达着行为对生命的意义。最原始的生命，其演化至少开始于 10 亿年前的真核细胞。达马西奥和我都相信（参阅我 2011 年出版的《行为经济学讲义》），最早的生命是“共生演化”（symbiosis）的结果。并且，我们都认为广义文化的核心意义是“合作”——我宣称行为经济学的基本问题是“合作何以可能”。达马西奥认为关于合作行为的“算法”是 10 亿年演化的产物，虽然，这样的广义文化将世界表达为一套“奇怪的秩序”。例如，在原核细胞的演化阶段（大约 20 亿年前），很可能“线粒体”细胞与“DNA”细胞相互吞噬的行为达成僵局，于是共生演化形成真核细胞，而这样的细胞，基于共生演化或合作，确实看起来很奇怪。他把这一猜测，写在 2018 年的新书里。不过，早在 2011 年，哈佛大学诺瓦克（Nowak）小组的仿真计算表明，在几千种可能的“道德”规范当中，只有几种形成合作的规范是“演化优胜”的。

最原始的生命，例如由细胞膜围成的内环境，只要有了“内环境稳态”（homeostasis），只要在生存情境里有可能偏离这一稳态，就有试图恢复这一稳态的生命行为，不论是否表达为“情绪”、“意象”或“偏好”（喜欢与厌恶）。因此，生命行为或（由于算法）被定义为“生命”的任何种类的行为，可视为是“内平衡”维持自身的努力，物理的、化学的、神经递质的，于是，在物理现象与生命现象之间并不存在鸿沟。根据演化学说，在原始情绪与高级情感之间也不存在鸿沟。在融合思路的顶峰，达马西奥推测，从生命现象（“脑”和“心智”）涌现的意识现象，以及从意识现象（基于“自我意识”）涌现的“精神现象”，都可从上述的演化过程中得到解释。个体与环境的这种共生关系，不妨用这篇序言开篇提及的经济学家史密斯的表达，概括为“演化理性”，又称为“生态理性”。

精神现象，在 20 世纪的“新精神运动”之前的数千年里，主要表达为“宗教”——个体生命融入更高存在的感觉以及由此而有的信仰，还有信仰外化而生的制度。在当代心理学视角下，任何生命个体，都需要处理它与环境之间的关系问题。对个体而言，最广义的环境是宇宙，或称为“整全”，中国人也称为“太一”。古代以色列人禁止为“太一”命名，因为，任何“名”（可名之名，可道之道）都不可能穷尽整全，于是都算“亵渎”。最初的信仰，就是对个体生命在这一不可名、不可道的整全之内的位置的敬畏感，以及因个体和族群得以繁衍而产生的恩典感。个性弘扬，抗拒宗教对信仰的束缚，诸如路德的改革，于是个体生命可以表达与神圣“太一”合体的感受（天降大任于斯人也）。归根结底，还是个体要处理它与“整全”之间的关系问题。这套关系是连续的谱系，从低级的细胞膜行为——称为“情绪”，演化为高级的信仰行为——称为“精神”。

我认为达马西奥的这几本书，或许远比我的《行为经济学讲义》更容易读懂。众所周知，以目前中国学术界的状况，优秀译文难得。谨以此序，为湛庐文化在这一领域坚持不懈的努力提供道义支持。

DESCARTES' ERROR

序言

在推理中发现情绪

如果我们生活在 20 世纪初，并且碰巧对心智相关的问题感兴趣，或许我们会认为已经可以用科学从多个层面去理解情绪，并可用确定无疑的证据去回答公众日益增多的疑问。在过去的几十年中，达尔文已经告诉我们，在情绪现象方面，人类和动物有着惊人的相似度；威廉・詹姆斯（William James）和卡尔・荣格提出了一个新颖的观点来解释人类如何处理情绪；西格蒙德・弗洛伊德也将情绪置于心理病理学研究的中心；查尔斯・谢灵顿（Charles Sherrington）也开始对情绪的大脑回路展开神经生理学研究。

然而，对情绪的全面研究在当时从未出现。相反，随着心智和大脑的研究在 20 世纪逐渐繁荣，研究者的兴趣逐渐转向神经科学，而神经科学中的情绪研究并不是主流。诚然，精神分析学家和精神病学家们从来没有忽视情绪，还有一些值得尊重的例外，即那些研究心境障碍的药理学家和精神病学家，以及深耕情感的心理学家和神经科学家。但是，那些例外更突显了对情绪研究的忽视。行为主义、认知革命和计算神经科学也都没有以令人满意的方式减少上述忽视。

1994 年本书第一次出版的时候，虽然情况有些许改观，但大体来说依旧如此。本书通篇都在讨论情绪的大脑机制，以及情绪对广义的决策和狭义的社会行为的影响。我原本只是希望可以安静地陈述观点，只要不被人轰下台就好，我从未期待自己的观点会得到如此的欢迎和重视。事实上，国内外的读者都对本书表示了宽容、关注和欢迎；许多专业和非专业读者都思考了本书的观点。同样出乎意料的是，许多读者都急切地希望参加讨论，提出问题、建议和修改意见。我和那些读者建立了联系，其中一些读者还成了我的朋友。我从他们的意见中获益颇丰，时至今日，我依然能收到从世界各地发来的关于本书的邮件。

十年之后，情况发生了极大改观。在本书出版后不久，两位利用动物研究情绪的神经科学家相继发表了自己的著作，约瑟夫·勒杜（Joseph Le Doux）1996 年出版了《情绪脑》（*The Emotional Brain*），雅克·潘克塞普（Jaak Panksepp）1998 年出版了《情绪神经科学》（*Affective Neuroscience*）。此后，位于欧洲和美国的一些神经科学实验室也将重心转移到情绪的研究上。研究情绪的哲学家也获得了新的关注，玛莎·努斯鲍姆（Martha Nussbaum）就是一个很好的例子。研究情绪科学的书也开始受到欢迎，如丹尼尔·戈尔曼（Daniel Goleman）的《情商》（*Emotional Intelligence*）。一个世纪之后，正如先行者所希望的那样，情绪获得了应有的关注。

本书的主题是情绪和推理的关系。基于多年对同时存在决策障碍和情绪障碍的神经疾病患者的研究，我提出了躯体标记假设。该假设认为情绪位于推理回路中，情绪可以帮助决策，而不是像大多数人所认为的那样只会干扰决策。现在大家已经不会对这个观点表示惊讶了，但该观点在刚提出时却震惊了许多人，并遭受了许多质疑。总的来说，现在这个观点已经广为流传了，甚至某些情况下还遭受了误解。例如，我从未说过，情绪对推理的帮助只能在非意识层面进行。相反，针对躯体标记假设，我提出的第一个观点就是意识层面的直觉，不过我依然承认躯体标记也有非意识层面的变种；我也从不认为皮肤电传导就是躯体标记，我认为皮肤电传导只是躯体标记的一个指标。最后，我也从未表示情绪可以代替推理，但是一些对本书肤浅的解读似乎在说，只要听从本心，一切万事大吉。

当然，在一些情况下情绪可以代替推理。其中一种情绪反应机制，即所谓的恐惧，可以帮助人们在短时间内不靠推理便可迅速逃离危险。一只松鼠或一只小鸟都可以不假思索地迅速对外界威胁作出反应，人类当然也可以。事实上，特定情况下，过多的思考还不如完全不予思考。这也正是演化中情绪的美妙之处，情绪使有机体可以不用思考即可完成决策。然而，对人类来说，事情远没有那么简单。推理可以实现情绪的功能，但却是以刻意的方式。推理可以使我们在决策前审慎地思考，这同样是一件好事。显然，面对复杂环境，情绪可以解决其中许多问题，但不能解决所有问题；有时候，情绪所提供的解决方案是徒劳无益的。

不过，我们人类这一复杂物种又是如何演化出精妙的推理系统的呢？本书提出了一个新颖的观点，即推理是自主情绪系统的延伸，而情绪本身在推理系统中也扮演着不同的角色。例如，在决策中，情绪可以凸显某一前提的重要性，从而使决策结果倾向于这一前提。情绪还可将决策所需的各种知识储存在心智中。

情绪在推理过程中的切身参与可能是有益的，也可能是有害的，这取决于决策环境和决策者的既往历史。想要了解决策环境的作用，可以参考马尔科姆·格拉德威尔（Malcolm Gladwell）的《眨眼之间》（*Blink*）一书的开篇：盖蒂博物馆的馆长迫切希望收藏某件希腊雕塑，所以声称那件雕塑是真品。而馆外专家看了一眼，便凭直觉判断那件雕塑是赝品。可以看到，不同种类的情绪在不同决策阶段参与了这两个决策。对一些人来说，他们有被奖赏激发的强烈渴望去承那个物品的真实性；而对另外一些人来说，他们会马上觉得不对劲，并凭直觉判断那个物品有缺陷。然而，无论是哪种情况，推理都不是单独在起作用，这是我在本书中提出的关键观点。如果情绪被排除在推理过程之外，就类似特定神经疾病的状态，那么推理过程就会漏洞百出，这比情绪干扰决策时还要糟糕。

躯体标记假设认为，有机体用情绪来标记特定情境或特定行为的可能结果。有时候情绪标记的过程是相当明显的，如通过"直觉"的方式；有时候标记的过程是隐秘的，如通过位于意识水平之下的信号，这些隐秘的信号可能是神经调节反应，如多巴胺或5-羟色胺，这两者都可以改变表征选择的神经元的活动。推理中使用的知识也同样既可以是外显的，也可以是内隐的，通过直觉来解决问题。

换句话说，直觉是一种快速认知过程，我们通过直觉快速得出结论而无需通过逻辑知识的中介推演，而情绪在直觉过程中扮演了重要角色。但这并不是说中介步骤的知识是缺失的，只是情绪带来的决策太直接、太快速，以至于没有多少知识来得及进入心智。这就应了那句老话："直觉偏爱有准备的头脑"。但是，在躯体标记假设的语境下，这句老话有什么含义呢？这其实是说，个体直觉推理的好坏依赖于既往推理的质量；依赖于个体在过去对情绪相关经验分类总结的能力；也依赖于对过往直觉判断好坏的反思能力。

直觉只不过是一种快速认知过程，这种认知过程所需的情绪和过往经验被隐藏起来了。显然，我并不希望将情绪和推理对立起来，我认为情绪至少可以帮助推理，并且可以和推理进行合作。我认为情绪直接或间接地通过感受来传达认知信息，因而我不认为情绪和认知是对立的。

建立躯体标记假设的实证基础来源于我多年来对神经疾病患者的研究，由于大脑额叶的特定区域的损伤，这些患者的社会行为出现严重失调。对这些患者的观察最终引出了本书另外一个重要观点，即共同参与情绪和决策的脑区也通常涉及社会认知和社会行为的调节。这个观点开辟了一条新路，将社会结构、文化现象与特定神经生物学基础结合了起来，而这个结合具备强有力的事实支撑。

本书的出版还引发了一个相关发现。一些年轻人的某些行为类似于我书中的额叶损伤患者，他们的父母敏锐地发现了这点，并写信询问他们子女的问题是否也源自脑损伤。通过研究发现，事实的确如此，我们在 1999 年发表了相关问题的第一篇研究。这些年轻人早年曾遭受脑损伤，但他们的父母要么不知情，要么知情但没有将其与异常的社会行为联系起来。我们还发现了早年脑损伤患者和成年脑损伤患者之间的一个重要区别：早年就遭受脑损伤的患者通常无法习得本该指导行为的社会习俗和伦理规范；与之相对，成年才遭受脑损伤的患者清楚地知晓这些规范习俗，但无法遵守；换句话说，成年脑损伤患者的问题表明，恰当的社会行为需要情绪的参与；而早年脑损伤患者的问题则表明，想要习得恰当的社会习俗和伦理规范，情绪也是必需的。上述发现对于我们理解异常社会行为的原因意义还没有得到普遍的重视。

在本书的后记中，我指出了未来神经生物学研究的一个方向：人类的基本体内平衡机制构建了人类价值观的文化发展蓝图，这种价值观让我们能够判断行为的好与坏、事物的美与丑。在当时，我提出这个观点是希望能够在神经生物学和人道主义之间搭建一座桥梁，从而帮助我们更好地理解人类的冲突，以及更全面地理解人类的创造力。我很欣慰地看到，现在这座桥梁的搭建已经有所进展。举例来说，一些研究者致力于研究道德推理的大脑机制，而另一些研究者试图探索审美经验的神经基础。这些研究并不是希望将道德推理或审美降格到脑回路的层面，而是希望找到神经生物学和文化间互相连接的线索。现在我满怀希望，希望这样一座乌托邦式的桥梁能够付诸实践；我也乐观地相信，这样一座桥梁对人类也有所裨益，而我们也不必再等上一个世纪。

安东尼奥·达马西奥，2005 年

DESCARTES'
ERROR

目录

第二部分 聚焦情绪和感受

情绪和感受与躯体状态息息相关，躯体标记假设解释了情绪和感受如何在理性决策中发挥重要作用。如果大脑只是用纯粹理性的方式进行推理，那我们将会陷入“理性计算”的无穷旋涡之中，以至于根本无法作出任何理性决策。

第三部分 彻底颠覆二元论

从躯体标记假设和演化的证据上看，没有躯体就不可能产生心智。但笛卡尔的“二元论”在我们的肉体和心灵之间划出了一道鸿沟，它将最精巧的心智过程与躯体分离了，这种观点一直主导着西方科学界和思想界，是时候颠覆它了。

DESCARTES'
ERROR

导论

情绪、感受与躯体

虽然我不能清楚地说出，是什么激起了我对推理的神经机制的兴趣，但我清楚地记得，我是从何时起确信那些阐述理性本质的传统观点是错误的。从小就有人告诉我，明智的决定来源于冷静的头脑，情绪和推理就像油和水一样互不相溶。我也曾一直坚信推理机制不受情绪的干扰，它存在于心智的独立组成部分中。当我对大脑进行思考时，我也认为推理和情绪应该是大脑中各自独立的系统。在当时，推理和情绪之间的这种关系，无论在思想层面还是神经层面，都被大家广为接受。

不过，现在有这么一个人站在我们面前，他是你可以想象到的最冷静、最不情绪化的一个智力健全的人。然而他实际的推理能力受到了严重影响，表现为他在生活中游手好闲，经常错误百出，一直做出违反社会规范甚至违背个人利益的事情。他曾有过一个健全的心智，直到神经系统疾病损伤了某个特定脑区，从此以后，他的决策能力受到了严重损害。而通常认为的，对理性行为十分必要的脑区则完好无损，他具备必需的知识、注意和记忆力；他的语言表达能力无可指摘；他可以计算；他甚至也可以厘清抽象问题的逻辑。与这种决策缺陷同时发生的只有一个明显的变化，就是体验情绪感受的能力显著受损。脑损伤同时导致了决策能力和感受能力损害，这种关联喻示着，也许情绪感受也是推理系统的组成部分之一。上述现象在我 20 多年的脑损伤患者的临床检验和实验中反复出现，我相信这个假设是经得起检验的[1]。

我写这本书的初衷是告诉人们，推理过程并不像人们普遍认为的或希望的那样纯粹，情绪和感受根本不是推理过程中的干扰因素，无论情绪或感受的作用是好是坏，二者都交织在推理的网络中。如果没有生物调节机制的引导，人类推理策略无论在演化层面还是在个体层面，都无法发展起来，而与这种调节机制最相关的便是情绪感受的表达。而且在推理策略形成之后，该策略能否被有效利用，在很大程度上也依赖于可持续的情绪感受能力。

我们并不否认，在特定情况下，情绪和感受会导致推理过程紊乱。与传统观念相一致，新近的研究也表明情绪偏差会对正常的推理过程带来潜在的负面影响。同时还有一个违背传统观念的新观点，即**情绪和感受的缺失同样会严重损害人类的理性。而正是理性使人类独一无二，使人可以根据远景、社会习俗和道德原则作出决定。**

这并不意味着当感受有积极作用时，它就会代替人们作出决策；也并不是说，人类不是理性的生物。我想表达的观点是，情绪和感受加工过程的某些方面与理性密不可分。感受在发挥其积极作用时，可以为我们指出正确方向，带我们去正确的决策空间，让我们得以利用逻辑作出正确的决策。当我们作一些无法避免的道德决策时，常常面临着不确定性，而且在决定人际关系时，或考虑用不同方式来避免老无所养时，抑或为未来生活作规划时，也是如此。此时，情绪和感受及二者背后的生理机制，可以帮助我们根据实际情况预测不确定性、规划未来，从而成功地作出这些令人为难的决策。

我们将从19世纪的一个里程碑事件，即菲尼亚斯·盖奇（Phineas Gage）的案例出发开始分析。盖奇的案例第一次揭示了理性损害与特定脑损伤之间的关联，然后我将进一步检验一些与盖奇类似的病例，并且回顾针对动物乃至人类的神经心理学研究。在此基础上，我将进一步提出并阐述人类推理依赖多个大脑系统的观点，与推理相关的系统是在不同神经组织层面协同工作的，而非只存在于一个“推理中心”中。从前额叶皮层到下丘脑再到脑干，高级“脑区”和低级“脑区”互相合作，共同完成推理的过程。

推理的神经结构的底层一方面调节情绪和感受的处理，另一方面调节机体存活所必需的功能。相应地，上述底层结构还与几乎所有机体器官保持直接和双向的联系，并由此使躯体也加入了一条运转回路。这条回路进一步作用于高阶的推理、决策，甚至作用于更广泛的社会行为和创造力。就这样，我们机体的低阶运转进入了高阶推理的回路中，情绪、感受以及生物调节得以在人类推理中发挥重要作用。

人类独特的心智功能依然残留着演化的痕迹，这点依旧激起了人们的好奇心，尽管达尔文在论及人类机体上存留的不可磨灭的低级起源印记时曾暗示过这一发现[2]。然而。高阶推理对低级脑结构的依赖并不意味着高阶推理会退化为低阶推理。当人们遵照伦理去行动时，大脑中的低级回路会参与其中，但这并不会削弱伦理的价值。道德不会受到威胁，伦理大厦不会崩塌，而且在正常个体中，意志依旧存在。所能改变的只是我们的看法，即生理因素对特定环境下的伦理起源有怎样的影响。在这些特定环境中，拥有相似生理特性的个体相互作用、相互影响。

感受是本书的第二个主题，同时也是中心主题。为了尽力理解推理和认知的神经机制，本书主题的选择是基于必要性而非主观设计。本书的第二个观点是，感受的本质不是与客体相关的难以捉摸的心理特征，而是对躯体情势的直接知觉。

一部分神经疾病患者因脑损伤损害了体验感受的能力，研究他们的案例让我想到：感受可能并非如我们想的那样难以捉摸。人们或许可以在心理层面上描述它，并可能发现这些感受的神经机制。我的观念与当下主流神经生物学观点相左，我认为感受依赖的神经网络不仅包括传统提到的大脑边缘系统，还应包括部分前额叶皮层，更重要的是包括映射、整合躯体信号的脑区。

我将把感受的本质抽象化为窗户外面的景色，该景色是不断更新的躯体结构和状态的表象。想象你从窗户向外看去，躯体结构就是那个瞬间你看到的景物结构，躯体状态就是那个瞬间景物的明暗、声音和运动，这些景物就是内脏，即心、肺、肠、肌肉，景物明暗、运动、声音表征的是此时器官的运转状态。总的来说，感受就是某个瞬间躯体状态的“景色”。

感受有具体的内容，即躯体状态；以及支持感觉的具体神经系统，包括周围神经系统以及整合躯体结构和调节信号的脑区。因为在产生躯体状态感觉的同时，其他一些不属于躯体的知觉或回忆也会产生，如一张脸、一段旋律或一缕清香，于是感受最终成为这些事物的“限定物”，即与之绑定。除了上述特性外，感受还有其他特点。正如我接下来将会提到的，感受可以限定躯体状态，无论这个状态是积极的还是消极的，感受都伴随着或围绕着对应的思维模式：当躯体状态是积极愉快的时候，思维敏捷、想法多变；而当躯体状态痛苦失落的时候，思维也会变慢，踌躇不前。

从上述角度来看，感受就是探测器，用来探测天性和环境是否匹配。我这里说的“天性”，不仅指我们通过遗传得来的一系列适应性行为，也包含我们在个体成长过程中与社会环境互动时有意或者无意习得的行为。感受同其情绪源一样，是必需品。感受作为内部向导，帮助我们与其他种类的信号进行沟通，另一方面，其他种类的信号同样也会指引感受。感受并非无形的，也并非高深莫测。与传统科学观点相反，感受和其他知觉一样是认知层面的。它们是一种最神奇的生理安排的结果，这一安排把大脑变成了躯体的非自愿听众。

感受让我们可以完全从生物学角度对有机体一窥究竟，并反思生命本身的运行机制。如果人类失去了这种与生俱来的感受痛苦或快乐的能力，那世上也就不会有痛苦或福报，没有渴望或慈悲，更没有人类的悲剧与辉煌了。

初看上去，我们提出的人类精神的观点，有点违反直觉或让人不舒服。在试图阐明人类心智这个复杂现象时，我们冒着被误认为是诋毁人类心智和诡辩的风险。其实只有当我们混淆了现象和其独立组成部分或背后的运行机制时才不得不这样，我并不是很建议这么做。特定感受依赖于若干脑系统和躯体器官的交互，这个事实并没有弱化感受在人类中的地位，爱情或艺术带给人们的兴奋或失落，不会因了解到这种情绪反应背后纷繁复杂的生物机制而贬值。与之相反，我们应该更惊讶于复杂精巧得如同魔术般的生物机制。毕竟千年以来，感受一直被认为是人类灵魂或精神的基础。

本书还有第三个相关的主题：在大脑中表征的躯体，可能构成了心智不可或缺的参照框架。我们的躯体而非外部现实构成了人类的基本参照，我们利用这个参照构建身边的世界与主观体验；我们最缜密的思想、最完美的行为、最巨大的喜悦、最深沉的伤痛，都是以躯体作为参考标准的。

这个思路听起来令人惊讶：心智存在于躯体并为躯体而存在。如果没有在演化过程中、个体发展中及在当下发生的躯体和大脑的交互，我们的心智就不会是现在这个样子。心智首先必须是跟躯体有关的，否则就不能作为心智而存在。在躯体持续不断地提供基本参照的情况下，心智才能与其他许多真实和想象的事物有关。

本书的观点植根于以下论断：（1）人类大脑和躯体构成不可分割的机

体，这个机体的整合依赖于生物化学和神经调节回路的双向互动。这些回路包括内分泌、免疫和自主神经系统；（2）机体以其整体和环境互动：躯体或大脑无法单独进行这种交互过程；（3）我们称之为心智的这种生理过程来源于人类结构和功能的整体，而非只来源于大脑：只有在某个大环境与机体互动的背景下，我们才能完整地理解心理现象。考虑到机体的活动本身也在这个环境中，我们研究心理现象必须强调这些交互的复杂性。

一般而言，我们讨论大脑和心智的时候不会提到机体。一直以来，心智来源于神经元的活动这一事实太显而易见了，以至于我们讨论心智时只限于讨论其与神经元的关系，好像神经元的运作可以独立进行似的。随着我对大量脑损伤患者以及他们表现出的记忆、语言甚至推理障碍研究的不断深入，我越发感觉到几乎所有心理活动都需要躯体和大脑的共同参与，不论这种心理活动是简单还是复杂。同时，躯体对心理活动提供的不仅是简单的支持和调节，更为大脑表征提供了一个基本主题。

我的观点是合理的，并得到了许多证据支持，我也有理由证明为什么事实应该如我设想的那样。重要的是，我在这里提出的躯体优先的观点有助于阐明自人类探索心智以来最困扰我们的问题：人何以感知世界，何以习得所知，又何以知其所知。

根据我上述假设的观点，爱恨善恶、科学研究乃至艺术创造，都基于大脑的神经活动，前提是大脑需要一直跟躯体交互。灵魂通过肉体呼吸，切肤之痛、臆想之痛，都与肉体密不可分。

我写这本书的时候，假想我在和一个聪明睿智的朋友对话，他虽然不懂神经科学，但生活经验丰富。我们商定：双方都要受益于这次对话。我的朋友可以学到关于大脑、心智的知识，我在努力解释关于机体、大脑、心智的观点时，也可以从朋友的生活经验中获得灵感。我们同意不将这次对话变成无聊的讲座，也不过激地反驳对方，也不试图讨论太多内容。我将在本书讨论有事实支持的观点，以及尚存疑问的证据，还有我的假设，即便这些假设只来源于我的灵感。我将讨论一些研究工作，其中一些正在进行，另外一些尚未启动。双方都了解，为了让这次谈话更有价值，话题中间会有转移，一些话题如果一次说不清楚，为了厘清相关问题，我会再说一次。因而你会发现，有些话题我会从不同角度反复强调。

一开始我便意识到了科学的局限性：我对科学假设的客观性和绝对性保持怀疑，我曾经一度厌倦阅读科学研究的成果，尤其是神经生物学的。我把这些成果当成临时替代品，只能适用一段时间，然后就被一个更好的解释取代。但是，对科学进展的怀疑，特别是涉及心智的研究，并没有使我在这个领域求索的热情失去魅力。

或许因为人类天生的局限性，我们研究的议题将永远没有准确答案，由此可看出人类心智的复杂性。又或许我们根本不应讨论这个难题，就当成一个谜团，在可以用科学解决的问题和不能用科学解决的问题间设立一个界限[3]。但是，我对那些不相信我们事实上可以解决“谜团”[4]的人抱有同情。另外，还有一些人认为，解决这些问题只能依赖于我们还未掌握的知识，我对这些人也同样抱有同情。我始终相信，我们终将会知晓真相。

现在你可能认为，尽管本书讨论了心智、大脑和躯体，但讨论的主题并不是笛卡尔或其他哲学思想。我的朋友建议这场谈话应该在笛卡尔的体系下进行，因为我们的讨论无法避开这位探论过心智、大脑和躯体三者关系的代表性人物。我意识到，这本书将以一种奇特的方式来讨论笛卡尔的错误。当然，你很好奇这个错误是什么，但我先保密。我承诺会告诉你的。

正式的讨论将从菲尼亚斯·盖奇和他奇特的故事开始。

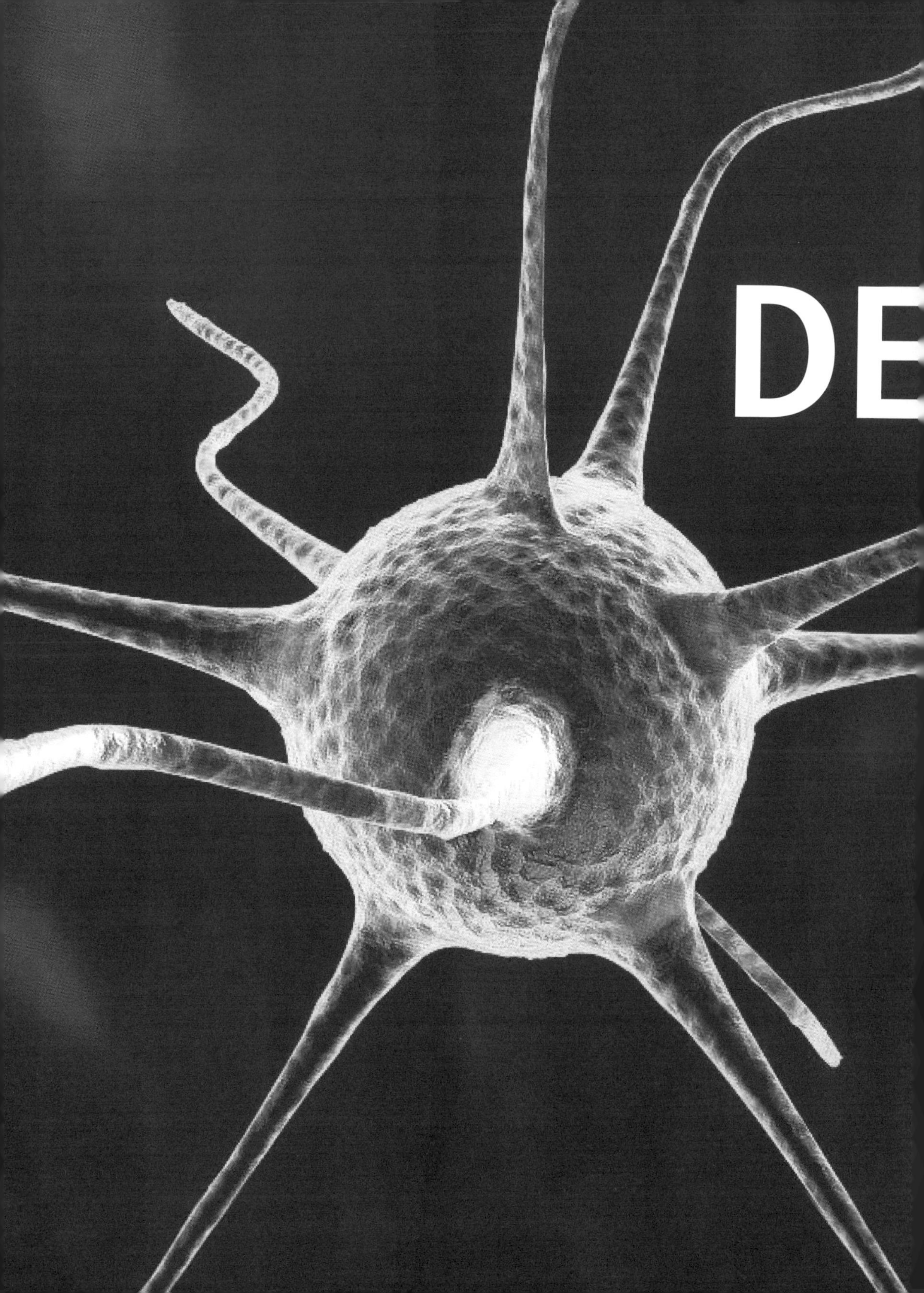
DE

CARTES'
ERROR

第一部分
悲剧带来的启示

人们常说，明智的决策来源于冷静的头脑。现在有这样一些患者，他们因疾病或事故丧失了感受情绪的能力，不过他们的智力依旧健全，有的甚至还高于常人。奇怪的是，他们却不能再作出任何理性的决策了，这完全违背了我们的传统认知。

01 盖奇的幸运与不幸

时间倒退到1848年的夏天，在美国的新英格兰地区，有一个25岁的年轻建筑工人菲尼亚斯·盖奇，因为一场不幸的事故，他的生活即将从称心如意变为穷困潦倒。150年过去了，当时发生在这个年轻人身上的不幸依然对我们有重要意义。

突如其来的大悲剧

盖奇在拉特兰—伯灵顿铁路公司工作，他管理着一大帮铁路工人，他们的工作是铺设穿越佛蒙特州的铁路。在过去的两周里，铁路铺设工作缓慢地推进到了卡文迪什镇，现在，他们正在布莱克河的岸边施工。此时施工遇到了阻碍，因为当地有大量露出地面的石块。盖奇和工人们决定炸开这些坚硬的岩石，从而铺设一条笔直平坦的铁路，而不是让铁路在岩石间绕来绕去。盖奇监督着整个工程的进度并且亲力亲为。盖奇身高 1.68 米，体格强壮并且身手敏捷。盖奇看上去就像年轻时的歌舞演员詹姆斯·卡格尼（James Cagney），精神饱满地在铁轨间穿梭跳跃。

在上司眼中，盖奇不仅仅是一个干活还不错的普通员工，他们称赞盖奇是所有员工中“效率最高并且最能干的”[1]。这无疑是件好事，因为盖奇从事的工作既需要高度的注意力，也需要健壮的体格，特别是在施工中需要安放炸药时。安放炸药通常需要严格遵循以下步骤：首先要在岩石上打个洞，将炸药粉填放到洞眼约一半的深度，放入导火索并用沙土将炸药覆盖起来；然后需要用铁棒以特定的顺序将沙土夯实；最后，再点燃导火索。如果所有的步骤都进展顺利的话，炸药会把岩石炸开，这其中覆盖的沙土很关键，如果没有沙土的保护，炸药就会因为反作用力而朝反方向炸开。铁棒的形状以及敲击的顺序也非常重要。盖奇可以算是这方面的老手了，施工用的铁棒也是按他的需求定制的。

现在我们就要说到关键的情节了。在一个炎热的下午，大概是四点半的时候，盖奇刚刚将炸药和导火索安置完毕，准备让他的助手用沙土将炸药覆盖起来。这时有人在背后喊他，他从右边转身看是谁叫他。这个时候，因为受到了干扰，盖奇一没留神，在助手还没用沙土将炸药覆盖完毕前，他就直接开始用铁棒敲击。瞬间敲击产生的火花直接点燃了炸药，爆炸产生的气浪朝盖奇直扑过去[2]。

爆炸异常猛烈，以至于当时在场的工人都僵住了。直到一小会儿之后，大家才反应过来到底发生了什么。这是一次异常爆炸，本来要炸碎的岩石此时完好无损。同样异常的还有这次爆炸产生的刺耳声音，听上去就好像火箭发射一般。但这可不是放烟花，而是一次猛烈的突袭。施工用的铁棒扎进了盖奇的左脸颊，刺穿了他的大脑前部，进而迅速穿透了他的脑顶，最后，铁棒沾着血和脑组织，落在了 30 多米以外的地面上，盖奇重重倒地。在午后阳光的照耀下，他吓得说不出话，但此时还是清醒的。在场的其他人同样也吓得愣住了。

可以预计一周之后，也就是 9 月 20 号，当地的媒体，如《波士顿每日快讯》和《每日新闻》会用怎样的口吻描述这一次事故，它们的头条都将是“一次惨烈的事故”。9 月 22 日的《佛蒙特速递》也将用“惊异的事故”作为头版头条。《波士顿医学与外科杂志》的头条则会是比较客观准确的“铁棒穿颅而过”。从这些报道的叙事风格来看，人们可能会觉得这些记者应该很熟悉埃德加·爱伦·坡（Edgar Allan Poe）恐怖奇异的写作风格。也许他们真的熟悉，尽管这个概率不大。因为当时爱伦·坡的哥特式叙事风格还没流行，并且他第二年就在潦倒穷困中默默无闻地去世了。所以也许只是恐怖故事本身就很流行。

事实上，人们都惊讶于盖奇没有在爆炸中立即丧生。根据波士顿医学档案文件记载，“爆炸中患者被气浪冲起，后背着地摔在地上”，紧接着，他的“四肢抽搐了一会儿”，但几分钟后，“他就可以说话了”；“那些和盖奇平日里处得很好的工人搀着他的胳膊把他扶到马路上，这段路程大概只有 125 米远，并扶着他坐在一辆牛车上，牛车又带着他走了 1200 米并来到了约瑟夫·亚当斯（Joseph Adams）的旅馆”；盖奇“自己走下了牛车，这个过程几乎没让人帮忙”。

这里我们可以稍微介绍一下约瑟夫·亚当斯先生，他是卡文迪什镇的治安官，同时也是这个小镇的旅馆和酒馆老板。他比盖奇要高，躯体也要壮实一圈，从他胖胖的体形可以看出，他是十分热心的。他上前看望了一下盖奇，并立即派人去喊镇上的外科医生约翰·哈洛（John Halow）。我猜想，他们等待的时候一定在说：“天哪，盖奇，到底发生了什么？”而不是“天哪，我们从来没见过这么严重的事故！”他不敢相信地摇着头，把盖奇带到旅馆门廊的阴凉处。他们把这地方叫“露天广场”，听起来豪华、宽敞并且还是露天的。这地方也许真是豪华并且宽敞的，但一定不是露天的。这仅仅是个普通门廊而已。这时候，亚当斯先生也许会递给盖奇一杯柠檬汁，或者是一杯冰的苹果酒。

爆炸发生一个小时之后，太阳快要下山了，天气也不是那么炎热了，哈洛医生的一个年轻同事，爱德华·威廉姆斯（Eduard Williams）医生到了。若干年后，当回忆起当时的场景时，威廉姆斯医生说道：“当时他坐在亚当斯旅馆门廊里的椅子上，当我坐车赶到时，他说道：‘医生，这里麻烦不小，估计你得处理一阵了。’还没从马车上下来，我就注意到他额头上的伤口，可以看到他的大脑在明显地颤动。在检查之前，我还发现了一个让我感到困惑的地方，他的头顶就像一个倒过来的烟囱。后来经过检查我发现，这是由于伤口周围约5厘米的地方都出现了骨折。我应该补充说明一下，穿过颅骨及其脑组织的伤口直径大约有3.8厘米。伤口的边缘朝外翻，看上去就像一根楔子自下而上刺穿了脑子。在我检查他的伤口的时候，盖奇先生表现得很镇定，他的叙述条理清晰，并且乐于回答问题。我也更愿意向他提问题，而不是问当时在爆炸现场或在旅馆的其他人。后来我又跟他打了一段时间交道，可以肯定地说，无论是事发时还是事发后，他的理智都是完全正常的。可能只有一次例外，那是事件发生两个星期后，他总是称我为约翰·科温，除此之外，他回答我的问题时一切正常。”

考虑到袭击盖奇的铁棒的形状和重量，他能活下来是令人惊叹的。哈佛大学外科教授亨利·比奇洛（Henry Bigelow）曾经这样描述这根铁棒：“这根穿过盖奇的铁棒大概有6千克重，1.1米长，直径达3.2厘米。铁棒尖锐的一头戳向盖奇。这一段大概有18厘米长，直径达0.6厘米。这也许就是他能够奇迹般存活下来的原因，因为这根铁棒跟其他铁棒不太一样，它是盖奇的一个铁匠邻居按照盖奇的需求严格定制的。”[4] 盖奇对他的工作以及工具都特别较真。

经历了这么严重的一次爆炸事故并且活了下来，还能正常说话、行走和思考，这一切都让人啧啧称奇。同样让人惊讶的是，尽管伤口不可避免地发生了严重的感染，盖奇最终还是活了下来。盖奇的外科医生约翰·哈洛非常熟悉消毒的重要性，尽管当时并没有抗生素，但他用当时可用的药物定期对盖奇的伤口仔细地进行消毒。他让盖奇半躺着，从而使消毒更方便地进行。治疗过程中，盖奇发了高烧并且长出了脓肿，但哈洛医生迅速做手术将脓肿切除。最终，盖奇年轻强壮的体质帮助他战胜了病魔。正如哈洛医生所说的，这是上天的旨意：“我只是帮他看病，上帝治好了他。”

仅仅两个月之后，医生宣布盖奇已经痊愈了。与接下来他的人格发生的惊人变化相比，躯体痊愈本身反而不那么令人惊讶了。盖奇的性情、喜好、梦想和抱负全都改变了。他的躯体痊愈了，但好像被另一个灵魂所占据。

盖奇从此判若两人

根据哈洛医生在事故发生二十年后撰写的材料，我们可以确切地了解到当时发生的一切[5]。这份材料记载了大量事实而不是主观的解释，因此翔实可信。无论是为了解事件中的人物还是学习所涉及的神经科学原理，这份材料都会有所裨益，从中我们不仅可以得到关于盖奇的信息，还可以了解到关于他的主治医生约翰·哈洛的一些信息。在进入费城的杰斐逊医学院（Jefferson Medical College）之前，约翰·哈洛是一名学校老师。他刚行医几年就遇到盖奇的这个病例，也正是这个病例促使他产生了研究的兴趣，尽管他刚去佛蒙特州行医时原计划并不是这样。我敢打赌，这个病例是他致力成为学者的原因之一。治愈盖奇并将这个病例汇报给他在波士顿的同事，成了他行医生涯中的闪光点，但在他接手这个患者时，一定曾深深怀疑自己是否能治愈盖奇。

从哈洛医生的叙述中，我们可以了解盖奇恢复体格和躯体机能的过程。盖奇的触觉、听觉和视觉恢复良好，四肢和舌头也都能正常活动。他的左眼失明了，但是右眼功能良好。他走路很稳当，手也很灵活，说话也没有明显的困难。然而，正如约翰·哈洛医生所说的，盖奇“在理性能力与动物本能之间维持平衡的能力”被摧毁了，这个变化在脑损伤的急性期结束后立即就出现了。他表现得“喜怒无常、不恭敬、放纵且粗俗，但他从前不是这样的；他不再尊重他的同事，对违背他意愿的规定或者建议非常不耐烦，时而顽固不化，时而变幻无常，他制订了许多未来的计划，但经常还没真正实施就放弃了。他的理智水平和行为表现就像个儿童，但他同时又有一个成年男性动物般的激情”。他有时说话太下流，以至于女性都被告知不要在他面前出现太久，以防过于敏感的人会受到他的语言的伤害。尽管哈洛医生对他的行为进行了严厉的谴责和批评，但他依旧我行我素。

与盖奇之前众所周知的“温和且精力充沛”的个性相比，盖奇在事故之后的个性截然不同。事故之前，他“性情平和，大家都觉得他是个机灵、聪明的生意人，对待工作有始有终且充满干劲”，毫无疑问，以当时的环境和他的工作而言，他算是一个成功的人。但事故之后，他的个性反差之大，以至于他的同事和朋友几乎都认不出他了。他们伤心地说“盖奇已经不是过去的盖奇了”。他的雇主因此也不再让他返回之前的工作岗位，因为“他的心智变化太大，他们不能再给盖奇这份工作”。最大的问题不在于他缺乏相应的躯体条件或者工作技巧，而是他的新性格。

这还不是最糟的。盖奇不能再当工头，他找了份在马场的工作。人们说他总会一时兴起就辞职或因为犯错被开除。正如哈洛医生说的，盖奇善于“找到那些并不适合他的工作”。后来他找了份马戏团的工作，成为纽约巴纳姆博物馆的招牌人物，他总是虚荣地向观众展示伤口和那根铁棒。据哈洛医生记载，盖奇总是会随身携带那根铁棒，同时也指出，他对其他物件甚至动物也会有依恋，这是他过去没有过的奇特现象。这种倾向，我们一般叫作“收藏癖”，在和盖奇一样的脑损伤患者以及自闭症患者身上也曾观察到这种现象。

与当今的情况不同，那时候的马戏团简直就是人间悲剧的集合体。那里有各种激素失调的人，比如侏儒、最胖的女人、最高的男人、下巴最大的人；还有各种神经系统失常的人，比如患有象皮病的小伙、长着神经纤维瘤的患者，现在还多了个盖奇。我们可以想象，盖奇就在这样一群人中，用自己的不幸换取金钱。

事故发生四年后，又发生了一个戏剧性的变化。盖奇去了南美洲，在那里他应该还是在马场工作，有段时间可能也在圣地亚哥和瓦尔帕莱索之间做过马车车夫。1859 年，他的健康状况恶化，除此之外，我们对他在国外的生活一无所知。

1860 年，盖奇返回了美国并同他母亲和姐姐住在一起，他们那时候已经搬到了旧金山。一开始，他在圣克拉拉的一个农场工作，但也没待很久。事实上，他辗转了很多地方，时常在当地找点体力活干。很明显，他不是那种可以自食其力的人，也无法维持他之前赖以为生的工作，他的人生已经岌岌可危。

想象一下 1860 年的旧金山。在这个车水马龙的城市里，到处都是从事矿产、农业和运输的企业家。我们可以在这个城市里找到盖奇的母亲和姐姐，他姐姐后来嫁给了旧金山的一个商人，盖奇应该和他们住在一起。如果穿越到那时，我们更有可能在治安不好的街区找到盖奇，他应该正在喝酒吵架，而不是跟人讨论生意。所有人都会震惊地发现，他已经沦为堕落人群的一员，其震惊程度不亚于地球板块被断层所震动。正如纳撒内尔·韦斯特（Nathanael West）在几十年后描述旧金山以南几百公里外的那群人一样，是“来到加州等死”。

仅存的少量资料表明，盖奇在生命的最后阶段患上了癫痫。1861 年 5 月 21 日，仅在患上一场小病不到一天之后，他的大限到来了。在一次严重的抽搐之后，盖奇失去了意识。随后又是一阵阵的抽搐，之后他再也没能醒过来。我个人认为他死于癫痫发作，因为连续抽搐发作可以导致死亡。盖奇终年 38 岁。他去世的消息也未见诸旧金山报端。

从悲剧中发现启示

为什么要说起这个不幸的故事呢？这个离奇的故事又提供了什么可能的重要意义呢？答案其实是显而易见的。盖奇同时代的其他神经损伤的案例提供了大量令人信服的具体证据，揭示了大脑是语言、知觉、运动功能的基础，但是盖奇的案例昭示了一个惊人的事实：大脑中可能存在着专注于推理的系统，尤其是个性层面和社会性层面的推理。脑损伤的患者虽然具有基本完好的智力或语言能力，但可能不再遵守之前习得的社会习俗和伦理规范。盖奇的案例表明：大脑中存在某个只涉及人类的那些独一无二的特质的部分。这些特质包括：预期行为结果的能力、根据复杂的社会环境制订计划的能力、对自己和他人负责的能力、运用自己的自由意志来协调生活的能力。

这个不幸的故事中最惊奇的地方在于，盖奇事故前的正常的人格结构与事故后的不良人格存在巨大反差，并且这样的人格改变一直伴随他的余生。在事故前，盖奇清楚地知道如何作出有利于改善生活的选择，并且他对自己和社会都有责任感，这些不仅反映在他取得的成就以及工作质量上，也反映在他的雇主与同事对他的尊敬上。他适应社会习俗，也能遵守伦理规范。但在事故之后，他开始不在乎社会习俗并且违反伦理规范，他作决定时也不会考虑自己的最大利益，并且他还开始说谎。用哈洛医生的话来说，他编造的谎言“除去他自己的幻想，就没有任何依据了”。没有证据表明他有任何远见以及任何对未来的规划。

盖奇人格的改变是显而易见的。他不能作出恰当的选择，他的选择也并不是简单的中性的。事实上，与那些清心寡欲或害怕的人所作出的草率或保守的选择不同，盖奇经常是积极地作出对自己不利的选择。一个可能的假设是他的价值系统和正常人不一样了，又或者是该系统没有变化，但他的价值系统无法影响他的决定了。迄今为止没有证据告诉我们上述哪个假设是正确的，从我对和盖奇受到一样脑损伤患者的观察来看，我相信，上述两种假设都没有解释清楚问题。就盖奇而言，他的部分价值系统仍然存在，而且可以在抽象情境中发挥作用，但无法与现实生活情景联结。当现实生活中的盖奇们需要作选择时，他们之前的知识已经不太起作用了。

盖奇故事的另一个重要方面和矛盾是其退化的人格与其他完好的心理能力，譬如注意，知觉、记忆、语言以及智力。这种类型的矛盾在神经心理学中被称为分离（dissociation），即在一个整体框架下，一个或多个行为表现与其他表现不一致。在盖奇的案例中，受损的人格与其他完整的认知能力和行为存在分离。在其他一些脑损伤案例中，有时候是语言受到影响但其他认知功能不受影响，这时可以称为语言能力被分离。对盖奇这类脑损伤患者的后续研究证实，这种功能分离是具有延续性的。

令人难以置信的是人格的改变居然不会自行消解，并且一开始连哈洛医生也拒绝承认这种人格改变是永久性的。这是可以理解的，因为在盖奇的故事中，首先最具戏剧性的部分是他竟活了下来，而且是在没有出现任何瘫痪、语言缺陷或记忆丧失的情况下生存下来的，这就更吸引眼球。不知何故，在当时一味强调盖奇新出现的社会缺陷似乎对神灵和医学都是某种不敬。然而到 1868 年，哈洛医生已经准备好承认他的这个患者的人格已经完全改变了。

人们对盖奇的幸存给予了充分的关注，但对此奇事也保留有谨慎的态度。在很长时间里，盖奇行为巨大反差的重要意义被忽视了。这种忽视是很好理解的。即便是在当下规模不大的脑科学领域内，也出现了两个阵营。其中一方认为重要的心理功能，如语言或记忆，并不能定位于某一个特定脑区。即便退一步承认大脑确实产生了心智，但大脑也是作为一个整体来产生心智的，而不是各个有不同功能的脑区汇总的结果。而另一方认为，大脑进行了高度分工并由不同的脑区负责各个不同的心理功能。这两方的争议并非仅说明脑科学研究尚处在萌芽阶段，事实上，这个争论已经持续了一个世纪之久，直到现在仍然没有定论。

无论关于盖奇的学术争论如何发酵，争论的重点都逃不出语言或运动等心理功能在脑区的定位问题。但是，既往的争论自始至终都未转向受损的社会行为和受损的大脑额叶的关系上。我记起瓦伦·麦卡洛克（Warren McCulloch）的一句话："当我指向一处时，朝我指的地方看，别看我的手指。"麦卡洛克是一位神经生理学和计算神经科学的传奇人物，也是一个诗人和预言家，这句话同时也是预言的一部分。很少有人注意到盖奇故事不经意间的真正指向。当然，在盖奇的年代，也很难想象有人有足够的知识和勇气在正确的方向上进行探索。在盖奇的故事里，能被接受的说法是：铁棒没有致命是因为没有伤及那些可以导致心肺停跳和呼吸停止的脑区，铁棒也没有使他陷入昏迷是因为控制觉醒的脑区距离铁棒行进的路线太远而幸免于难。甚至说事故没有导致盖奇长时间失去意识也是可以接受的。这个事件与后来一些脑损伤案例的研究发现一致：脑损伤的类型对导致意识丧失至关重要。当大脑受到重击，即便没有骨骼损伤，没有物体穿过大脑，也会导致长时间的意识丧失，因为重击的力量会严重影响大脑整体功能的分工。与之相对地，穿透型脑损伤，其重击的力量只局限在一个狭窄且稳定的特定脑区上，并没有分散开来，也没有使大脑撞击颅骨的速度加快，因此只有特定受损脑区的功能被影响，但其他大脑功能保持完好。如果想要解释盖奇行为的变化，就意味着需要承认社会行为和运动能力、知觉甚至语言能力一样，也对应着一个特定脑区，这与当时的主流看法大相径庭。

事实上，引述盖奇案例的大多是那些不相信心理功能局限在特定脑区的人。他们通常简要浏览了一下医学证据就声称：如果像盖奇那样的损伤没有导致瘫痪或语言损伤，显然说明了运动控制或语言能力并没有特定的脑区，这些脑区之前被神经科学家认定为运动控制或语言中枢。他们认为盖奇的脑损伤直接损害了这些中枢，事实上并不是这样[7]。

英国的生理学家戴维·费里尔（David Ferrier）属于少数拥有能力和智慧，并且愿意不辞辛苦探究上述案例的科学家[8]。费里尔了解其他涉及社会行为改变的脑损伤案例，还进行过前沿性的电刺激和大脑皮质切除的动物实验，这一切都使他在分析哈洛的发现时有独到之处。他总结到，盖奇的创伤并没有波及运动或语言中枢，但是确实损伤了他称之为前额叶的脑区，正是这个区域的脑损伤导致了盖奇人格的奇特变化，他把这种变化形象地称为“心智退化”。而在当时，哈洛医生和费里尔的观点只得到了少数颅相学拥趸的支持。

题外话 颅相学

颅相学（phrenology）是从弗朗兹·约瑟夫·加尔（Franz Joseph Gall）在18世纪晚期创立器官学（organology）开始为人所知的。这个理论一开始就受到欧洲知识分子的欢迎，在维也纳、魏玛和巴黎受众甚多。后来又被盖尔的故友和追随者约翰·卡斯帕·施普尔茨海姆（Johann Caspar Spurzhem）介绍到了美国，并且和早期的心理学、神经科学、实践哲学杂糅成一个奇怪的结合，并得到传播发展。在20世纪，颅相学对科学、人文学科都颇有影响，尽管人们表面上并不承认这种影响的存在，并且对这种潮流避而远之。

加尔的某些颅相学思想在当时还是振聋发聩的。他明确阐述到，脑是精神的器官。同时，他宣称脑是许多器官的集合体，其中的每个器官都承担具体的心理功能。这种观点与当时流行的将生物基础和心智分离的身心二元论思想大相径庭，他凭直觉认为脑是许多器官的集合，并且每个部分都有其特长[9]。这种直觉在当时是难以被接受的，但被后来的研究证明是正确的。诚然，在当时，他并没有意识到大脑的每个部分的功能并不是完全独立的，每个部分又作为一个子成分组合成一个高级系统。考虑到当时的思想环境，加尔没有意识到这点也情有可原。

此后过了将近两个世纪，才有更“现代”的观点产生。我们现在可以确信地说，并不存在承担视觉、语言、推理乃至社会行为功能的单一处理系统。每个系统都是相连的几个大脑部分组成的；从解剖结构而非功能结构来看，这些系统就是传统颅相学所说的“中枢”；并且，这些系统相对独立运行，并构成了心理功能。加尔思想的另一部分也是正确的，即这些系统所处的位置不同，所承担的功能也不一样，因此也是不可互换的。最重要的一点是，决定一个脑区功能的不仅仅是它在结构中的解剖位置，还包括它在功能系统中的**地位**。

脑区的位置是很重要的，这也是我在本书中反复讨论神经解剖结构或大脑解剖结构，并且定位不同脑区的原因。我希望读者原谅我反复提到不同脑区以及脑区之间的连接。在许多情景下，我都会提到某些脑区的假定功能，但这不意味着我掉进了颅相学的陷阱，简单说下原因：心智不仅源于不同脑区的独立工作，也源于不同脑区的协同工作。

一方面，我们要将脑区分工这一观点归功于加尔，另一方面，我们也要对他的“中枢”说提出批判。受到加尔颅相学的影响，19 世纪的神经科学、心理学著作中，“中枢”都与心理功能紧密结合。此外，颅相学的许多草率的观点同样值得批评，如加尔声称不同脑区的功能大小与其体积相关，以及所有器官及其功能都是与生俱来的。用体积来衡量特定心理功能的“强度”或“能量”是荒谬的，尽管同时代的神经科学家也在其著作中阐述了相同的观点。这种说法的一个延伸的观点同时也是颅相学最大漏洞所在，即人们可以通过颅骨的凸起来辨认不同的脑区。另外，你可以在 19 世纪的大量著作中发现“脑区功能都是先天的”这一观点所产生的影响。我们将在第 5 章中讨论这一错误。

颅相学和盖奇故事的联系值得特别关注。心理学家 M.B. 麦克米伦（M.B.Macmillan）在研究盖奇案例时[10]，发现一个叫纳尔逊 · 赛泽（Nelson Sizer）的颅相学学者，他曾于 19 世纪在新英格兰做过讲座并在 40 年代到过佛蒙特州，并在两年后见到了哈洛医生。在赛泽写的一堆无聊的书中，发现了下面的叙述：哈洛医生是一个年轻的外科医生，并在 1942 年作为颅相学委员会成员帮过忙。当时，美国东部医学院有许多颅相学的拥趸，哈洛医生应该很熟悉颅相学的思想。他可能是在颅相学当时的大本营费城，或纽黑文，又或波士顿听过颅相学的讲座。在加尔死后，施普尔茨海姆曾经在 1832 年到过波士顿，并在那里被誉为科学领袖，造成轰动。而也正是新英格兰酒足饭饱的生活把倒霉的施普尔茨海姆送进了坟墓。他去世后数星期内，人们出于对他的感谢，在他的葬礼当天成立了波士顿颅相学协会。

无论哈洛医生是否听过施普尔茨海姆，我们至少了解到他访问卡文迪什镇、住在亚当斯先生的旅馆时，直接听过纳尔逊先生的颅相学课程。考虑到这些，就可以解释哈洛医生为何大胆得出结论：盖奇的行为改变是由于特定区域的脑损伤，而非广义上的事故带来的影响。有趣的是，哈洛医生解释他的结论时并不依赖颅相学。

纳尔逊曾经回到过卡文迪什镇，并住在亚当斯先生的旅馆，当然就是盖奇接受治疗的那间屋子，纳尔逊很熟悉盖奇的故事。纳尔逊于 1882 年写他的颅相学著作时，提到了盖奇的故事："1848 年，我们怀着强烈的兴趣探索了哈洛医生关于盖奇的案例，别忘了现在我们就住在可怜的盖奇当时住的屋子里。"[11] 纳尔逊对盖奇案例的看法是：那根铁棒穿透了"仁慈区邻部"以及"崇敬区前部"。这里说的"仁慈"以及"崇敬"可不是指加尔默教会的姐妹的名字，而是颅相学的"中枢"，是"脑器官"。他认为"仁慈区"和"崇敬区"赋予人们正常的行为、对人的善意的尊敬。基于这样的知识，你才能理解纳尔逊对盖奇的观点："盖奇的'崇敬'器官似乎受损了，他的渎神言论也正源于此。"说得太有道理了。

有待解决的诸多问题

盖奇人格的改变是因为特定区域的脑损伤，这是毫无疑问的。其实直到事故之后 20 年才有人提出这种解释，并且到这个世纪才被勉强接受。在很长的时间内，几乎所有人，包括哈洛医生都坚信"因为某些原因，盖奇被穿透的脑区，是所有大脑中承受物理伤害能力最好的"[12]。换句话说，这个脑区对于生命维持不起什么作用，是可以被抛弃的。不过正如哈洛自己后来意识到的那样，这个结论远离真相。1868 年，哈洛医生写到，盖奇的精神"只有部分得到了恢复，他的智能能力遭到了决定性的毁坏，只是没有全部受损罢了。这和痴呆症不一样，但是他的智能能力表现得很弱。他的心理运行功能在类型上虽然完好，但是在程度和数量上和正常人大相径庭。”盖奇的案例不经意中传递了这样一个信息，即要想观察社会习俗，按伦理规范行为，甚至作出对自己生存发展有利的决定，就既需要对规则和策略的了解，也需要特定大脑系统的完整性。以上论断的问题在于缺乏可理解的精确的证据。事实上，上述论断已然成为一个谜团，并渐渐成为一个关于大脑前额叶功能的谜团。盖奇这个案例带来的问题远远多于答案。

首先，我们知道，盖奇损伤的区域大概是前额叶。这就好像说芝加哥大概在美国，这很正确但并不精确，对我们也没有什么帮助。如果损伤在前额叶，那具体是在哪里呢？左侧？右侧？还是双侧？又或是其他地方？这部分将在下章进行讨论，一些新的脑成像技术将帮助我们解决这个问题。

接下来要讨论的是盖奇性格缺陷的本质问题。这种异常是如何产生的？当然，主要原因是脑袋被戳了一个洞，但这仅仅告诉了我们为什么会有这种缺陷，并没有回答这个缺陷具体是如何产生的。前额叶任一部位损伤都会有类似结果吗？ 通过损伤特定脑区进而改变人格是否可行？如果有特定脑区影响人格，这个脑区是怎样构成的，又是如何在完整的大脑中运转的？这些脑区是不是某些特定社会行为的“中枢”？这些脑区模块是不是通过演化被选择的，并已经配备了问题解决算法，来指导我们进行推理与决策？这些脑区模块如果真具备这样的功能，它们在发展的过程中如何与环境交互，从而让个体作出日常推理和决策？或者说，根本不存在这样的脑区模块？

盖奇决策缺陷背后的机制是什么？可能是解决决策问题需要的知识体系被损毁或无法提取，所以他再也无法作出正确决定。抑或是必要的知识体系完好无损且可提取，但推理策略损坏了？更关键的是，正常人作出决定需要哪些步骤？如果我们足够幸运，理清了这些步骤，那么这些步骤背后的神经机制又是什么？

上述问题都很有趣，更有趣的问题在于是什么支撑着盖奇还可作为人而存在。他还能被看作是有自由意志的吗？他能感知对错吗，或者说，他本身也是这一改变后的新脑的受害者，因而他的决定都是被强加的、不可避免的？他需要为自己的行为负责吗？如果我们规定他不需要负责，那这是否意味着对“责任”有着更宽泛的理解？我们身边还有许多像盖奇一样的人，他们因为肿瘤、外伤或其他神经疾病而产生脑损伤，他们的行为表现都有着令人不安的相似性。虽然其中一些人没有明显的神经疾病，但因为他们的大脑或所处的社会的原因，他们表现得和盖奇一样。一些人的行为对自己和他人都可能带来毁灭性的影响，如果我们想要以人道的方式解决他们带来的问题，我们就需要了解他们作为人类的本质。社会当前回应这些人的方法，如监禁或者死刑，实质上都无助于我们理解或解决问题。事实上，我们需要更加长远地看待此问题：当正常个体滑向非理性并犯下和盖奇类似的错误的时候，我们的责任又是什么？

盖奇失去了人类特有的作为社会个体来规划未来的能力。他在多大程度上能意识到这点？他能像我们一样被称为有自我意识的人吗？我们能否说他的灵魂枯萎了或丧失了？如果笛卡尔有现代神经生物学知识并知晓了盖奇的案例，他会怎么想呢？他会首先探究盖奇的松果体吗？

02

盖奇大脑结构探秘

大约在盖奇事故发生的同一个年代，两位神经科学家，法国的保罗·布洛卡（Paul Broca）和德国的卡尔·威尔尼克（Carl Wernicke），通过对脑损伤患者进行的神经科学研究得到了医学界的广泛关注。两人各自独立提出，大脑中特定区域的损伤是后天语言障碍的原因[1]。这种语言障碍的专业说法就是所谓的失语症。两人都认为，这些脑损伤反映了正常人语言加工的两个不同方面的神经基础。这个观点在当时饱受争议、不被认可，但仍旧在医学界受到了关注。这个观点经过不断修正，逐渐被接受。然而，哈洛医生关于盖奇的研究，或戴维·费里尔的评论，却没有受到同等的关注，也没有像上述语言的研究那样引发同行的兴趣与思考。

上述现象是由若干个原因造成的。即使一个人的哲学观倾向于认为脑是心智的基础，他也很难接受如下观点，即与人类灵魂贴近的道德判断或与文化相关的社会行为，主要依赖于大脑中的特定区域。另外，与布洛卡和威尔尼克相比，哈洛显得有点业余，同时他也未能收集足够的证据证明他的想法，也未提供盖奇脑损伤的精确位置。与之相反，布洛卡非常明确地指出了造成患者失语症的脑损伤所处的位置。他曾在解剖台上仔细研究过那些患者的大脑。威尔尼克也在尸检时发现失语症患者的左侧颞叶后部部分地受到了损伤，并指出这些人语言能力受损的情况并不是布洛卡确认的那样。哈洛没能做出这样的观察分析。他不仅需要冒险探究社会行为受损和脑损伤之间的关系，还要推测脑区受损的位置，这都使他难以得出被大家认可的结论。

布洛卡后期发表的成果进一步削弱了哈洛的研究。布洛卡发现左侧额叶第三脑回的损伤造成了患者语言功能的损害。图 2-1 标识了不同的功能脑区。在盖奇的案例中，铁棒的入口和出口位置都表明盖奇的左侧额叶可能受到了损伤。然而盖奇的语言功能是完好的，而布洛卡的患者的人格是完好的。如何解释这样迥异的结果？当时人们对功能神经解剖学知之甚少，于是认为，这种迥异的结果仅仅反映了企图发现脑功能定位的人的“愚蠢”。

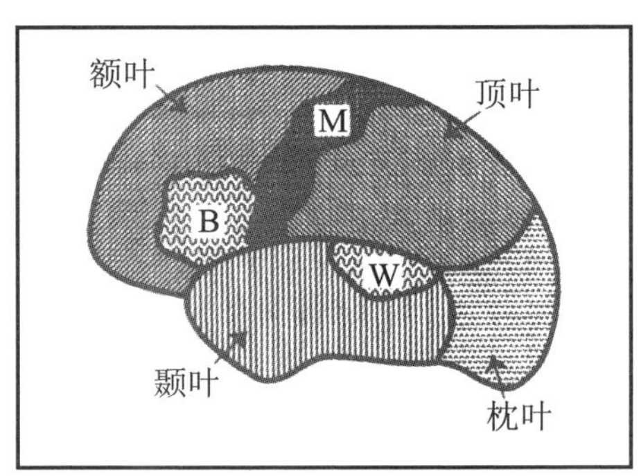

图 2-1　脑区图

B= 布洛卡区（Broca area）；M= 运动区（motor area）；W= 威尔尼克区（Wernicke area）。哈洛的批评者认为，盖奇的脑损伤区域涵盖了布洛卡区或运动区，并且以此来抨击人脑存在功能特化分区的观点。

盖奇于 1861 年去世时，并没有进行任何尸检。哈洛医生也是五年后才知道盖奇去世的消息。当时内战席卷了美国，这种消息传递得很慢。盖奇的去世一定让哈洛医生很悲伤，而且失去了研究盖奇大脑的最后机会也让他很受打击。也许是打击太大，随后他就写信给盖奇的姐姐，提出了一个不太合乎情理的请求。他请求挖出盖奇的尸体，保存他的颅骨作为案例研究的记录。

于是，盖奇又一次不情愿地成为恐怖场景的主角。盖奇的姐姐和姐夫、后来成为旧金山市长的库恩博士，还有家庭医生一道，见证了打开盖奇棺材并取出颅骨的过程。那根和盖奇一起下葬的事故中的铁棒也被取出，并和颅骨一起寄给了回给东部的哈洛医生。盖奇的颅骨和铁棒便永久保存在波士顿哈佛医学院的瓦伦医学博物馆中。

对哈洛而言，能够展示盖奇的颅骨和铁棒是他向众人证实盖奇的案例并非天方夜谭的最好的机会。而对汉娜·达马西奥（Hanna Damasio）而言，大约120年后，盖奇的颅骨成为她检测工作的发端，完成了哈洛医生未竟的研究，同时也成为盖奇的案例与现代额叶功能研究二者间的桥梁。

汉娜·达马西奥首先考虑了铁棒的大致运行轨迹，这个轨迹本身也很诡异。这根铁棒从左脸颊插入颅骨，恰好穿过左侧眼眶后部。铁棒继续向上，可能刺穿了靠近大脑中线的大脑的前部，不过很难说清楚具体位置。既然铁棒是从左侧进入并朝向右边穿透，所以它可能也击中左侧并在向上运动时又击中右侧。最先受损的应该是眼眶上部的眶额叶。在刺穿的过程中，铁棒应该还损伤了左侧额叶内表层，或许还有右侧额叶。最后，铁棒飞出时，肯定损伤了背侧左额叶，还可能顺带损伤了背侧右额叶。

上述关于盖奇脑损伤的推测并不是十分可靠。可以假想当一根铁棒穿过一个“标准化”的理想大脑时，有许多可能的路径，我们也无从得知假设的“标准化”的大脑在多大程度上类似盖奇的大脑。此外，更严重的问题是，尽管大脑中各个解剖结构之间的拓扑关系是相对不变的，但是不同个体之间的解剖拓扑结构差异非常大。这一点可以用人脸的“相似性”与“差异性”的矛盾关系来说明：每个人的脸都有相同的组成部分以及相似的空间排布，也就是说，所有人脸的组成部分的空间拓扑关系是一致的，但是这些部分在形状、颜色、位置上千差万别，就是说，不同人脸具体的拓扑结构有差异。故而，人脑的个体差异降低了上述推测的准确性。

之后，汉娜·达马西奥开始利用现代神经解剖学技术以及最先进的神经成像技术。具体来说，她改进并使用了一种新型的三维成像技术来重建活体的大脑影像。这种技术被称为 Brainvox [3]，其依赖对高分辨率磁共振扫描所得的原始数据的计算机处理。无论是正常人还是神经疾病患者，这种技术都能提供近乎真实的大脑影像，甚至与你在解剖台上看到的毫无二致。这真是一个让人不安的技术。可以试想，当哈姆雷特看到的是自己那个约 1.5 千克重、流着血的、优柔寡断的大脑，而不是挖墓者递给他的那个空空如也的颅骨时，他会怎么做。

题外话 神经系统解剖

简要了解神经系统解剖学对阅读本书是有帮助的。为什么我们要花时间讨论这个主题呢？前一章里，在讨论颅相学以及大脑结构和功能之间的关系时，我提到了神经解剖以及大脑解剖的重要性。这里有必要强调一下，神经解剖学是神经科学的基础学科，这个学科的研究范围是从显微镜级别的单个神经元，即神经细胞，到肉眼可见的整个大脑。如果不能在多个层面对大脑结构有所了解，就很难在相应层面理解大脑功能。

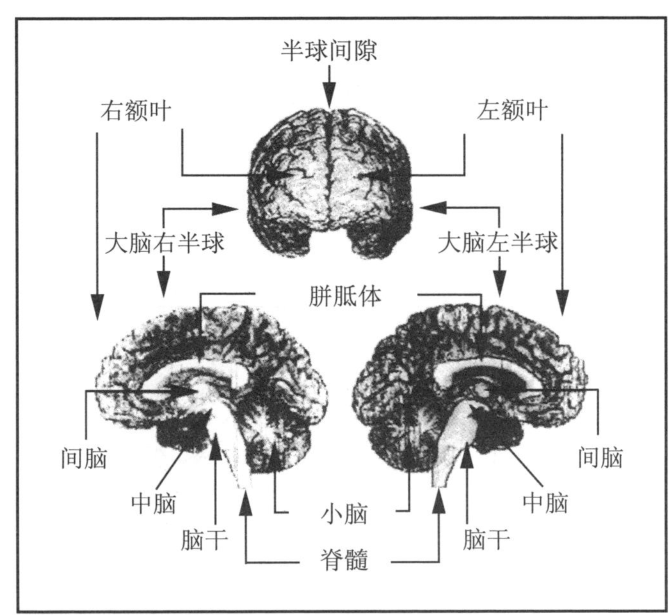

图 2-2　三个维度的人类大脑示意图

上中部图是从前部观察大脑，其中胼胝体隐藏在半球间隙下。下左和下右部图显示的是沿中线切开的大脑示意图。图中所有的解剖结构都已标注。脑半球上的褶皱区域是大脑皮层。

➤➤➤

如果从宏观层面考虑神经系统，可轻易将其划分为中枢神经系统和周围神经系统。图 2-2 的三维重构图显示的是大脑，大脑是中枢神经系统的主要部分。其中，大脑的左半球和右半球由胼胝体连接。胼胝体是双向连接左半球和右半球的粗神经束集合。此外，中枢神经系统还包括间脑，它是一个中线神经元集合，隐藏在半脑下方，包括丘脑和下丘脑，以及中脑、脑干、小脑和脊髓。

中枢神经系统几乎与躯体其他所有角落都有神经连接。神经元在躯体和大脑间双向传递神经冲动。正如我们将在第 5 章讨论的，躯体和大脑同样也会存在化学连接，这些激素和神经肽在躯体或大脑中产生，通过血流到达躯体各处。

如果将中枢神经系统切分，我们可以清楚地区分其中深色和浅色的部分（见图 2-3）。深色的部分是灰质，尽管它们的颜色其实是棕色的而不是灰色的。浅色的部分是白质。灰质主要是由神经元细胞构成，白质是神经元发出的轴突、树突。

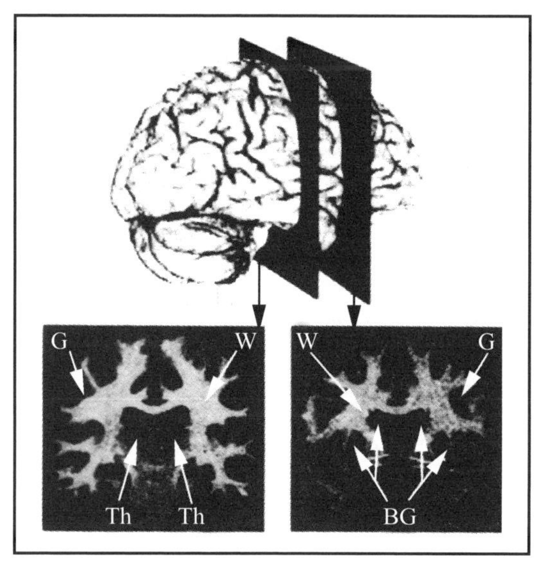

图 2-3　利用磁共振成像技术和 Brainvox 技术重建的人类大脑

这里选择两个切面进行展示，切片位置如图所示。灰质和白质的差异非常明显。灰质主要在大脑皮层上，灰质带组成了切片中沟回和深层神经元部分，如基底神经节（basal ganglia，BG）和丘脑（thalamus，Th）。

灰质主要可以分为两类，一类就像蛋糕那样一层一层覆盖形成皮层（cortex）。比如大脑皮层覆盖在大脑双侧半球上，小脑皮层覆盖在小脑上。另一类灰质神经元并未分层，而是像放在碗中的腰果一样随意排布。这样的神经元形成神经核团。人脑中有许多大神经核团，如尾状核、壳核、苍白球，这些核团隐藏在每一个半球下面；还有隐藏在颞叶里的杏仁核；另外还有一些较小的神经核团，如丘脑中的核团；还有一些独立的神经核团，如脑干的黑质和蓝斑核。

被神经科学家研究最深的大脑结构就是大脑皮层了。你可以把大脑皮层想象成一张盖住了整个大脑的毯子，包括如图 2-2 所示的大脑特有的褶皱表面，即沟回。这个多层的“毯子”厚约 3 毫米，如图 2-4 所示，每一层都与大脑表面平行。所有皮层下的灰质，如大小核团、小脑皮层，被称为皮层下结构。大脑皮层中较晚进化出来的部分被称为新皮层。与此相对，大部分进化较早的皮层被称为边缘系统，我在下面会讲到。我在整本书中都会提到大脑皮层，即新皮层，以及边缘系统及其具体精细的结构。

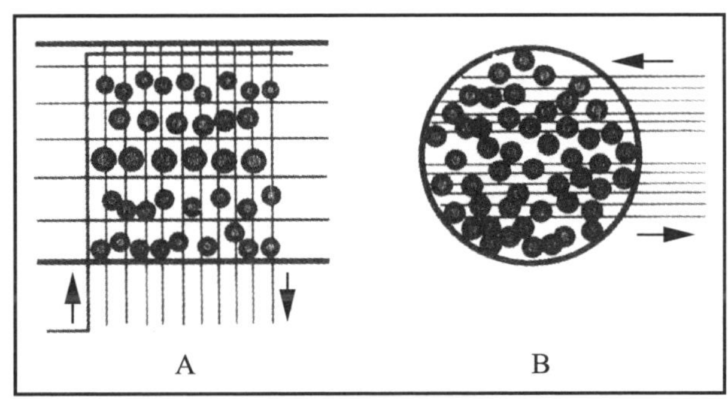

图 2-4　大脑皮层及神经核团结构示意图

A 图：具有特有的大脑皮层的细胞结构和层级结构的示意图；
B 图：神经核团的细胞结构示意图。

图 2-5 是一张常用的大脑皮层分区图，这张分区图是基于不同区域的细胞结构。这个图被称为布罗德曼分区图（Brodmann’s map），其中不同的分区以数字命名。

本书中我经常会提到边缘系统，它是中枢神经的一部分，既有皮层结构，也有皮层下结构。“边缘系统”这个术语就像一个杂货桶，所有演化旧皮层都往里扔。尽管如此，很多神经科学家还是喜欢用这个术语，因为用得顺手。边缘系统的主要结构是大脑的扣带回，以及两个主要的神经核团，即杏仁核及基底前脑。

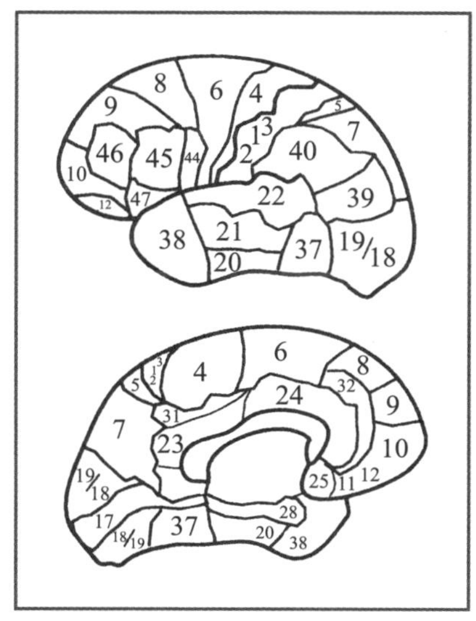

图 2-5　布罗德曼分区图

布罗德曼通过对细胞结构的研究，区分了不同脑区并绘制了这张图。布罗德曼分区图既不是颅相学分区图，也不是现代脑功能分区图，只是一张常用的解剖学参照图。其中一些分区没有展示在图中，是因为该分区过小或被其他沟回覆盖了。上图是大脑左半球的外视图，下图是其内视图。

➤➤➤

神经组织由被神经胶质细胞支持的神经元组成。神经元是大脑活动所必需的细胞。人类大脑中的神经元以数十亿计，这些神经元有各自的局部回路，然后在更高的层级上，如果是分层排列，则组成皮层，如果是非分层排列，则组成核团。最终，皮层和核团互相连接后形成系统，系统之上又有更复杂的系统。按大小来说，所有的神经元和局部回路都是显微镜级别的，相对来说，皮层区域、核团、系统都是肉眼可见的。

神经元有三个重要的组成部分：细胞体，作为输出纤维的轴突，作为输入纤维的树突。（参见图 2-6）神经元在神经回路中互相连接，用电路类比的话，神经元的轴突就像电线，突触、轴突之间的连接点就好比插座。

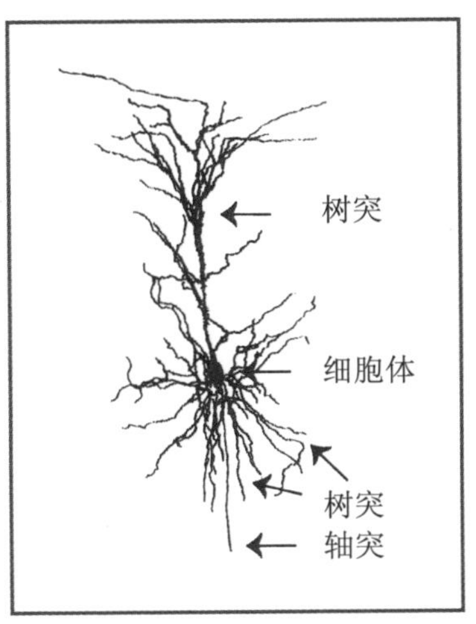

图 2-6　神经元及其主要组成部分示意图

当神经元被激活的时候，细胞体释放电流并传到轴突。这个电流叫作动作电位，当这个电流到达突触的时候会放电释放化学物质，即神经递质，如谷氨酸就是一种神经递质。然后，神经递质作用于突触受体。一个处于激活状态的神经元会与邻近的神经元交互协作，并决定是否释放自身位于突触的神经递质，进而决定下个神经元是否被激活。也就是说，先产生自身的动作电位，从而引导自己的神经递质释放，如此这般进行下去。

突触有强弱之分。突触强度决定了神经冲动是否能传递到下一个神经元。总的来说，对一个兴奋的神经元来说，强突触可以促进神经冲动传递，弱突触会延缓甚至阻碍神经冲动传递[4]。

➤➤➤

在这段题外话中，我还需要提及的一个神经解剖主题是关于神经元联系的本质。我们常发现，许多神经科学家因神经元连接的复杂性而对理解大脑持悲观态度。而另一些人逃避此问题的理由是所有神经元都互相连接，心智和行为就脱胎于此混沌的连接，因而神经解剖系统最终不可能被完全揭示。

幸运的是，上述想法是错的。考虑以下事实：尽管有的神经元有 5 000 个甚至 6 000 个突触，但平均来说，每个神经元约有 1 000 个突触。这个数字看起来挺大，但考虑到人类大脑有超过 100 亿个神经元以及超过 10 万亿个突出，就能意识到神经元一定是按有意义的方式进行连接的。具体来说，如果随机或按喜好在皮层或核团里选择一些神经元，你会发现其实每个神经元都只跟其他一小部分神经元进行沟通，而不是跟其他所有神经元都有连接。

事实上，大量神经元都只在皮层或核团内部的局部回路中跟邻近的神经元进行交流；还有一些神经元，尽管轴突在大脑中延伸几毫米甚至几厘米，却仍然只与相对来说一小部分神经元建立连接。因而我们可以得到以下结论：（1）神经元活动取决于它所属的邻近神经元集合；（2）神经元系统的活动依赖于互相连接的神经元集合之间的互动；（3）神经元系统对整体系统的贡献取决于它在整体系统中的位置。换句话说，第 1 章颅相学中提到的大脑特化，其实质是互相连接的神经元在更大范围内形成系统性空间排布的结果。

总而言之，大脑是由多个低级系统构成的高级系统（见图 2-7）。每个系统由精巧的肉眼可见的皮层区域和皮层下核团互相连接构成，而皮层区域和皮层下核团由局部回路构成，局部回路由神经元构成，神经元互相通过突触连接。将“回路”和“网络”当作“系统”的同义词是很常见的。为了避免歧义，区分显微镜可见和肉眼可见是有必要的。本书中，除非特别指明，系统都是指肉眼可见的，回路都是指显微镜可见的。

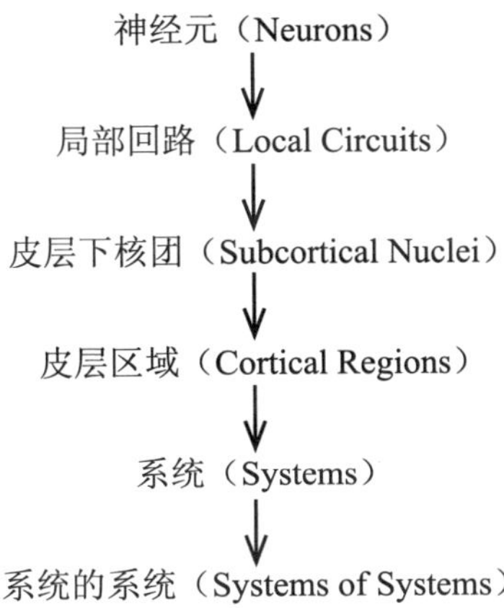

图 2-7　神经结构的层级

考虑到我们没有办法对盖奇的大脑进行扫描，汉娜·达马西奥想出了一个研究他的大脑的间接方法。她向哈佛医学院的神经科学家艾伯特·加拉布尔达（Albert Galaburda）求助。艾伯特前往收藏盖奇颅骨的瓦伦医学博物馆，从各个角度仔细对颅骨进行了拍摄，并测量了脑损伤区域与各个大脑标定点之间的距离。

分析这些照片以及有关伤口的描述，有助于缩小铁棒可能的损伤轨迹的范围。汉娜·达马西奥和她的同事、神经科学家托马斯·格拉博夫斯基（Thomas Grabowski），借助上述照片，在三维坐标系中重构了盖奇的颅骨，并根据颅骨的坐标构建了最有可能的大脑的坐标。借助于工程师同事兰德尔·弗兰克（Randall Frank）的技术支持，汉娜得以在高性能计算平台上进行模拟。他们在三维空间中重建了一根与盖奇事故中使用的铁棒精确匹配的三维铁棒，并沿着之前已经被缩小的铁棒运行轨迹，把这根铁棒“刺”入盖奇的仿真大脑中。结果如图 2-8 和图 2-9 所示。

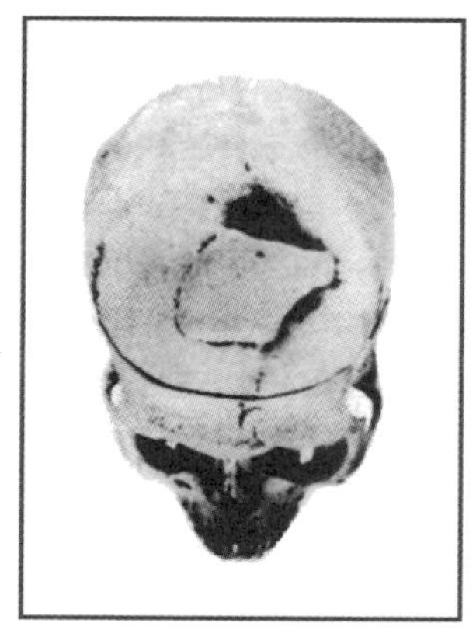

图 2-8　1992 年摄制的盖奇的颅骨

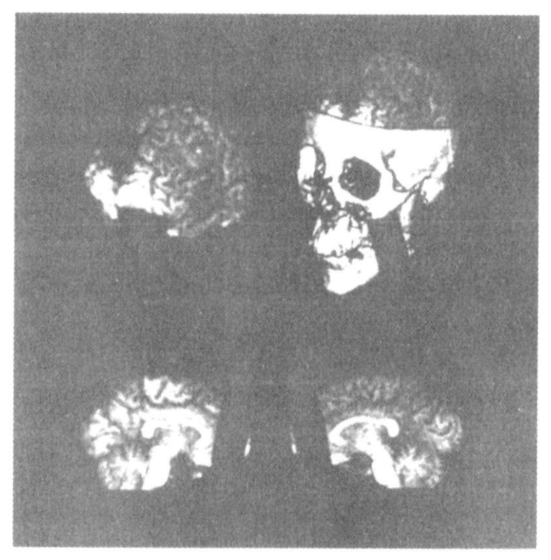

图 2-9　盖奇大脑的三维重建图

第一行：盖奇大脑的三维重建以及铁棒可能的损伤轨迹（灰色区域）；
第二行：盖奇左右脑的左、右内视图，可以看出铁棒同时损伤了左右侧的额叶。

我们现在可以确定戴维·费里尔的说法了，尽管一部分脑组织没有了，但铁棒确实没有损伤到大脑运动功能区和语言区。双侧脑半球中未损伤的区域包括运动和前运动皮层，以及额叶岛盖，其中左侧岛盖就是布洛卡区。我们可以很确定地说盖奇左脑的损伤要远远大于右脑，而对于整个额区，前侧损伤大于后侧。损伤区域具体包括腹侧前额叶皮层以及双侧内皮层，但是外侧前额叶未被损伤。

脑损伤中有一部分正是新近研究中被认为与理性决策有关的重要区域，即腹内侧前额叶。在神经解剖学术语中，眶额区域又被叫作额叶的腹内侧（ventromedial），本书也将采用这种说法。ventro 来源于拉丁文 *venter*，是腹部的意思，这块区域就是在额叶的下“腹部”。medial 指的是中部，意为在中线附近或一个结构的中间表面。盖奇大脑的重建结果表明，与其他神经心理学功能有关的区域没有受到损伤。如外侧额叶皮层，这个区域一旦损伤，就会影响注意控制、计算能力、在刺激间切换的能力，而盖奇的这部分区域并没有受到损伤。

这一新型研究得出了一些确定的结论。汉娜·达马西奥和她的同事可以有根据地作出以下结论：盖奇大脑的前额叶损伤削弱了他规划未来的能力、依照已经习得的社会规范行为的能力、作出对自身生存有利决策的能力。现在仍然不了解的是，当盖奇变得不像“盖奇”的时候，他的心理活动是如何进行的。为了知晓这点，我们有必要研究一下现代版的菲尼亚斯·盖奇们。

03

现代版的盖奇

整整二十年前，在我开始研究类似盖奇的患者并开始对前额叶损伤造成的症状产生兴趣不久，就有人请我去见一个典型的额叶损伤患者。据说这个患者的性格在脑损伤后发生了巨大变化，并且医生们还有一个特别请求：他们希望了解患者的这种巨大反差是不是因为脑损伤。我称这个 30 多岁的患者为“埃利奥特”（Elliot）[1]。因为埃利奥特当时已经不再拥有工作的能力，所以他的兄弟在照顾他，不过对于这个家庭来讲，更紧迫的事情是政府拒绝给埃利奥特发放残疾人补助金。一般人都会认为，埃利奥特四肢健全、聪明老练，具有重返工作岗位的能力，一些专家也认为他的心智是健全的。换句话说，大众普遍认为他只是懒，为了逃避工作而无病呻吟。

我曾见过埃利奥特一次，令我惊讶的是，他看起来是个令人愉快、风趣、有魅力且喜怒不形于色的人。因为他总是带着狡黠的笑容，他有着一种令人尊敬的、圆滑的镇定，展现出一种“遗世而独立”的气质。他冷静、超脱，即便在尴尬的场合中也是如此。他让我想起乔治·桑德斯（George Sanders）在电影《彗星美人》（*All About Eve*）中扮演的艾迪生·德威特（Addison DeWitt）。

埃利奥特不仅思维清晰、聪明过人，而且他清楚地知晓周遭发生的一切。新闻中提到的日期、人物等细节，他都了如指掌。他能饶有风趣地讨论政治事件。他对商业领域也知之甚多。有人告诉我他的技能水平前后一致，我看得出确实如此。关于个人生活的记忆，包括最近发生的、奇怪的事件，他都一清二楚。埃利奥特这个案例看起来耸人听闻，可确确实实发生了。

埃利奥特曾经是一个好丈夫、好父亲，在商业公司有份稳定的工作，也是兄弟姐妹和公司同事的楷模。他有着一个令人钦羡的人格、职业和社会地位。但是生活起了波澜。他患上严重的头痛病，并很快变得难以专注。病情恶化时，他看上去缺乏责任感，他的工作只能由别人接替。他的家庭医生怀疑埃利奥特患了脑肿瘤。很遗憾，医生猜对了。

埃利奥特脑中的肿瘤体积很大且生长迅速，确诊的时候就已经和小橙子一般大小了。这是一个脑膜瘤，因为其长在脑膜上，脑膜覆盖在大脑表面。我后来了解到，埃利奥特的肿瘤最早长在中线区域，恰好在鼻腔上方，也就是眼眶顶部形成的平面上方。随着肿瘤越长越大，它开始从下向上对双侧额叶进行挤压。

就肿瘤组织本身来说，脑膜瘤通常是良性的，但是如果不能尽快手术切除，脑膜瘤就会变成致命的恶性肿瘤。脑膜瘤会不停地挤压脑组织，并最终吞噬大脑。如果埃利奥特还想活命，当务之急是进行外科手术。

一个杰出的医疗团队实施了手术并切除了肿瘤。正如类似的手术一样，被肿瘤损坏的额叶组织也被切除。无论从哪个角度来说，这次手术都是成功的，肿瘤停止了生长，恢复前景也很乐观。然而，后来埃利奥特表现出的人格变化与“乐观”这一表述相去甚远。人格的变化在恢复阶段开始逐渐出现，并让家人，朋友感到震惊。可以确定的是，埃利奥特的聪明才智、机体机能乃至语言能力都未受损。但是，就很多方面而言，埃利奥特都不再是“埃利奥特”了。

试想埃利奥特一天的开始：他需要有人催促才能起床准备上班。一旦开始工作，他总是不能很好地规划自己的时间；他的日程安排也不让人放心。当需要他转换工作目标的时候，他会不分主次，仍然执拗于先前的工作。他有时会中断正在进行的工作，转而去做他那时觉得更有意思的事情。假设现在有一个任务，需要针对一个客户查阅资料并对文件进行分类。埃利奥特完全理解各个材料的重要性，也确切知道根据内容的异同进行分类。埃利奥特可能出现的问题是，他会突然停下文件分类的工作，转而聚精会神地花一整天时间研究其中的一份文件。还有一种可能是，花上一整个下午去思考该怎么对文件进行分类：根据日期、文件大小，还是文件相关性？可以看出，他的工作没有连贯性。有人评论说，埃利奥特的工作障碍是不关注整体目标而对细节太过执着。也有人认为，当完成主要任务的时候，埃利奥特不能理性地看到工作行为所处的大框架；当完成次要任务的时候，他又过分细致。

他的知识水平似乎正在恢复，他也能像过去那样单独工作。但需要他做一些有特定目标的任务时，人们觉得他不靠谱。领导和同事多次好言相劝无效后，他自然而然地被解雇了。接下来的几份工作他也依然如此。埃利奥特的生活每况愈下。

埃利奥特接下来不再尝试找新工作，他找到了新的业余生活和创业方向。他开始进行收藏活动，这对他本身不是坏事，但如果收藏的东西都是垃圾那就没什么实际意义了。他涉猎的新生意从房屋建设到投资管理。在一家企业中，他曾和一个声名狼藉的人物合伙做生意。他不顾朋友的警告，导致最后生意也失败了。他把所有的积蓄都投入这个不幸的公司，因此他也失败了。如果考虑埃利奥特之前的背景，你很难想象他会作出这个漏洞百出的商业决策。

埃利奥特的妻子、孩子和朋友不能理解为什么一个阅历丰富的人在屡受警告的情况下依然会做出愚蠢的行为，其中一些人不能接受他的这种状态。他和妻子离婚了。接下来，他和一个不被亲朋好友认可的女人经历了一次短暂的婚姻，然后又离婚了。此后他的生活依旧动荡不安，失去了收入来源的他，对其的最后一个打击是他的社会残疾救助金申请也被拒绝了。

埃利奥特的社会福利随后被恢复了，因为我解释说他的失败确实是由于神经系统疾病造成的。诚然，他的躯体机能和大部分心理功能都正常，但是他作决定的能力受损，同样受损的还有对未来的几个小时作有效计划的能力，更不用说对未来几个月或几年作计划了。这些能力的丧失和我们日常生活中常犯的判断上的小错误没有可比性。正常人以及和埃利奥特有相似教育背景的人都会犯错误或作糟糕的决定，但是不会像埃利奥特这样出现严重且系统性的后果。埃利奥特身上的改变程度巨大而且是一种疾病的信号。这些改变既不是人格的某种弱点，也不是患者主观意愿所能控制的，这些改变显然源于大脑特定区域的损伤。而且这些损伤有长期性的特征。埃利奥特的状态不是暂时的。这种改变后的状态会长期存在。

这一案例的悲剧性在于，埃利奥特既不愚蠢也不无知，但是他的行为却让人以为他就是如此。他的决策体系漏洞百出，以至于他无法再成为一个事实上的社会成员。即便面对决策的糟糕后果，他依然屡教不改。他看起来不可救药，就像一个屡教不改的罪犯，在短暂的忏悔反省后又立即犯事。可以说，他的自由意志已经损坏了，对比之前盖奇的行为表现，我们可以大胆地说，盖奇的自由意志也损坏了。

从某种角度上来说，埃利奥特是一个新版的菲尼亚斯·盖奇，比如说失去了社会生存能力，不能进行必要的推理和决策从而使自己和家人受益，作为一个独立人不再可能成功。就像盖奇一样，埃利奥特也开始进行收藏。但在其他的一些方面，埃利奥特又和盖奇不一样。埃利奥特没有盖奇表现得那么恶劣，而且埃利奥特从不渎神。这些差异是损伤位置的细微差异造成的吗？还是因为不同的社会文化背景、受伤前的人格、年龄造成的？这个问题，我暂时还无从解答。

➤➤➤

在用现代影像技术研究埃利奥特的大脑之前，我就知道他的脑损伤区域涉及额叶区域；他的神经心理学状态只显示这个脑区遭受了损伤。我们将在第 4 章看到，其他区域的脑损伤，比如右侧躯体感觉皮层，也会损伤决策行为，但是还伴随有其他行为缺陷，如瘫痪、感觉加工紊乱。

计算机断层成像和磁共振研究显示埃利奥特的双侧额叶都损伤了，并且右侧损伤远大于左侧。事实上，左侧额叶外面几乎无损，左侧损伤几乎都位于眶额和中部。在右侧，这些部分也受到了类似损伤，但是额叶的核心部分，即皮层下白质，也受到损伤。该损伤的结果导致右侧额叶皮层的大部分不能正常工作。

埃利奥特的双侧额叶中与运动控制有关的区域，即运动和前运动区没有受到损伤。这显而易见，因为他的运动表现是完全正常的。另外，正如预测的那样，他的额叶语言相关皮层，即布洛卡区及周边区域是完好的。额叶基底、基底前脑也都完好。这个区域是与记忆、学习相关的几个必要脑区之一。如果这个脑区损伤了，他的记忆也会随之受损。

有证据表明埃利奥特大脑的其他区域也受损了吗？答案是否定的。双侧颞叶、枕叶、顶叶都是完好的。皮层下灰质核团、基底神经节和丘脑也未受损。脑损伤仅局限在前额叶。就和盖奇一样，腹内侧前额叶受到了不均匀的损伤。就埃利奥特的脑损伤而言，右侧比左侧严重很多。

很多人也许认为，只有小部分大脑受损，其余大部分都不受影响。然而，损伤的程度和损伤的结果是不成比例的。大脑中所有神经元并非都做同样的事情。盖奇和埃利奥特被损伤的脑结构正好是培养推理能力和形成决策所必需的。

智力正常的埃利奥特

至今我仍对埃利奥特完好的智力表现记忆犹新，其他很多额叶损伤的患者看起来智力也是完好的，即便事实上他们的心智正在出现微妙的变化，这些变化必须用专门的神经心理学测试才能发现。这些患者的行为学变化通常被归咎于记忆或注意缺陷，而埃利奥特这个病例纠正了我的上述看法。

埃利奥特曾经在另一家机构接受过测试，测试结果表明没有证据证明他有“器质性脑综合征”。换句话说，标准测试显示埃利奥特没有任何缺陷。他的智商得分，也就是所谓的 IQ，在高分范围，在韦氏成人智力量表的得分也是正常的。埃利奥特的病症不是因为“器质性疾病”或“神经系统失常”，即脑部疾病，而是反映了他的“情绪”或“心理”调节的问题，即心理障碍，所以他应该求助于心理治疗。埃利奥特在四处奔波求治无果后找到了我所在的机构。“心理障碍”和“脑部疾病”的迥异区分，“神经系统的”疾病和“精神”疾病的划分，反映了社会和医学中可悲的文化传统，这表明人们忽视了心智和大脑的关联。脑疾病被人看作飞来横祸因此不受谴责，而心理障碍，尤其是影响行为和情绪的疾病，被看成社会的负担且患者需要为此负责。患者会因自身的人格缺陷、情绪管理障碍等诸如此类的问题饱受谴责；人们通常会认为患者缺乏意志力。

读者或许要问，上述状况是否因为过去的医学评估标准出现了漏洞。埃利奥特这样严重的患者在心理测试中得分正常是可能的吗？事实是：数十年来，社会行为显著异常的患者在大多数智力测试甚至是最难的测试中都会表现正常，临床医学家和研究者几十年来一直不得不面对这个令人沮丧的现实。患者也许存在脑部疾病，但是各种测试无法反映出这些病患的行为障碍。这个问题的答案在于上述测试没有针对性的探测脑疾病损伤的能力，因此无法衡量正常人和脑疾病患者之间的差异。了解了埃利奥特的病情和他脑损伤的情况之后，我预测他在大部分心理量表测试上都会表现正常，而只在一小部分针对额叶功能的测试上，他才会表现异常。正如你将看到的，埃利奥特的测试结果让我诧异。

埃利奥特在标准心理测试和神经心理学测试都得到较高分数[2]。在韦氏成人智力量表的每个子项目中，他的得分都处在平均分或平均分以上。他的数字瞬时记忆、短时语言记忆甚至几何视觉记忆都好于常人，他在雷氏词语（Rey's word list）记忆、复杂图形记忆中的成绩都在正常范围内。他的多语言失语症测试（Multilingual Aphasia Examination，一个多语言理解和输出能力测试）成绩也正常。用本顿标准测试（Benton's standardized tests）来测试他的面孔识别、线条朝向判断、地理方向判断、二维三维图像构建等视觉感知和构建技巧，结果也未见异常。他在雷氏－奥斯特复杂图形测试中的判断能力也是正常的。

埃利奥特在应用了干扰步骤的记忆测试中也表现正常。其中一个测试需要在倒计时干扰下，分别在 3 秒、9 秒和 18 秒后回忆出相符的图形；另一个测试需要在 15 秒的计算后回忆出之前看到的事物。大部分额叶损伤患者都在上述测试中表现异常；埃利奥特则在上述两项测试中都表现优异，正确率分别是 100% 和 95%。

简而言之，埃利奥特的知觉能力、对往事的记忆能力、短时记忆能力、学习新事物的能力、语言能力和算数能力都未受损伤。他的注意力，即排除外界干扰专注于特定心理内容的能力也正常；他的工作记忆能力，也就是短期内记住某些信息并用于心理加工的能力也未见损伤。工作记忆能力测试经常用数字、字母、物体及它们的特征。举个例子，告诉被试一个电话号码，被试需要从后向前重复号码，其间还需要跳过奇数位数字。

我曾预期埃利奥特在探测额叶失调的测试中表现异常，然而我的预期并不正确。事实上，他在这些测试中智力表现完全正常，甚至那些特殊测试对他来说也是小菜一碟。那些测试包括威斯康星卡片分类测试（Wisconsin Card Sorting Test），这个测试在额叶测试中被广泛使用，主要内容是根据卡片上不同的颜色、形状和数字，将一系列卡片进行分类。当游戏中改变卡片分类规则的时候，被试需要尽快意识到分类规则的变化并转换到新的规则。20 世纪 60 年代心理学家布伦达·米尔纳（Brenda Milner）发现前额叶损伤患者在该测试中表现较差，并且该发现被许多研究重复[3]。这些患者会执拗于旧的分类规则，而无法正确转换到新的规则中去。埃利奥特在该任务中将 70 种卡片分成了 6 类，这个成绩是大多数额叶损伤患者无法企及的。他与正常人无异，顺利完成了测试。数年中，他始终在该测试及类似测试中保持优秀表现。埃利奥特在该测试中的表现表明，他拥有正常的工作记忆能力、基本逻辑能力以及改变心理定势的能力。

根据不完全知识进行推断并得出结论的能力是评估高级智力的另一个指标，而额叶损伤患者通常在该指标上表现较差。两个研究者，蒂姆·沙利思

(Tim Shallice)和 M. 埃文斯(M. Evans),发明了一个测试来评估这一能力,这一测试中被试通常不知道确切答案,只能通过一些无关事实进行联想,然后通过逻辑推理能力来获得一个有效的推断[4]。如下列问题:纽约市有多少长颈鹿,或艾奥瓦州有多少大象。你肯定需要考虑到这两种动物都不是北美洲本地的动物,所以只能在动物园或野生动物保护公园找到这两种动物;你肯定还需要考虑在纽约市和艾奥瓦州的地图上标示有多少动物园;你还需要通过另一部分知识储备来估计每个动物园中有多少长颈鹿和大象;最终,你把这些数字加总得到一个估计值。我预期你会得到一个合理的大致数字;但是如果你知道确切数字,我会很惊讶甚至略有担心。这个测试的本质是你需要根据不相干的一些信息来产生一个可靠的估计值,以及你需要有正常的逻辑推理能力、注意以及工作记忆。有趣的是,尽管生活中埃利奥特经常作出错误的推理,但是在该测试中,他的估计值处在合理范围。

到目前为止,埃利奥特通过了为他设置的大部分测试,但是他还未接受过人格测试。我认为,埃利奥特也许无法通过人格测试。他通过最主要的人格测试量表的概率有多大呢?常用的人格测试量表被称为明尼苏达多相人格测试(MMPI,Minnesota Multiphasic Personality Inventory)。你也许猜到了,埃利奥特在该测试中的得分也是正常的。他在该测试中的得分也是有效可信的。

经历过上述所有测试后,埃利奥特似乎成为一个拥有正常智力但无法作出正常决策的人,尤其在这些决策涉及个人和社会事务时。这是否表明,个人和社会领域内的推理决策与纯粹只涉及物体、空间、数字、字母的决策有所不同呢?这两种决策涉及了不同的神经系统和过程吗?我不得不承认,尽管他脑中的确出现了损伤,但这一损伤无法被实验室中传统的神经心理学测量工具所衡量。其他患者也曾出现这类分离化症状,但没有一个人的症状如埃利奥特分离得这般彻底。如果我们要估量脑损伤所带来的心理功能损失,我们必须开发出新的测量方法。同时,如果我们想要给埃利奥特的行为缺陷一个圆满的解释，我们必须放弃传统的观点；埃利奥特无懈可击的测试结果极大地支持了我们的上述猜测。

埃利奥特的真正问题

通常来说，当你遇到一个难题，给自己放个假放松一下是有益的。于是，我在一段时间内没有再关注埃利奥特的案例，当我重新审视这个案例时，我发现我的观点已经发生变化了。我意识到我之前过度关注埃利奥特的智力状态和理性能力，而并没有关注他的情绪。乍一看，埃利奥特的情绪并无奇怪之处，就像我之前说的，埃利奥特是个懂得克制情绪的人，就像许多杰出人物和社会楷模那样。他不会过分情绪化，也不会不合时宜地笑或哭，他看起来也没有高兴或伤悲。他并不滑稽，只会小小地幽默，他的幽默比我们所认识的人讲的笑话更合宜和让人接受。然而，进一步深入分析，我发现自己遗漏了一些事情，我忽视了一些显而易见的证据：埃利奥特可以用一种超然物外的态度来叙述自己生活中发生的悲剧。他总能很好地控制自己，用一种平心静气的、外界观察者的语气来叙述发生的事情，即便对他自己的伤痛也是如此。请注意，从一个外科医生兼倾听者的角度来说，克制情绪通常是颇受欢迎的，因为这可以减少一个人因为情绪产生的代价。我曾和埃利奥特进行过一连几小时的交谈，我越发清楚他的这种超然物外的态度是不正常的。事实上，埃利奥特并没有对情绪进行丝毫克制，也没有压抑内在的混乱。他只是冷静、放松地娓娓道来。他的沉着冷静并不是文化习得的那种，但是这种冷静不经意中起到了保护的作用，使他不会因为自身的悲剧而痛苦。我发现自己在听他故事的时候，比他还要痛苦。事实上，仅仅是想起他的故事就令我心痛不已。

渐渐地，图景开始明晰起来，一方面来源于我自己的观察，一方面来源于患者自身的陈述，还有一部分来源于亲属提供的证据。埃利奥特患病后的情绪表现要远远成熟于患病之前。他似乎在用一成不变的中性态度来对待生活。在和他交谈的数小时中，我竟然没有看见他一丝一毫的情绪表露：没有悲伤，没有不耐烦，甚至没有对我喋喋不休的反复提问感到厌烦。我了解到他几乎每天都是这样的状态。他几乎不会愤怒，即便有，也是在极少的情况下并且转瞬即逝；不一会儿，他就恢复到他那个“新的自己”的模样，沉着冷静且从不发牢骚。

后来，我直接从埃利奥特那里得到了我想要的证据。我的同事丹尼尔·特拉内尔（Daniel Tranel）完成了一个心理生理学实验，实验中需要给被试极度情绪化的刺激，如用图片展示地震中正在倒塌的房子、失火的屋子、事故中血淋淋的伤者、快被溺死的人。我们给埃利奥特看了一系列这样的图片，他确定无疑地告诉我们，他看这些图片时的感觉已经和生病前不一样了。这些曾经让他有积极或者消极情绪反应的图片不再能激起他的任何反应。

这个结果令人震惊。试想一下，无论是欣赏喜欢的画作，还是聆听热爱的音乐都无法让你感到愉悦。换句话说，你还可以在理智上意识到视觉或者听觉刺激，但永远无法获得这些刺激曾经给你带来过的那种感觉。我们总结认为，埃利奥特的问题在于他可以感知（know）但无法感受（feel）。

这之后，情绪和感受的损坏导致了埃利奥特决策缺陷的这一想法，便一直盘桓在我的脑海中。要证实这个猜想，还需要在埃利奥特和其他类似患者身上进行更多的实验。首先，我需要排除其他可能性，即我已经测试过的其他主要心理障碍，这样才能说埃利奥特的决策缺陷不是其他心理障碍造成的。

情绪感受与推理决策

接下来，我们用许多方法排除埃利奥特其他缺陷的可能性。重要的是，我们需要知道，埃利奥特是否了解他每天都不再遵守的那些行为原则。换句话说，他是否丧失了社会化行为所需要的一些知识，以至于即便他有正常的推理机制，也无法进行适当的行为决策？或者，他仍然掌握这些原则，但是无法记起并使用？又或者，他能了解这些知识，但无法使用这些知识形成选择行为？

我和我当时的学生保罗·埃斯兰热（Paul Eslinger）合作进行研究。我们一开始给埃利奥特呈现了一系列两难问题，即结合了伦理困境和经济难题。比如说，如果急需用钱，在保证不被发现的前提下，你是否会去偷窃？又或者，如果你知道 X 公司过去几个月的业绩表现，你会去卖掉还是买进股票？埃利奥特的表现和实验室的其他人并无二致。他的道德决策标准和大多数人一样。他也能意识到如何将社会习俗应用于这些问题。他的经济决策看起来也合情合理。我们设置的问题并不是特别复杂，值得注意的是，埃利奥特在这些问题中的表现颇为正常。但是别忘了，他在现实生活中经常在这些问题上做出规则违反行为。实验室和现实中表现的迥异差别向我们提出了挑战。

面对上述挑战，我的同事杰弗里·萨韦尔（Jeffrey Saver）设计了一系列严密控制的实验室实验来研究埃利奥特的行为，这些实验涉及社会习俗和道德价值。下面我具体介绍一下这些实验。

第一个实验关注行为选择的产生。实验目的是测量在假定的社会困境中提出替代方案的能力。该实验一共设计了 4 个口头叙述的社会窘境。被试被要求在口头上对不同的社会情境作出反应。在一个情境中，主角打碎了配偶的一个花瓶，被试被要求想出办法来避免配偶生气。用来引导被试回答的一些标准问题包括“他还能做什么？”。被试在提示前后的相关或不相关的回答都会被记录下来。结果表明，埃利奥特在提示以前提出的解决方案数量和总计解决方案数量方面的表现都和控制组被试没有差异。

第二个实验关注对行为结果的主观觉察。这个实验衡量的是被试考虑行为结果的自发倾向。实验会呈现给被试 4 个假定的情境，这些情境会诱使被试作出违背正常社会习俗的表态。在其中一个场景中，主角去银行取钱，收纳员多支了钱。被试被要求描述该场景将如何发展，以及主角在行为前后的想法。在该任务中，被试的得分反映了相应情景中被试作出相同行为表现的可能性。在该任务中，埃利奥特的回答甚至要好于控制组。

第三个实验，即手段—目的问题解决程序，关注的是对有效实现社会目标的手段进行抽象化的能力。实验会呈现给被试 10 个不同的情境，被试需要采取合适且有效的手段达成特定目的以满足某种社会需求，如结交朋友、维持一段浪漫关系，或者解决一个职业难题。在一些场景中，主角搬到了一个新社区，需要结交新朋友并让新朋友在自己家中感觉宾至如归。被试需要继续这个故事，并叙述如何才能达成这个目标。被试的分数即有效达成目标的行为数量。结果表明，埃利奥特在该任务中的表现无可挑剔。

第四个实验关注的是被试预测特定事件的社会结果的能力。在 30 个测试项目中，被试会看到一幅反映社交场景的卡通漫画，并被要求考虑这幅画描绘的内容最有可能的结果，并在其余的三幅画中进行选择。被试在该测试中的分数是正确选择的数量。在这个测试中埃利奥特的分数依然和控制组一样。

第五个也是最后一个实验，即 L. 科尔伯格（L. Kohlberg）和他的同事设计的标准版道德判断问卷[6]，是海因茨两难问题（Heinz dilemma）的修订版。这个实验关注的是道德推理的发展阶段。实验中会呈现不同的社会情境，每个情境都存在互相冲突的两种道德规范，被试被要求为每一个困境给予解决方案，并提供每个解决方案的详细伦理依据。例如，在一个情境中，被试需要决定或解释，主角是否应该盗窃药品来解救他濒死的妻子。本实验的评分采用明确的分级标准，将每个问卷中的道德判断归类到不同道德发展等级。

标准版道德判断问卷把每个被试归类到从简单到复杂的五个道德推理阶段中的一个。这些道德推理的模式包括：前习俗阶段，即阶段①以服从和惩罚为导向；阶段②以工具目的和交换为导向；习俗阶段，即阶段③以人际和谐和从众导向；阶段④以法律和秩序为导向；后习俗阶段，即阶段⑤以社会契约、效用、个人权利为导向。研究发现，到 36 岁的时候，89% 的美国中产阶级男性已经发展到了道德推理的习俗阶段，剩余的 11% 已经到了后习俗阶段。埃利奥特在本测试中结果为阶段④，意味着他已经到了习俗阶段后期、后习俗阶段早期。这是个优秀的结果。

总而言之，埃利奥特可以正常地对社会情境进行回应，并自发考虑特定行为的结果。他可以通过概念化方法来达到特定社会目的，预测社会情境的可能结果，并且其道德推理也处在高级发展阶段。上述结果清晰地表明，腹内侧额叶损伤不会妨碍在实验情境下提取社会知识的能力。

埃利奥特在上述测试中表现优异，这与他在传统记忆和智力方面的表现一致，但与他在日常生活中有缺陷的决策能力相违背。这该如何解释？我们将这种严重的分离化现象归因于实验室情境和现实生活之间的差异。我们接下来分析一下这种差异。

除了最后一个实验，其他任务都没要求在提供的选项中作选择，被试在这些任务中只要想象出选项及可能的结果就足够了。换句话说，对问题进行推理就足够了，并不需要去决策。在这些任务中的正常表现说明被试具有社会化知识并可以正常提取，但是无法说明作出选择的过程是否正常。现实生活通常有压力迫使你进行选择。如果你不屈从于这种压力，你也会像埃利奥特一样出现决策问题。

上述情况用埃利奥特自己的话便可给予最好的诠释。在每个实验期间，埃利奥特都会针对特定实验场景给出处理问题的答案，这些答案都是行之有效的。对此，埃利奥特会露出微笑，看起来他对自己丰富的想象力很满意，但是他还会加上一句："经历过所有这些后，我还是不知道该怎么去做！"

即便我们让埃利奥特在每个项目中进行选择，他在实验情境下的表现还是和现实情况不一致。在实验情境中，他每次选择时只需要考虑最初的限制条件，而不需要考虑初始反应后产生的新的限制。而在现实情况中，埃利奥特在每次选择后都会有他人来回应，这些回应会改变情境并产生新的限制条件，然后埃利奥特会有新的选择，再产生新的选择情境，如此往复。换句话说，现实生活的决策情境的演化是持续的、开放的、不确定的，但这些特点在实验室任务中是不存在的。然而，杰弗里·萨韦尔研究的目的是衡量被试知识基础的状态及可提取性，而非推理或决策的动态过程。

现实生活和实验室任务还存在其他区别，实验室任务的时间框架比现实生活更紧凑。在一些情境下，实时处理需要保有信息一段时间，这些信息可以是对人物、物体或场景的表征，尤其是出现新选择、新结果或需要进行比较的时候。此外，在我们的实验中，情境和问题都是通过语言呈现的，然而现实生活经常需要我们在涉及视觉和语言的综合情境下作选择。我们通过视觉、听觉、嗅觉等来处理不同场景，各个场景的强度也不尽相同，我们创造语言、文字和图像刺激并依赖这些信息作出决策。

尽管之前的研究存在不足，但我们还是取得了一些进展。实验结果有力地说明，埃利奥特的决策缺陷不能归因于缺少社会知识，或无法提取这些知识，也不能说在个体或社会决策阶段对事实信息进行处理所必需的工作记忆或注意这两者出现了障碍。埃利奥特的决策缺陷看起来发生在推理的晚期阶段，靠近或处于作出选择或反应的阶段。换句话说，无论晚期阶段出了什么错，埃利奥特都无法有效选择，或者他根本无法选择，或只能作出不利的选择。别忘了，他会偏离特定任务，然后分心花费数小时做其他任务。当我们进行一项任务时，我们面对大量可选项，如果我们想专注于目标，我们必须每时每刻都选择相对这个目标而言正确的路径。显然，埃利奥特无法选择正确的路径，这正是我们需要关注的。

我现在确信，埃利奥特和盖奇有大量相同之处。他们都有社会行为和决策缺陷，但仍有正常的社会知识基础，也都有保存较好的神经心理学功能，如习俗记忆、语言、基本注意、基本工作记忆和基本推理能力。此外，我很确定，埃利奥特的决策缺陷伴随着情绪反应和情绪感觉的损伤。很有可能的是，盖奇也存在情绪缺陷，但是缺乏文献资料证明这点。根据盖奇错误地使用语言和自嘲痛苦来看，我们至少知道他无法感受到难堪、尴尬这些情绪。另外，我强烈地认为情绪和感受上的缺陷会导致社会行为缺陷。我认为，埃利奥特冷血的推理过程使他无法对不同的选择进行权重赋值，从而使他的决策空间毫无起伏。同样也是这种冷血的推理过程使他的心理状态变幻无常，从而使其无法匹配正常决策所需的时间窗口。换句话说，工作记忆的某项缺陷影响了决策的其他过程的发生。如果上述推测属实，无疑，埃利奥特和盖奇两人为我们推开了研究理性的神经生物学基础的一扇大门。

04

更多病例证据

几乎所有人都会认同，在某些情况下情绪会扰乱推理。生活中存在的许许多多例子可以证明上述说法，而且我们在成长过程中听到的那些忠告也来源于这些事例。如“保持冷静，控制情绪！不要让激情干扰判断”。因此，我们自然而然地将情绪当成一种冗余的心理能力，认为情绪是理性思维携带的某种附属品。如果一种情绪是积极愉快的，我们就把它当成奢侈品一样享受；如果情绪是消极痛苦的，我们就只能忍受这位不速之客。就如圣人所建议的，无论在上述哪种情况下，我们都应该在合理的程度上体验情绪和感受。我们应该保持理性。

上述说法也有很多道理、充满智慧，我不会否认失控的、误导性的情绪是非理性行为的主要原因之一。我也不否认，即便是看起来正常的推理也会受到潜在的情绪偏差的干扰。举例来说，在10%的五年死亡率和90%的五年存活率这两种治疗方案之间，患者会更偏好后者[1]。尽管这两个方案本质上是完全一样的，但很可能是死亡诱发的情感导致患者拒绝前者。这个选择如果用另一种框架呈现，则会更容易被接受。简而言之，这个推理是矛盾且非理性的。这种非理性并非由于知识的缺乏，因为在这个选择上医生和患者的选择并无二致。但是，传统观点忽略了一点，也就是我们从埃利奥特这样的患者身上以及在下面要讨论的其他观察中看到的：**情绪的损伤同样也是非理性行为产生的重要原因**。情绪缺位和异常行为之间这种反直觉的联系会有助于理解推理的生物机制。

我开始用实验神经心理学的方法来探究上述问题[2]。粗略地说，这个方法依赖于以下步骤：首先，在特定区域的脑损伤和相应的行为、认知障碍间找寻系统性关联；其次，通过建立“双分离”来证实上一步的发现，即需要证明 A 区域的脑损伤造成 X 行为而非 Y 行为的损伤，而 B 区域的脑损伤造成 Y 行为而非 X 行为的损伤；再次，考虑到不同部分，如皮层区域和皮层下核团需要和其他正常的部分协作以完成正常的认知和行为功能，在此基础上，再建立一般性假设和特殊假设；最后，在新的脑损伤病例上检验上述假设，检验特定区域的脑损伤是否会引起假设的效果。

神经心理学研究的目标由此成为解释特定认知功能及其组成部分与特定神经系统及其组成部分之间的关系。神经心理学不是也不应该是找寻脑区特定“部位”与某些“症状”“综合征”之类联系的学科。

➤➤➤

我最开始关注的是检验我们在埃利奥特身上所观察到的是否可以在其他患者身上观察到。结果肯定了我的推测。迄今为止，我们已经研究了 12 个类似埃利奥特的前额叶损伤的患者，且无一例外地在他们身上都能看到决策缺陷与情绪和感受的缺乏是同时出现的。推理能力和情绪、感受能力同时损伤，并且这些损伤在那些基本注意、记忆、智力和语言能力都完好的神经心理学案例中格外突出。因而上述这些能力永远无法解释患者判断力的缺陷。

最重要的发现是，推理损伤伴随情绪损伤的这种情况不仅仅发生在前额叶损伤后。在这一章中，我将呈现其他种类的脑损伤及它们引起的类似行为表现，这些案例说明，正常的情绪、感受、推理和决策的神经机制之间存在复杂的交互作用。

四个前额叶损伤案例

我将按照时间顺序来讨论这些前额叶损伤的病例。菲尼亚斯·盖奇并不是我们理解推理和决策的神经机制有史可稽的唯一来源，还有其他四个病例帮助我们理解与推测。

第一个病例是 1932 年哥伦比亚大学的神经学家布里克纳（Brickner）研究的，这个被称为“患者 A”的脑损伤患者当时 39 岁，是纽约的一位股票经纪人，在事业和家庭上都曾十分成功，后来患上了和埃利奥特一样的脑膜瘤[3]。这个肿瘤从上部生长并向下压迫额叶。这个患者的遭遇和埃利奥特一样。

神经手术的先驱沃尔特·丹迪（Walter Dandy）成功切除了这个致命的肿瘤，但这个肿瘤已然对双侧额叶皮层造成了大规模的损伤。受损的区域包括埃利奥特和盖奇丧失的区域，而且范围更广，详见图 4-1。其中左侧所有语言区前部的额叶皮层都被切除了。右侧切除区域更大，且运动区前部的所有额叶皮层都被切除了。双侧腹侧皮层以及双侧内部额叶皮层也都被切除了。扣带回则得以保存。完整的手术细节在二十年后通过解剖得以证实。

“患者 A”有正常的知觉。他对人、地点和时间的知觉正常，其近期和远期记忆也未见异常。他的语言功能和运动能力也未受影响，根据当时的心理学测试结果，他的智力看起来也正常。许多证据证明，他的计算能力很好，且下得一手好棋。尽管躯体健康、心理能力正常，“患者 A”却再也不能返回工作岗位了。他一直待在家中，详细制订着职业恢复计划，却没能执行过其中哪怕最简单的一个计划。他的人生就此揭开了另一个篇章。

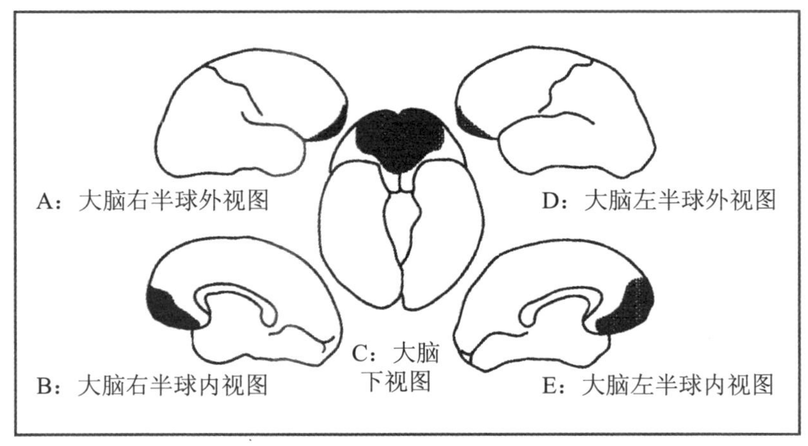

图 4-1 “盖奇模式”患者的脑损伤区域

阴影部分表示的是腹侧和内侧额叶区域，“盖奇模式”的所有患者都存在这个区域的损伤。请注意，背侧额叶并没有受到影响。

“患者 A”的人格发生了显著改变。他之前谦逊的性格消失了。他之前谦逊且善解人意，但此后他的行为总是不合时宜且令人尴尬。他对包括他妻子在内的其他人的评价很冷淡，有时还很残酷。他总是吹嘘自己的职业、躯体还有性能力，尽管他丢了工作，也不锻炼，和自己妻子或其他人也早就没有了性生活。他的谈话内容通常充斥着虚构的丰功伟绩和经常以取笑他人为代价的轻佻言语。有时，他也会挫败，于是他会进行言语上的攻击，但他从未有行为上的暴力。

“患者 A”的情绪生活也相当贫瘠。他偶尔会有短暂的情绪爆发，但大部分情况下，他都不会表现出任何情绪。没有任何迹象表明他会为别人着想，或感到尴尬、悲伤，或为自己的悲剧感到一丝痛苦。他的整体情绪可以用“肤浅”来形容。大体来说，“患者 A”变得被动且依赖他人。他的下半辈子都在家人的监护中度过。他学会了使用印刷机打印观光卡片，这也是他唯一的营生了。

“患者 A”清楚地表现出了我称为“盖奇模式”的认知和行为特征：在遭受了额叶损伤后，尽管心理能力完好，但他选择最佳行为模式的能力丧失了；情绪和感受能力也受损了。当然，虽然都是“盖奇模式”，不同病患的人格表现还是存在差异。综合征的一个不可避免的特点就是具有一种固有模式，即所有症状的共同本质，且具有围绕这个本质而存在的细微症状差异，就像盖奇和埃利奥特之间的差异那样。现在讨论这些表面差异的成因还为时过早，此时我仅仅想强调这些情况的共同本质。

第二个有史可考的案例可上溯到 1940 年[4]。加拿大麦吉尔大学（McGill University）的唐纳德·赫布（Donald Hebb）和怀尔德·彭菲尔德（Wilder Penfield）报道了一个脑损伤案例，这个患者在 16 岁时遭遇了一场严重的车祸，病患的年龄使其具有特别的研究价值。菲尼亚斯·盖奇和“患者 A”以及其他类似患者在额叶受损并表现出异常行为之前，就已经是成年人并具有稳定人格。

如果脑受损发生在成长阶段，如儿童或青少年时期，后果会怎么样呢？一种假设认为脑受损的儿童或青少年将永远不能发展出正常人格，他们的社会感将无法成熟。这些病例肯定了这一假设。赫布和彭菲尔德的这个患者因颅骨骨折而挤压并损伤了双侧额叶皮层。他曾是个正常的儿童和青少年，但是脑损伤后，不仅他的社会化发展停滞了，他的社会化行为也退化了。

也许第三个案例可以提供更多信息，这个案例由 S. S. 阿克利（S. S. Ackerly）和 A. L. 本顿（A. L. Benton）于 1948 年报道[5]。他们的患者出生时额叶便受损了，自此我认为，形成正常人格所必需的神经系统在他的成长过程中都缺失了。相应地，他的行为一直是异常的。尽管他不是一个愚蠢的孩子，他的基本心理能力也正常，但他从未习得正常的社会化行为。他在 19 岁时进行了神经外科检查，结果发现他的左侧额叶仅仅是一个空洞，整个右侧额叶也因为萎缩而消失了。出生时的额叶损伤导致了大部分额叶皮层不可恢复的损伤。

这个患者从未能拥有一份工作。他经常乖乖工作了一段时间后便失去了工作热情，最后往往以偷窃、违规结束。任何对预期的偏离都会轻易挫败他，并引起他突然爆发的坏情绪，尽管总体来说他是顺服的、有礼貌的。人们通常会形容他具有“英国男仆”般的礼貌。他的性兴趣不明确，并且他也从未喜欢过任何人。他的行为是刻板、呆板、缺乏想象力的，他也从未发展出任何职业技能和兴趣。奖赏或惩罚看起来都不能影响他的行为。他的记忆变幻莫测；在指望他学习的时候他也记不住，但他会将注意力转移到之前记住的次要事物上，如汽车制造的具体知识。这个患者既不快乐也不伤悲，他的快乐或伤悲看起来都很短暂。

赫布 – 彭菲尔德的患者和阿克利 – 本顿的患者都有一些相同的人格特征。他们对待生活呆板保守，无法组织未来的生活，也无法维持有收入的工作；他们缺乏原创力和创造力；他们倾向于自我夸耀；他们的行为表现大体是正常的，但刻板不变；跟正常人相比，他们很少能感受到快乐与痛苦；他们的性冲动和探索欲望很弱；他们没有表现出运动、感知和交流障碍，且社会文化背景所期望的整体智力也没有损伤。

现代的类似病例，以及我观察到的类似病例，和上述现象大抵相同。这些患者的病史和社会化行为都和阿克利、本顿的患者类似。可以将他们的障碍如此描述：他们永远无法构建关于自身的合适理论，也无法从过去和未来的历史角度去构建自身的社会角色。他们既无法构建自身的角色，同时也无法构建他人的角色。他们既丧失了关于自身的心理理论，也丧失了对于他们每天交往的人的心理理论[6]。

第四个证据来源令人意想不到，是关于额叶切除术（prefrontal leucotomy）的文献。这种外科手术由葡萄牙神经科学家埃加斯·莫尼斯（Egas Moniz）在1936年所创，最初的目的是治疗强迫症和精神分裂这类精神疾病所伴随的焦虑和亢奋的症状[7]。该手术由莫尼斯原创，并由他的合作者，即神经外科医生阿尔梅达·利马（Almeida Lima）实施，这个手术会造成双侧额叶深处白质的小面积损伤。这个手术的名字很直白：*lekuos* 是希腊语“白色”的意思，*tomis* 是希腊语“部分”的意思，prefrontal 表明了这个手术区域。

正如我在第2章提到的，大脑皮层下的白质由轴突束或神经纤维组成，这二者都是神经元的延伸部分。轴突束是神经元互相联系的渠道，神经纤维在白质间交叉连接，从而将大脑皮层的不同区域连接起来。其中一些连接是局部的，被连接区域相距只有几毫米，而其他的则相距甚远，甚至能横跨大脑左右半球。此外，还有一些则连接皮层区域和皮层下核团，其中核团是皮层下的神经元集合。因为轴突通常投射到一个特定的神经元集合上，所以指向特定目标的轴突束通常被称为“投射”。而不同目标区域间的一系列“投射”被称为“通路”。

莫尼斯的新观点如下：产生病理性焦虑和亢奋的患者，他们的额叶白质中的投射和通路产生了异常重复且过于活跃的回路。当时没有证据证明上述假设，最近关于强迫症和抑郁症患者眶额叶的研究表明，莫尼斯可能是正确的，至少是部分正确的，虽然可能细节上存在出入。尽管莫尼斯的想法看起来很大胆并领先于那个时代，但更激进的是他提出的治疗方法。根据“患者 A”的案例和下面会讨论到的动物实验的结果，莫尼斯推测用手术切断这些活跃回路可以根除焦虑和亢奋的症状，同时不影响智力能力。莫尼斯相信，这样的手术可以治疗患者的痛苦，从而让他们过上正常的心理生活。受到那些放弃治疗而处于绝望状态的患者的触动，莫尼斯开发并尝试了这一手术。

最初的额叶切除术结果支持了莫尼斯的预期。患者的焦虑和亢奋状态消除了，同时语言和习俗记忆几乎被完整地保留了下来。然而，说手术没有损伤患者的其他能力是不准确的。在手术之后，患者的行为依旧异常，只不过换了一种表现方式。极端的焦虑让位于极端的冷静。患者的情绪变得毫无起伏。他们看起来也不会感受到痛苦。之前产生强迫性冲动和大量错觉的动物性趋向消失了。患者之前异常的行为和反应也都被抑制了。

这些来自早期额叶切除术的证据远远称不上完美。这些证据都是很早之前收集的，并且受限于当时的神经心理学知识和设备，并且其中或多或少还存在积极的或消极的偏见。当时对这种手术的争议铺天盖地。然而现有的研究的确证实了以下事实：第一，损伤靠近眶额叶和内侧额叶的白质会严重损伤情绪和感受。第二，该手术不会损伤基本的知觉能力、语言能力以及运动能力。第三，考虑到术前术后行为改变的程度，接受额叶切除术的患者，其创造力和决断力在手术后都下降了。

如果公正地评价莫尼斯和早期额叶切除术，应该可以毫无疑问地说，患者还是从该手术中或多或少地获益了。考虑到患者主要的精神疾病问题，手术带来的额外决策缺陷比起之前不可控制的焦虑，似乎是更小的问题。无论手术切除让人多么难以接受，要知道，在 20 世纪 30 年代，对这类精神患者的典型治疗是把他们送进精神病院，或者让他们服下大量镇静剂，用沉睡来抑制焦虑状态。除了额叶切除术，仅有的替代治疗方法只剩下约束疗法和休克疗法。直到20世纪50年代，氯丙嗪之类的精神病药物才出现。要知道，迄今为止，我们仍然不知道这类药物是否比手术对人脑有更少的长期副作用。坦白地说，我们持保留意见。

然而对于额叶切除术而言，则无须持保留意见，因为手术本身的破坏性远远大于莫尼斯最初的设想。相对而言，额叶切除术更像是一种会造成大面积损伤的屠宰技术。因其广受质疑的治疗方法和附带的非必要损伤，这种手术在全世界变得声名狼藉[8]。

在从历史记载和我们实验室研究得出的证据基础上，可以得出以下初步结论：

1. 如果脑损伤包括双侧腹内侧前额叶区域，那么该损伤会伴随推理能力损伤/决策和情绪损伤/感受损伤。

2. 如果出现推理能力损伤/决策和情绪损伤/感受损伤，但其他心理能力大致完好，则脑损伤最严重的区域应该是腹内侧区域，并且个人/社会领域的决策缺陷是最严重的。

3. 如果脑损伤病例的背侧和外侧前额叶相较于腹内侧前额叶损伤程度差不多或更多，则伴随的推理/决策损伤将仅仅局限在个人/社会领域。物体、字母、数字测试表明，这类脑损伤患者除了情绪/感受损伤，还伴有注意和工作记忆损伤。

我们现在需要了解的是，这种奇怪的共存关系，即受损的推理/决策和受损的情绪/感受，会一起出现还是会单独出现，抑或是作为其他区域的脑损伤的结果和其他神经心理学现象一起出现。

答案是后者。这种重要的共存关系可以作为其他区域的损伤结果而出现。这些区域包括大脑右半球而非大脑左半球的一些处理躯体信号的脑区。此外，还可以包括边缘系统的一些脑区，如杏仁核。

奇特的病感失认患者

还有一种重要的神经系统疾病也表现出了盖奇模式，尽管患这种病的人表面上并不像盖奇。病感失认症（Anosognosia）就是一种人们可能碰到的最奇怪的神经心理学疾病。这个词来自希腊文 *nosos*，是疾病的意思，和 *gnosis*，即知识的意思。这个词表述的是无法感知自身疾病。

想象一个严重的中风患者，他左半身已经完全瘫痪，不能移动手、胳膊、腿、脚，脸也变得僵硬，也不能站立或行走。就是这么一个患者，患有上述明显的症状，当被问及“你感觉怎样？”的时候，他却会回答“我感觉很好。”*anosognosia* 这个词曾被用于描述无法知觉失明或失语的症状。但在我的讨论中，这个词用来表述这个疾病的原型状态，就像我刚刚论述的那样。巴宾斯基（Babinski）首先对这个疾病的原型进行了讨论[9]。

一些对病感失认症不熟悉的人可能认为这种对疾病的“否认”是“心理性因素”驱动的，是对之前苦难的适应性反应。我可以肯定地说情况并非如此。考虑上述情况的另一种可能性，即右侧而非左侧瘫痪了，那么，这类患者通常不会患有病感失认症，尽管他们也存在语言使用障碍或患有失语症，但是他们能完全意识到自身的困境。此外，存在另外一些左半身瘫痪的患者，他们受损的脑区和导致瘫痪伴随病感失认症的脑损伤区域不同，因此这些患者的行为和心智是正常的，也能意识到自身的疾病。

简而言之，特定区域脑损伤造成的左半身瘫痪会伴有病感失认症；镜像区域脑损伤造成的右半身瘫痪则不会伴有病感失认症；与第一种情况不同的其他区域脑损伤造成的左半身瘫痪也不会伴有病感失认症。也就是说，病感失认症只和特定区域的脑损伤同时出现。对不熟悉神经科学知识的人来说，似乎这些人比既瘫痪又有语言障碍的人幸运得多。对疾病的“否认”来源于特定认知功能的缺失，而特定认知功能的缺失又来源于因中风或其他神经系统疾病导致的特定脑区损伤。

典型的病感失认症患者只有在不得不直面自身的明显缺陷时才能承认自己好像出了点问题。有个左半身完全瘫痪的患者 DJ，每次刚开始的时候，她都认为自己的运动能力完全正常，即便曾经有损伤，现在也恢复正常了。当我让她试着挪动自己的左胳膊时，她会试着找自己的左胳膊，当看到自己僵硬的胳膊时，她会试着问我是否想让“胳膊自己进行移动”，我说“是的”。她会首先在视觉上注意到自己的胳膊没有任何移动，然后告诉我“它似乎不能自己动了”。为了表示合作，她会用好的右手移动瘫痪的左手，并说：“我能用右手移动左手。”

在严重的病感失认症病例中，患者无一例外都不能自发、快速、内在地通过躯体感觉系统感知缺陷，尽管在较轻的案例中，这些症状会被掩盖。举例来说，患者可能会对无法移动的胳膊产生视觉回忆，然后通过推断意识到躯体的那部分出了问题。或者，患者回忆起来自亲属或医护人员的无数次告诫，说他得病了、瘫痪了，躯体已经异常了。

尽管从外界获知了这样的信息，我的一个最聪明的病感失认症患者依然坚称：“我只是过去有问题。”或者，“我过去忽视了这个问题”。当然，他现在依旧这么想。这些患者缺乏对自身机体状况认识的更新，这本身就令人震惊。遗憾的是，在讨论病感失认症时，人们常常忽视了患者直接感受和间接感受疾病两种方式之间的潜在差异。不过，还是有一个罕见的例外[10]。

病感失认症患者似乎忘了肢体的病患，同样神奇的是，当被问及所患疾病时，他们表现出对自身境遇的漠不关心，以及缺乏情绪和感受。如果他们被告知患上了严重中风，或心脑疾病风险上升，或癌症已经扩散到大脑，简而言之，他们的生活又要发生变化了，那么他们也能淡然处之，甚至带着破解冷场的幽默。他们从来不会怨恨、伤心、流泪、愤怒、绝望或惊慌。重点是如果你将类似的坏消息告诉大脑左半球镜像受损的患者，他们的反应几乎是正常的。你在病感失认症患者身上找不到情绪和感受，这也许是他们的悲剧中唯一值得欣慰的地方。所以，这些患者在计划未来的能力及个体／社会决策能力上出现严重缺陷也就不奇怪了。疾病对他们来说可能是最小的难题。

在对病感失认症患者的一项系统研究中，神经科学家史蒂文·安德森（Steven Anderson）确认了这些患者存在的广泛缺陷，以及这些患者无视自身境遇就像无视自身瘫痪一样[11]。很多患者似乎无法预测出现不良后果的可能性；即便可以预测，他们也不会为此而神伤。当然了，这类患者不能为正发生在自己身上的事、未来发生的事以及别人对他们的看法构建合适的理论。还有一点也很重要，即这类患者意识不到自身构建理论能力的不足。不过，当一个人的自我表象出现如此严重的缺陷，他们无法意识到自身行为和思想存在异常也就不足为奇了。

➤➤➤

上述病感失认症患者的脑损伤区域都在大脑右半球。尽管对病感失认症的神经解剖基础的完整描述尚在进行中，但有一点是很明确的：一组与躯体感觉相关的特定右侧大脑皮层的确存在损伤，而且这部分皮层包括了脑岛皮层、在顶叶的细胞构筑区 3、1、2 和在顶叶外侧裂深处的 S2 区域。躯体感觉 somatosensory 这个词来源于希腊语词根 soma，是“躯体”的意思；躯体感觉系统既负责来自外界的感觉，如触觉、温度觉、痛觉，也负责来自内部的关节感觉、内脏感觉及内部痛觉。请注意当我使用“躯体感觉”这个词的时候，我指的是广义的躯体，并且包括内脏感觉之类的所有种类的躯体感觉。这部分脑区的具体位置可参见图 4-2。这类损伤同样影响了大脑右半球的白质，损伤了上述脑区之间的联系。这些脑区负责从机体接收信号，如从肌肉、关节、内部器官，以及负责丘脑、基底神经节、运动和前额叶之间的互相连接。对这个多部分系统的部分损伤**不会**导致我们所提到的病感失认症。

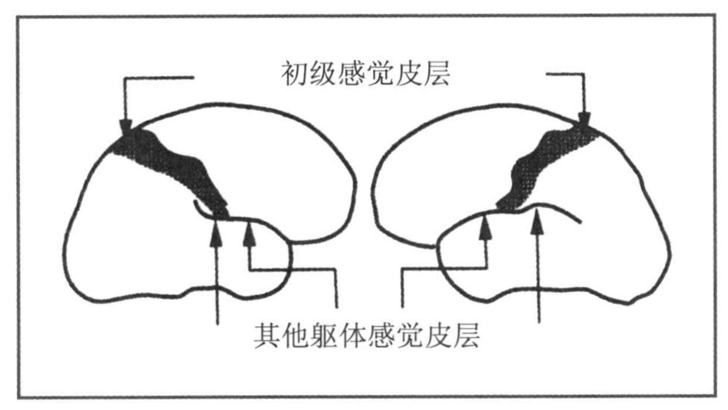

图 4-2　人脑大脑左半球的外视图

阴影区域描绘的是初级感觉皮层。其他躯体感觉皮层，包括次级感觉皮层（S2）和脑岛，都深埋在外侧裂下，分别在初级感觉皮层的前部和后部。所以二者无法在图里呈现，这些脑区的大概位置用箭头指出。

长期以来，我的工作假设是：在病感失认症患者整个受损的右半球中的那些互相联系的脑区，通过互相合作，可能在大脑中产生了综合的、完整的躯体状态的映射。

读者可能会疑惑这张地图为什么只局限在大脑右半球而非存在于双侧大脑，毕竟，躯体几乎是由对称的两半构成的。答案是，人类和非人类物种的大脑功能分配都是不对称的，这可能是因为当我们需要选择行为或进行思考时，我们最终需要的是一个控制者而非两个。如果双侧脑半球都可以决定一个行动，可能会出现冲突，即右手可能会和左手冲突，因而很难进行机体协调运动。对于很多功能来说，某一单侧结构必然有优势，这种结构称为优势结构。

最重要的单侧优势的例子就是语言。在超过95%的人口中，甚至包括左撇子，语言都主要依赖于大脑左半球的结构。另外一个单侧优势的例子是右侧优势，即我们上面提到的整合躯体感觉，通过它可以将内脏状态表征及四肢、躯体、头部等骨骼机体的状态表征，整合进一个协调动态的映射。请注意这个映射并非单一、连续的，而是信号在不同地图间的合作和协调。在这种安排下，躯体左侧和右侧的信号将在之前提到的右半球的三个躯体感觉皮层区找到会面场所。有意思的是，人际关系的表征和情绪过程的表征也都是右半球占优的[12]。这并不是说对应的左半球结构不表征躯体和空间，只是说双侧表征程度是不对等的：左半球表征的内容可能是片面的、不完整的。

在某些方面，病感失认症患者的表现都很像前额叶损伤患者。举例来说，病感失认症患者不能对个体和社会事务作出合适决策，前额叶损伤患者也是如此。前额叶损伤患者也像病感失认症患者一样对自身健康状况漠不关心，并且对疼痛有着超出常人的忍耐力。

一些读者可能会惊讶，然后询问为什么他们没有更多地听说过病感失认症患者存在决策缺陷呢？为什么对脑损伤后的决策缺陷的研究都集中于前额叶损伤患者呢？我们考虑到可能的原因之一是前额叶损伤患者的神经系统看起来是正常的，他们的行动、感觉、语言未受损伤；缺陷在于感受和推理，因而他们可以进行多种多样的社会交互，而此时他们会轻易地暴露自身决策的缺陷。另一方面，病感失认症患者普遍被认为是患者，因为运动和感觉缺陷很明显，因而他们可以参加的社会交互活动范围有限。

换句话来说，他们将自身置于不利处境的机会特别少。尽管如此，这些决策缺陷仍然存在，一有机会就表现出来，随时可能破坏家人或医护人员为他们制定的康复计划。因为他们无法意识到这些缺陷有多严重，这些患者很少或几乎不愿意和治疗师合作，且没有动力去改善境况。如果从一开始他们就无法觉知自身困境，他们又为什么要合作呢？考虑到他们的表现并非自愿也并非基于对境况知识的了解，他们表现出的愉悦和漠不关心也都具有欺骗性。然而，他们的表现经常被误解为是适应性的，所以看护者会错误地对那些外表愉悦的患者作出更好的预期，而非邻床那些终日以泪洗面的患者。

就这方面而言，一个相关的病例是美国最高法院的法官威廉·O. 道格拉斯（William O. Douglas），他在 1975 年患上了右脑中风[13]。因为他的语言功能未出现障碍，这对他重回工作岗位帮助甚大，又或者人们本来就希望这位聪明且有决断力的法官不会过早退休。但是事情的发展出乎意料，并显示出当一个脑受损如此严重的患者如果有广泛的社会活动，结果会是多么糟糕。

当道格拉斯不顾院方反对出院之后，他搬弄是非的毛病就显露出来了，这个毛病出现不止一次，甚至让他惹上了官司。此外，他还经常疯狂购物和胡吃海喝。就和他戏谑地将他的住院归咎为一次“跌倒”一样，他也不承认他的左半身瘫痪，这在他人看来是一种特别的“坚定和幽默”。即便在一个公开的新闻发布会上，他被迫承认并意识到他不再能行走，而且如果没人帮忙也离不开他的轮椅，他还是顾左右而言他地说道：“走路和法院工作没关系。”

不仅如此，他在接下来几个月还邀请记者和他一起远足。过了一阵子，虽然他的康复计划无果而终，他还跟记者吹嘘他的左腿，“我曾用左腿在训练馆中将球开出四十码远”。他还声称他可以跟华盛顿红皮肤队签约。当震惊的记者礼貌地表示他过大的年纪会成为他的计划的障碍时，他笑着表示：“是的，但你应该瞧瞧我是怎么击败他们的。”但是最糟糕的事情还是来了，道格拉斯的行为多次违反法官和雇员的规范。尽管他无法履职，但他还是坚持拒绝辞职，甚至在被迫辞职之后，他还是当一切都没发生过那样我行我素。

我讨论的这类病感失认症患者不仅无法意识到自己左侧躯体的瘫痪，他们还存在推理和决策障碍以及情绪和感受缺陷。

➤➤➤

现在我们讨论一下来自杏仁核损伤的证据，杏仁核是边缘系统最重要的组成部分之一。杏仁核的具体位置可参见图 4-3，双侧杏仁核损伤的患者非常罕见。

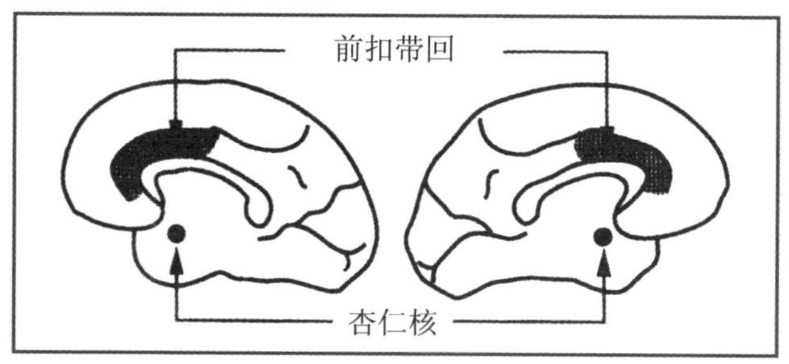

图 4-3 双侧大脑的内视图

阴影部分是前扣带回。黑点部分是双侧杏仁核到颞叶表明的投射区域。

我的同事丹尼尔·特拉内尔、汉娜·达马西奥、弗雷德里克·纳姆（Frederick Nahm）和布拉德利·海曼（Bradley Hyman）曾有幸研究过一位这样的患者，这个妇女终其一生都存在个人和社会缺陷[14]。毫无疑问，她的情绪的范围和准确性也都存在缺陷，她也毫不关心自己所处的困境。她的异常行为模式和盖奇、病感失认症患者并无不同，并且她的异常行为也不能归咎于低学历或低智商。这个妇女有高中学历，并且智商在正常范围内。

此外，在一系列独到精巧的实验中，拉尔夫·阿道夫斯（Ralph Adolphs）发现这个患者对情绪的细微之处的理解极不正常。尽管还需要更多相似案例来说明该结果的重要性，但是我必须补充一点，类似区域脑损伤的猴子也存在情绪加工的障碍，这个结果首先由拉里·韦斯克兰茨（Larry Weiskrantz）发现，并被阿格里顿（Aggleton）和帕辛厄姆（Passingham）的研究所证实[15]。约瑟夫·勒杜用老鼠进行实验，进一步肯定了杏仁核在情绪处理中的作用。更多内容详见第7章[15]。

反思解剖结构和功能

关于推理／决策能力受损、情绪／感受能力受损的前沿神经科学研究揭示了以下几点：

第一，如果大脑中的腹内侧前额叶区域出现损伤，就会持续性地损伤推理／决策能力以及情绪／感受能力，尤其是在个体和社会决策领域。可以形象地说，推理和决策在腹内侧前额叶“交会”，并且这二者也在杏仁核交会。

第二，如果大脑右半球复杂的躯体感觉皮层损伤，同样会损伤推理／决策能力以及情绪／感受能力，此外，还会损伤基本机体信号传递过程。

第三，如果腹内侧皮层外侧的前额叶皮层损伤，也会损伤推理／决策能力，但是损伤的模式有所不同：要么损伤面较全面，即损伤了所有领域的智力加工；要么损伤更具选择性，如损伤了词语、数字、物体或空间加工，而非个体和社会领域的加工。上面提到的这些脑区的交叉大致面貌如图4-4所示。

简而言之，大脑中似乎有个系统的集合，这个集合一方面持续性地为推理这一目标导向思维过程服务，另一方面也为决策这一反应选择过程服务，尤其是在个体和社会决策领域。这个系统集合同样也参与情绪和感受加工，并且部分参与躯体信号的处理。

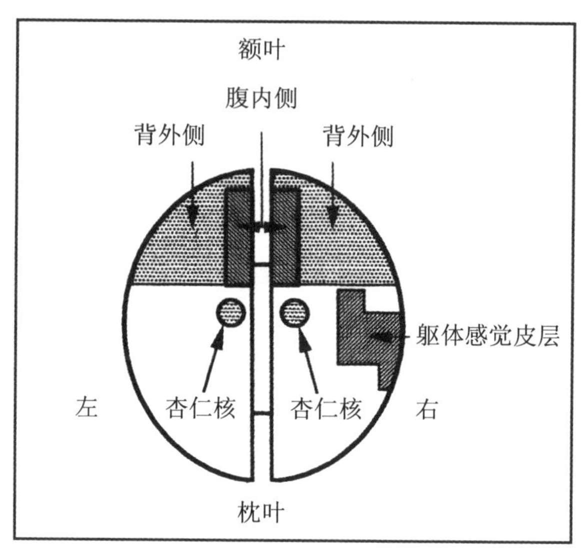

图 4-4　前额叶皮层脑区交叉示意图

这幅图展示了一组损伤后可能会影响推理 / 决策以及情绪加工的脑区。

令人费解的前扣带回

在结束我对脑损伤的讨论之前，我还想讨论一个特别的脑区。这个脑区的系统与情绪 / 感受、注意、工作记忆都有紧密关系，因而这个脑区成为外部行动（运动）和内部行动（思维加工、推理）的能量源泉。这个根源性的脑区就是前扣带回，即边缘系统的另一个令人费解的事物。

上述对于扣带回功能的假设来源于我对扣带回损伤或扣带回附近损伤的患者的研究。这类患者的内在心理活动和外在行为都暂停了，这也是推理和情绪表达损伤的最极端类型。这种损伤波及的关键脑区包括前扣带回皮层，下面我可能使用扣带回作为简称来表示；辅助运动区（SMA 或 M2）以及第三运动区（M3）[16]。各个区的详细位置可参见图 4-5。

在一些病例中，脑损伤的区域还会包括毗连的前额叶区域，即大脑半球内侧的运动皮层。整体来说，这些区域包括在额叶区域中，并且与运动、情绪、注意有关。这些脑区和运动功能的关系已经被广为接受了；也有相关研究探讨这个脑区与情绪、注意的关系[17]。这个脑区的损伤不仅会造成运动、情绪和注意的损伤，还会导致运动和思维过程的实质停止，以至于推理过程都不复存在。我对这个脑区损伤的了解来源于我的一个扣带回损伤的患者。

我的这位患者叫T女士，中风导致其双侧的背侧和内侧额叶严重损伤。她好像突然就变得不爱动弹且少言寡语，而且她可以一整天睁着眼躺在床上却面无表情。我经常用“中性”（neutral）来描述这种平静或者说是疏离的表情。

她的躯体也没有比她的表情更有活力。她也许会用胳膊和手做一个正常的动作，比如去拉拉被子，但是整体而言，她的四肢是静止的。当别人问她境况时，她经常只是保持沉默，尽管一番好言劝说后她也许会说出自己的名字、或丈夫和孩子的名字、或居住地小镇的名字，但是她不会告诉你她的病史、或她的过去和现在、或她为何来到医院。我们无从了解她是不记得还是不想说这些事。她对无休止的询问也不会不耐烦，也从未对自己或他人表示过一丝忧虑。

几个月后，随着逐渐从缄默症和运动不能的状态中恢复，她开始可以回答问题，也可以澄清自己心理状态的谜团。和别人一度认为的相反，她的心智并没有被囚禁在静止的牢笼中。相反，她似乎根本没有什么心智，也没有切实的思维和推理过程。她被动的表情和躯体也反映了心理活动的缺乏。在最后一次会面中，她确定地表述她不会因为缺乏沟通而痛苦。并没有什么阻止她表述自己的心理活动。相反，正如她自己回忆时说的：“我真的没什么可说的。”

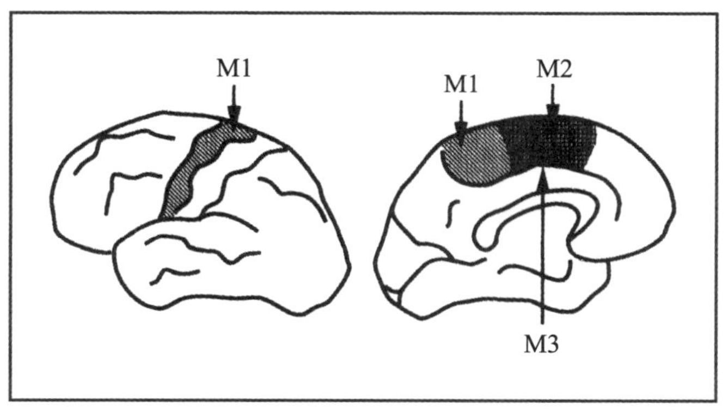

图 4-5 大脑左半球的皮层运动区

此图描绘了大脑左半球的外视图（左图）和内视图（右图）。图中箭头指向三个主要的皮层运动区：M1、M2 和 M3。其中 M1 包括了所谓的“运动带”，这在所有的大脑卡通画中都有描绘。这些卡通画顶部经常趴着一个丑陋的人像，叫作彭菲尔德侏儒。不太出名的 M2 是辅助运动区，在区域 6 内部。更加没有名气的是 M3，M3 深埋在扣带回深处。

于我看来，T 女士一度是没有情绪的。就她自己的感受来说，她也一直没有任何感受。她对呈现给她的外在刺激没有特别注意，并且她的内心也没有注意这些刺激的表征或相关唤起的表征。我认为她的意志被占领了，这似乎也是她自己的看法。弗朗西斯·克里克（Francis Crick）根据我的意见也得出结论说，这些脑损伤患者的意志被替代了，他还讨论了自由意志的神经基础[18]。简而言之，心理表象和运动依赖的驱力受到了普遍的伤害。缺乏驱力导致了中性的面部表情、缄默症和运动不能。看起来，T 女士心智中没有正常的、分化的思维和推理过程，自然她也无法作出决策，更不用说执行了。

来自动物研究的证据

更多背景信息来自对动物的研究。第一个研究可追溯到 20 世纪 30 年代。这个针对黑猩猩的研究，即便没有直接激起额叶切除术的火花，至少也鼓励了莫尼斯开展他的研究。这研究由耶鲁大学的 J. F. 富尔顿（J. F. Fulton）和 C. F. 雅各布森（C. F. Jacobsen）开展，其目的是理解学习和记忆[19]。研究中涉及的两只黑猩猩分别叫贝姬和露西。这两只黑猩猩平日里闷闷不乐，它们经常容易沮丧，且一沮丧就变得凶恶。富尔顿和雅各布森想要研究前额叶损伤如何影响对实验任务的学习。

在第一阶段中，研究者损坏了一侧额叶。黑猩猩的性格和表现并没有发生变化。接下来，研究者又损坏了另一侧额叶，这时惊奇的事情发生了。之前在某些情况下，这两只黑猩猩会表现出沮丧烦躁，现在却无动于衷；相反，它们不再凶恶，而是温和。在 1935 年的世界神经科学大会上，面对满屋子同行，雅各布森绘声绘色地描述了研究中黑猩猩的转变[20]。在听了雅各布森的讲演后，莫尼斯站起来问他："类似地，损伤精神患者的额叶是否可以作为解决问题的一个手段？"当时，雅各布森震惊得哑口无言。

➤➤➤

上段描述的双侧额叶损伤阻止了正常的情绪表达，另外还有一点也很重要，就是该损伤也导致了社会行为的异常。在一系列启发性研究中，罗纳德·迈尔斯（Ronald Myers）发现，双侧额叶被切除的猴子，其切除区域包括腹内侧和背外侧区域但不包括扣带回，它们不能和同一群体的猴子维持正常的社会关系，尽管它们的外在躯体表现还是正常的[21]。

这些脑损伤的猴子明显减少了对自己或同伴的毛发梳理行为；它们还显著减少了和同类的情感交流，不分性别或年龄；它们减少了面部情绪表达和声音表达；它们的母性养育行为也减少了；它们的性别差异也消失了。尽管这些脑损伤的猴子可以正常行走，但它们失去了和所属猴群正常交往的能力，并且其他猴子也无法和它们交往。但是其他猴子可以和那些躯体有缺陷而非额叶损伤的猴子正常交往，这些躯体残疾的猴子也会从同类中寻求和获得帮助。

根据上面的描述，可以认为，前额叶损伤的猴子不再能遵循所属猴群组织的复杂的社会习俗特征，包括不同成员的等级关系、对特定母猴公猴的服从等[22]。可以说，脑损伤猴子的“社会认知”和“社会行为”受损了，这导致其他正常猴子也无法正常地对待它们。值得注意的是，运动区而非前额叶损伤的猴子，不会出现上述缺陷。

双侧颞叶前部切除但并不伤及杏仁核的猴子也出现社会行为缺陷，但该缺陷的严重程度远远不及前额叶损伤的猴子。尽管黑猩猩和猴子之间、黑猩猩和人类之间有明显的神经生理学差异，但前额叶损伤都会造成同一个缺陷，即个体和社会行为出现障碍[23]。

富尔顿和雅各布森的研究提供了其他重要的研究证据。正如上述提到的，他们研究的目的是理解学习和记忆，从这个角度看，他们的研究结果算是一座里程碑。他们在研究中设计了一个任务，该任务需要黑猩猩学习奖赏刺激和刺激的位置之间的关联。一个经典的实验过程如下：在实验对象面前一臂远的地方设置两个洞穴，然后当着实验对象的面将一块可口的食物放在其中一个洞穴中，再将两个洞都盖住，实验对象此时也看不见食物。几秒之后，实验对象就可以去打开自己想打开的洞，实验对象想得到食物就需要避免去翻没有放食物的洞。正常的黑猩猩在延迟时间内可以记住信息然后选择正确的洞口从而获得食物，但是前额叶损伤的黑猩猩则无法顺利通过这个实验。只要看不见实验刺激，即食物，它的心智就好像被清空了。这些实验成果成为了之后帕特里夏·戈德曼－拉基奇（Patricia Goldman-Rakic）和华金·富斯特（Joaquim Fuster）对前额叶皮层的神经生理学研究的基石[24]。

➤➤➤

我的观点还涉及了最新的一些特别相关的研究发现，这些研究关注腹内侧前额叶和杏仁核中的5–羟色胺化学受体。5–羟色胺是一种重要的神经递质，这种神经递质会影响几乎所有种类的行为和认知。其他重要的神经递质还包括多巴胺、去甲肾上腺素和乙酰胆碱；这些神经递质都是从位于脑干或基底前脑的神经核团的神经元中被释放出来的，这些边缘系统神经元的轴突可以达到新皮层以及边缘系统、基底神经节、丘脑的皮层和皮层下部分。5–羟色胺对于灵长类动物的作用之一是抑制攻击性行为。奇怪的是，5–羟色胺对于其他种类的动物有其他作用。实验中，若动物释放5–羟色胺的神经元被阻断时，其中一个结果就是实验动物变得冲动而易激动。整体而言，提高5–羟色胺的功能可以降低攻击性，变得亲社会。

在上述内容的基础上，有必要指出，正如迈克尔·罗利（Michael Raleigh）的研究[25]所展示的，那些用合作行为、互相梳理、接近同类为指标衡量后，行为较亲社会的猴子，它们的5–羟色胺–2受体数量在腹内侧前额叶、杏仁核、内侧颞叶都很高，但其他脑区的5–羟色胺–2水平则不高；而那些不合作的、带有敌意的猴子，脑内5–羟色胺–2受体水平则与前者相反。这个研究增强了我在前人研究基础上提炼的观点，即腹内侧前额叶和杏仁核之间存在系统连接，并且这个研究还将这些脑区与社会行为联系起来，社会行为也是患者主要的决策缺陷所在。这个研究提到的5–羟色胺受体被叫作5–羟色胺–2，因为它只是人类超过14种5–羟色胺受体中的一种。

题外话 神经化学解释

当我们解释行为和心智的时候，只提到神经化学是远远不够的。我们必须了解在引起特定行为的系统中，化学因素到底在哪里起作用。如果不了解神经系统内化学物质发生作用所在的皮层区域或神经核团，我们就无从得知这些化学物质是如何改变系统表现的。请记住，这个理解过程只是第一步，接下来我们还需要了解更加精细的神经回路。此外，只有针对给定系统的运行结果时，神经解释才开始有意义。

我们之前讨论的研究不应该肤浅地理解为只需要 5-羟色胺就可以“引起”适应性的社会行为，或 5-羟色胺不足就会“导致”攻击行为。具有特定 5-羟色胺受体的特定大脑，当改变其 5-羟色胺水平时确实可以改变系统的运转，并且这种改变转而又调节了其他系统的运行，这种相互作用最终表现在行为和认知层面上。

考虑到最近 5-羟色胺的高曝光度，对该神经递质的相关评论还是非常中肯的。百忧解（Prozac）作为一种被广泛关注的流行抗抑郁药，其作用机制就是抑制 5-羟色胺的再摄取，并提高其可利用性。大众媒体中也流传着这种说法，即低 5-羟色胺水平和暴力倾向相关。这个说法的问题在于并不是低水平或缺乏 5-羟色胺本身就能“导致”特定行为表现。5-羟色胺是一种运行在分子、突触、局部回路、系统水平上的复杂机制的一部分，并且无论是过去还是现在的社会文化因素都会强力干预这个机制。只有对整个系统进行更加全面的观察，仔细考察特定问题的相关变量，如抑郁或社会适应性，才能得到一个满意的解释。

一个实用的建议是，社会暴力问题的解决不能仅仅强调社会因素而忽略神经化学因素，也不能单单归咎于神经化学因素。正确的做法是，我们应该同时考虑社会和神经化学因素。

确定脑区扮演的角色

本章中来自人类研究的证据揭示了一系列脑区与推理／决策过程的紧密关系。相关动物研究也发现了相同脑区的联系。结合来自动物和人类研究的结果，我们可以逐条厘清一部分事实，来揭示我们确认的脑区所扮演的角色。

第一，这些系统肯定与广义的推理过程相关。具体来说，这些系统参与了计划和决策的过程。

第二，这个系统的一部分子系统与计划和决策行为有关，这些计划和决策行为可以具体纳入“个人和社会”范畴中。现有线索表明，这些系统通常与推理中负责理性思维的部分有关。

第三，我们发现的这个系统在情绪加工中也起到重要作用。

第四，这个系统可以在一段时间内保存信息，保存的是与客体相关但已不存在的表象。

为什么这些不同的功能都汇聚在大脑中的特定区域？计划以及作出个体和社会决策，加工情绪，保存已不存在的表象，这几个过程有什么共通之处呢？

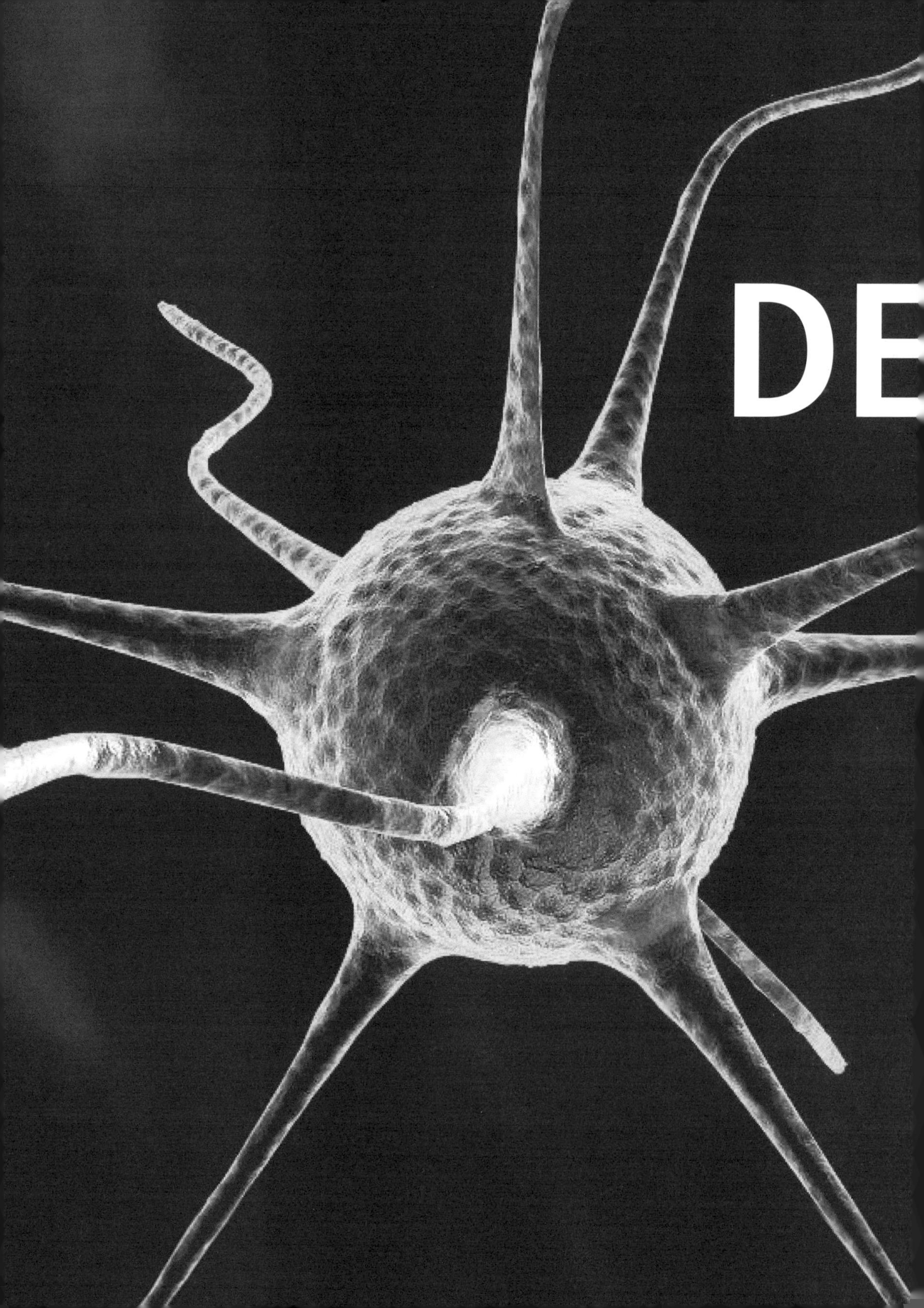
DE

CARTES'
ERROR

第二部分

聚焦情绪和感受

情绪和感受与躯体状态息息相关，躯体标记假设解释了情绪和感受如何在理性决策中发挥重要作用。如果大脑只是用纯粹理性的方式进行推理，那我们将会陷入“理性计算”的无穷旋涡之中，以至于根本无法作出任何理性决策。

05

一些可能的解释

在第1章中，我们探索了那些后天出现推理和决策障碍的脑损伤患者，并发现了这些患者共同受损的一组特定脑区系统。我们还发现了一组特别奇怪的神经心理学过程，这些过程的正常运行依赖于上述系统的完整性。首先我们要问的问题是，到底是什么将这些过程互相联系起来，以及是什么将这些过程与上一章讨论的神经系统连接起来。在接下来的这几段文字中，我将提供一些初步答案。

第一，在社会环境下作出一个典型的有关个人难题的决定时，考虑到这类决定的复杂性和结果的不确定性，人们作这类决定既需要广泛的知识储备，也需要能运用这些知识储备的推理策略。这一广泛的知识储备包括外界人、物、环境的事实知识。但是因为个人和社会决策与生存密不可分，上述知识也包括有机体自身作为整体进行调节的事实和机制。推理策略围绕着目标、行动的选项、未来目标的预期以及实施计划的不同时间尺度而展开。

第二，情绪和感受的过程是生物调节的神经机制的核心，这个机制由内稳态控制、驱力和本能构成。

第三，因为大脑结构的特殊性，上述必需的广泛知识依赖于多个系统，而这些系统又分布于大脑中相对分立的区域而非位于单一区域。由此，大量此类知识的回忆需要在许多脑区而非单一脑区以表象的形式生成。尽管我们有种错觉，即所有知识都来自同一个大脑解剖中心，然而证据证明并非如此。也许不同脑区同时进行的活动将心智的不同部分黏合在了一起。

第四，既然知识是以分布和分块的形式从多个平行系统中提取的，因此推理策略的运转需要在相当长的时间内维持诸多并行显示的事实表征的活跃，至少需要维持好几秒钟。换句话说，我们进行推理需要的表象，如特定物体、动作、相关计划的表象，或用来生成语言的词语的表象需要处于我们的“焦点”上，这一点通过注意获得，也需要“记在脑子里”，这一点通过高阶工作记忆获得。

我猜测，上一章结尾提到的各种过程的神秘联盟，部分应该归因于有机体致力于解决的问题的本质，部分也归因于大脑的设计特征。个体与社会决策包含大量的不确定性，并以直接或间接的方式影响着我们的生存。这些决策需要大量的知识储备，而且这些知识一方面应该和外部世界有关，另一方面与有机体内部世界有关。然而，因为大脑提取和保持知识是以空间分区而非整体的方式进行的，所以大脑需要调用注意和工作记忆，来表征这些知识，使其能及时为我们所用。

至于为什么我们找到的神经系统都明显重叠在一起，我猜测是因为进化意义上的便利性。如果基本的生物调节对个体和社会行为的指引如此重要，那么，在自然选择中占据优势的大脑设计应该是这样的，考虑到负责推理和决策的子系统与涉及生物调节的子系统共同参与了生存大业，这两类子系统应该先天地就保持了互相连接。

对于这些问题的广义解释也是盖奇难题的一个近似解答。大脑中有什么能使人们理性地行为？它是如何工作的？我经常忍住不去使用“理性的神经生物学”这个术语去归纳解答这些问题的努力，因为这个术语显得太正式且夸夸其谈。简单来说，这个术语的意思是：在大尺度的脑系统上，人类理性的神经生物学发端。

在本书的第二部分，我将致力于讨论上述一般解释的合理性，并据此提出一个可检验的假设。然而，因为讨论主题的广泛性，我将把讨论局限在选定的一些主题上，我认为这些主题对于阐明观点是不可或缺的。

这一章作为桥梁可以连接第 1 章的事实和我接下来要作出的解释。这座桥梁是有若干用意的，我希望你们不要把它当成干扰。这座桥梁可以纵览我常用的概念，如器官、机体、大脑、行为、心智、状态；可以简要讨论知识的神经基础，并强调知识的可分割性及其对于表象的依赖；还可讨论神经发育。我将不会面面俱到，如讨论学习或语言是有益且有用的，但就我而言两者皆非必需；我也不会用教科书的写法来对待任何主题，并且我也不会为提出的任何观点进行辩护。请记住，这只是一场对话。

后续章节将回归主线故事，并将着力讨论生物调节及其在情绪和感受中的表达，还有情绪和感受影响决策的机制。

在进一步讨论之前，我将重申我在导论中提到的内容。这些内容是一场开放性的探索，而非无争议事实的一览表。我们将对假设和实证检验进行思考，而非对事实进行再三确认。

有机体、躯体和大脑

无论我们对自己有着什么样的疑问，如我们是谁或我们为什么是这样，可以确定的是，我们是一个有着躯体和神经系统的复杂的活的有机体。当我提到躯体时，我指的是有机体减去神经组织，即中枢神经系统和周围神经系统，尽管传统意义上大脑也是躯体的一部分。

有机体有一个结构和无数多的构成部分。有机体有一个骨骼架构，骨骼的各个部分由关节连接并借助肌肉进行移动；有机体还有许多器官，这些器官再构成系统；有机体还有一个边缘或膜，这层膜主要由皮肤构成。有时候，我会将器官，包括血管、脑中的器官、胸腹、皮肤统称为内脏。再重复一次，传统意义上，器官包括大脑，但这里，我将大脑排除在器官之外。

有机体的每个部分都由生物组织构成，生物组织又由细胞构成。每个细胞由许多分子构成，这些分子有序排列成细胞骨架、细胞核、多种细胞器以及细胞膜。当我观察正在运转的细胞时，细胞结构和功能的复杂性总是让我着迷；当我观察机体的器官系统时，我同样也感到震惊。

不断变化的机体状态

在之前的讨论中，我反复提到“躯体状态”和“心智状态”。只要是活着的有机体都在不停地发生变化，设想一系列“状态”，每个状态被有机体所有组成部分中正在发生的不同模式所定义。你或许会把这个场景描绘成在一个特定区域内一群人或物的行动结合体。想象一下你在一个大型航站楼中左顾右盼。你看到、听到了四面八方传来的喧闹的信息：游客们不断登机、下机；或刚刚坐下、起身；人们没什么目的地四处闲逛；正在滑行、起飞或降落的飞机；正在忙碌的机械工和行李搬运工。现在，请你想象将这幅画面暂停或用广角相机对整个场景拍个快照。这个静止的画面或快照就是一个“状态”的表象，一个人为的、瞬间的生活片段，这个片段描绘的是在快门按下瞬间所制造的时间窗口内有机体的各个器官发生的事情。事实上，实际情况更为复杂。根据不同的分析尺度，有机体的状态可能是间断的单元或逐渐融合的部分。

机体内部的身脑交互

躯体和大脑通过互相标定的生物化学回路和神经回路整合为不可分割的整体。这其中有两个主要连接通路。首先容易想到的是由感觉和运动周围神经构成的通路，该通路从躯体的各个角落传递信号给大脑，再从大脑将信息传回躯体各个角落。另一个通路则不太容易想到，虽然该通路在演化上更为古老，即血流；血流可以携带化学信号，诸如激素、神经递质和代谢调控物。

用一个简化版的总结就可以展现上述复杂的关系：

1. 几乎躯体的每个部分，每一个肌肉、关节、内部器官都可以通过周围神经传递信号给大脑。这些信号在脊柱、脑干中进行传递并最终直达大脑，从一个神经节点传至另一个神经节点，最终到达位于顶叶和脑岛的躯体感觉皮层。

2. 躯体活动产生的化学物质可以通过血流到达大脑，并且可以通过直接或间接激活如穹窿下器官等特定脑区的方式来影响大脑活动。

3. 反过来说，大脑也可以通过神经对躯体的各个部分施加影响。这些行为的主体是自主（或内脏）神经系统和随意（或肌肉骨骼）神经系统。自主神经系统的信号来源于演化上较古老的脑区，如杏仁核、扣带回、下丘脑和脑干，然而随意神经系统的信号则来源于几个不同演化年龄的运动皮层和皮层下运动核团。

4. 大脑同样通过在血液中制造和释放化学物质对躯体施加影响，这些化学物质包括激素、神经递质和代谢调控物。我将在下一章进行更多讨论。

当我说躯体和大脑组成了不可分割的有机体时，我并没有夸张。事实上，我过于简化了事实。大脑不仅从躯体接收信号，还从自己的脑区那里间接接受来自躯体的信号。由躯体和大脑合作构成的有机体又作为一个整体与环境进行互动，这种互动不能由躯体或大脑单独完成。像我们人类这样复杂的有机体不只会交互，也并非只是对外界刺激作出自发性或反应性的外部行为。人类还会产生内部反应，这些反应构造了表象，如视觉表象、声音表象或躯体感觉表象等。据我推测，这些表象即心智的基础。

有行为不一定有心智

许多简单的有机体，即便只有一个细胞、没有大脑，也能产生自发行为或对环境刺激作出反应，也就是说，这些有机体产生了行为。有些行为隐藏在有机体内部，外界观察者无法看到，如内部器官的收缩；有些行为则可以被观察到，如肢体的抽搐、延展。其他的一些行为，如匍匐、爬行、抓住东西，则受环境引导。此外，一部分简单有机体和所有复杂有机体的自发性和反应性行为都由大脑来引导。值得注意的是，有躯体但无大脑的有机体也可以进行运动，它们的出现要早于既有大脑也有躯体的有机体，此后这两者共存于世。

并非所有受控于大脑的行为都是深思熟虑的产物。比较合理的假设是，此时世界上大部分所谓的由大脑引发的动作都没有经过深思熟虑。反射就是这些简单反应中的一个例子：一个神经元传递刺激到下一个神经元，促使其开始工作。

随着有机体的复杂度增加，“由大脑引发”的动作也需要更多中介处理。在刺激神经元和反应神经元中间会插入其他神经元，并由此建立多种平行的回路，但这并非说拥有更复杂大脑的有机体必然会有心智。大脑可以一方面存在许多刺激和反应间的中间回路，一方面依然没有心智。心智的存在需要满足一个必要条件：需具备内在呈现表象的能力，以及将这些表象在思维进程中进行排序的能力。表象不仅有视觉的，也存在听觉的、嗅觉的，等等。我这里可以为关于有行为的有机体的论述画上句号了，即他们并非都有心智和心理现象，也就是说，并非都有认知或认知过程。一些有机体既有行为也有认知，一些有机体有智能行为但没有心智，但不存在有心智却没有行为的有机体。

我的观点如下：拥有心智意味着有机体已经生成了可以形成表象的神经表征，表象通过思维过程进行处理，并最终通过帮助有机体预测未来、制定计划和选择下一步行动来影响行为。我认为这里暗含着神经生物学的核心：神经回路中的学习创造了生物性修饰过程并构成了神经表征，这些表征产生了心智中的表象；上述过程中，神经回路在细胞体、轴突、树突和突触层面发生了看不到的微观结构的变化，并最终形成神经表征，这些表征又产生了每个人自身所体验到的表象。

大致上来看，大脑的全部功能就是知晓躯体其余部分、大脑本身以及有机体所处环境的状况，由此有机体和环境之间可以获得最合适、最适合生存的协调。从演化的角度看，不存在另一种可能性。如果没有躯体，大脑也不复存在。碰巧的是，只有躯体和行为但没有大脑和心智的简单有机体依旧存在，事实上，其数量要比人类多出几个数量级。想象一下大肠杆菌吧，它们正开心地生活在我们躯体内呢。

有机体与环境的交互

如果躯体和大脑如此密集地进行交互，那么有机体和环境之间的交互密集度也不会更低。上述关系受到有机体自身运动和感受器官的调节。

一方面，环境以多种方式对有机体施加影响。一种就是刺激眼睛（眼睛内的视网膜）、耳朵（耳朵内部的声音传感装置，即耳蜗，与平衡传感器，即前庭）以及皮肤、味蕾、鼻黏膜上无数神经末梢中的神经活动。神经末梢将信号传至大脑中限定的入口，即所谓视觉、听觉、躯体感觉、味觉和嗅觉的早期感觉皮层。形象地说，这些早期皮层就像信息的安全港湾。每个早期感觉皮层区域都是几个子区域的集合，在这些集合中有大量信号交会，正如图 5-1 所示。在本章后面，我将提到，这些紧密连接的区域是以拓扑形式组织起来的表征的基础，是心理表象的源泉。

另一方面，有机体也通过躯体、四肢和发声器官的活动影响环境，这些活动受到 M1、M2 和 M3 皮层的调控，这个调控过程还受到部分皮层下运动核团的协助。也就是说，大脑中存在持续接收躯体信号或感觉器官信号的脑区。在解剖层面上，这些输入脑区之间互相独立，彼此无直接联系。另外，大脑中还存在产生化学和运动信号的脑区；大脑的输出区包括脑干、下丘脑核团和运动皮层。

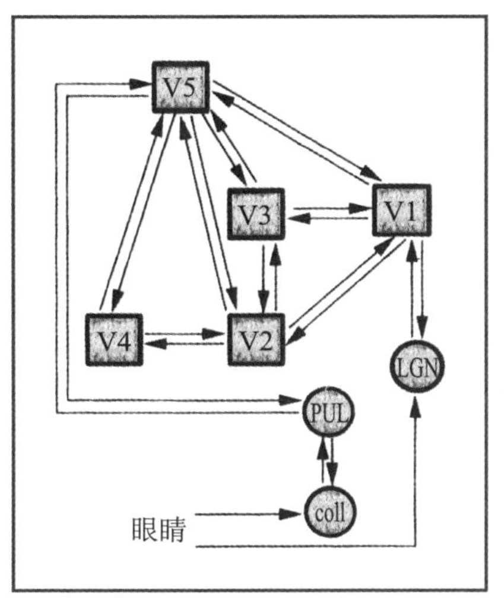

图 5-1　早期视觉皮层连接关系示意图

此图描绘了早期视觉皮层（V1、V2、V3、V4、V5）和三个视觉相关皮层下组织彼此的连接关系：外侧膝状体（Lateral geniculate nucleus, LGN）、丘脑后结节（Pulvinar, PUL）和上丘（superior colliculus，coll）。V1 又被称为初级视觉皮层，对应于布罗德曼 17 区。请注意该区域中的大部分都通过前馈和反馈神经投射（箭头）互相连接。视觉输入眼睛并通过外侧膝状体和上丘进入该系统。该部分信号平行输出（从 V4、V5）于皮层区域和皮层下目标。

题外话　神经系统的结构

假设你想重新设计人类大脑，设计宗旨是将抓取来的大量感觉信号尽快送到登记在册的港口。你难道不想尽快将不同的感觉信号，比如视觉、听觉信号进行融合，从而在听和看的同时使大脑产生“融合的表征”吗？你难道不想尽快将这些表征和运动控制系统相连，从而让大脑可以尽快进行反应吗？我猜想你的答案是肯定的，但是自然界的选择并非如此。大约 20 年前，E.G. 琼斯（E. G. Jones）和 T.P.S. 鲍威尔（T. P. S. Powell）进行了一项里程碑式的研究，该研究通过研究神经元连接表明，大自然不允许这些感觉港湾互相之间直接连接，也不允许感觉港湾和运动控制直接关联[1]。举例来说，在大脑皮层层面上，每个早期感觉皮层都要先和一系列中间区域沟通，再通过该中间区域和较远的区域联系，以此类推。这种沟通依赖于向前投射的轴突或前馈投射，这些投射在下游区域聚合，下游区域又和其他区域聚合。

看起来，上述多条平行聚合信息流终止于一些顶点上，如靠近海马的内嗅皮层；一些前额叶皮层，如背侧或腹内侧前额叶。这个描述也不完全准确。这些信息流并不会完全“终止”，因为它们在每个投射区域的邻近区域都有反向投射存在。因此可以这样说，信息流中的信息进行双向流动。除了单向流动的信息流，还存在前馈、反馈的双向投射回路，这个回路可以构造一个永久循环。

信息流不会“终止”的另一个原因是，在信息流的一些中间站点，特别是存在前馈投射的站点中，存在指向运动控制的直接投射。

由此可见，输入区域之间的沟通、输入和输出区域之间的联系都不是直接进行的，而是通过中间区域进行的，这些中间区域是一些中间神经元集合形成的复杂结构。在大脑皮层层面，这些集合体是位于各个联合区域的皮层。但是，这些中介联系也可以通过皮层下大神经核团，如丘脑、基底神经节进行，也可以通过脑干中的小神经核团进行。

简而言之，在输入和输出区域之间存在的脑结构数量相当可观，并且其中的连接模式也错综复杂。接下来一个自然而然的问题是：在这些“插入”的结构中到底发生了什么？这其中的复杂性对我们有何益处？这个问题的答案如下：这些中介结构中的神经活动和输入、输出区域的神经活动一起构造了我们心智中的表象，并在不经意中对这些表象进行操纵。在这些表象的基础上，我们可以对输入早期感觉皮层的信号进行解释，并进一步对这些信号进行概念化和分类处理。我们可以获得推理和决策的策略，同时，我们可以在大脑提供的可选方案中选择一个运动反应，或形成一个经过自主设计的，由系列动作组合而成的新运动反应，如敲打桌子、拥抱孩子、给编辑写信或弹奏莫扎特的钢琴曲。

在大脑中，五个主要感觉输入区域和三个主要输出区域之间的联合皮层，是基底神经节、丘脑、边缘系统皮层、边缘神经节、脑干和小脑。上述脑区可以看作处理信号和进行管控的“器官”，他们作为系统的结合体，合作处理了关于躯体、外部世界以及这两者交互的先天或后天的信息。这些信息被用来对运动输出、心智输出以及我们思维所用的表象进行调用和操纵。我相信，上述信息在未被调用时处于休眠状态，并被搁置在大脑的“仓库”中，以一种“处理过的表征”的形式保存在这些中介脑区中。生物调节、过去状态的记忆、对未来动作的计划都来源于早期皮层、运动皮层以及这些中介区域的合作。

分割脑区与完整心智

乐于思考大脑工作方式的人都有个常见的误区，即认为心智中的许多感觉加工的体验，如画面、声音、味道、香味、表面纹理及形状，都“产生”自同一个大脑结构中。人们认为心智中所有感觉都混合在大脑中的一个地方，这个地方就好比是放映电影的大银幕，这种银幕有着绚丽夺目的投影、立体声音效甚至引人入胜的味道。丹尼尔·丹尼特把此种设想称为“笛卡尔剧场”，他对此有着较为详尽的叙述。他还从认知层面颇具说服力地指出，这种“笛卡尔剧场”不可能存在[2]。从神经科学层面，我也这样认为，即把感觉加工比喻为电影放映是错误的直觉。

这里我对理由进行总结，我还将在其他章节对此进行详细叙述[3]。我对一体化大脑的主要反对观点是：在某个时间和空间点，存在声音、运动、形状、颜色这类感觉信息，但大脑中并不存在一个单独脑区，可以同时处理所有这些感觉形态。

我们厘清了每种感觉形态的表象构建可能发生的区域，但我们找不到可以被各个单独表象同时进行精确投射的单一脑区。

诚然，有些脑区可以聚合许多来自不同早期感觉皮层的信号。一些聚合脑区，如内嗅皮层和边缘皮层，确实可以接收广泛的多模式信号。但是利用这些信号进行聚合的这类脑区，并不是完整心智的必要基础。举例来说，即便高阶聚合区域发生了脑损伤，即便这些损伤出现在两个大脑半球，也根本无法导致心智缺陷，尽管这些损伤的确导致了其他可见的神经心理学缺陷，如学习障碍。

或许这样理解更好：我们总认为心智是一体的，这种强烈感觉来源于大范围神经系统的合作，解剖水平上不同脑区的同步神经活动导致了这种错觉。即便神经活动发生于不同解剖位置的脑区，如果这些活动发生的时间靠近，人们仍然可以将这些场景背后的部分联系在一起，并形成这些活动都在相同背景下发生的印象。请注意，我并不是在解释时间是如何连接的，而是在说明时间是神经机制的重要组成部分。通过时间进行整合的这个概念在过去数十年间逐渐为人所知，现在则是许多理论学家著书立说的重要部分[4]。

如果大脑的确通过时间将不同的分立过程整合为有意义的组合，那么虽然也可以说这是个有意义的、经济的解决方案，但并非没有风险和问题。主要风险就是失谐。这种时间机制出现的任何故障都可能会引发异常的整合或整合失败。这种情况常见于头疼造成的眩晕状态，以及精神分裂症或其他疾病造成的一些症状。时间匹配的主要难题是需要将不同脑区的相关活动维持尽可能长的时间。换句话说，时间匹配机制需要有效且强大的注意和工作记忆机制，并且自然界似乎也提供了这样一种机制。

每个感觉系统似乎都装备了局部的注意和工作记忆装置。但动物研究和人类研究表明，当需要全局注意和工作记忆能力的时候，前额叶和一些边缘系统结构，如扣带回是必要的[5]。我们在本章开头讨论的神经过程和大脑之间的神秘关系，现在应该更清晰了。

知觉表象与回忆表象

推理和决策所需要的事实性知识来源于心智，并以表象的形式存在。现在，让我们简要地看一下这些表象可能的神经基础。

当你看着窗外的秋色，或聆听背景音乐，或用手指轻拂光滑的表面，或一段一段地阅读文字的时候，你就正在感知并由此构造不同感觉形态的表象。如此形成的表象被称为知觉表象。

但是你也可能停止关注这些风景、音乐、表面或文字，而是分心去思考其他事情。你可能去想你的玛吉姑妈、埃菲尔铁塔、多明戈的歌声，或我们刚才讨论的表象。这些想法都是由表象所构造的，不论这些想法的成分是形状、颜色、运动、音调，还是说出或没说出的单词。为了和知觉表象相区别，我们把你回想过去时产生的表象称为回忆表象。

通过运用回忆表象，你可以记起某一特定形式的过去表象，即在你计划要做但还没做某事时形成的表象。举个例子，你计划这周末重新规整你的书房。这个计划还没开展的时候，你就形成了物体和行动的表象，并且在你的心智中巩固这些虚构之事的记忆。事实上，那些还没发生之事的表象和永远不会发生之事的表象之间没有本质区别，它们都来自已经发生之事表象。这些表象构成了“可能的未来”的记忆，而不是过去事物的记忆。

这些多彩的表象，包括知觉表象和回忆表象，都是有机体大脑的构建物。你确切能知道的是，这些表象对你而言是真实的，并且其他人也会产生类似的表象。我们的一些基于表象的概念和其他人一样，甚至和一些动物的也一样；不同个体形成的关于环境必要方面的构建，如纹理、声音、形状、颜色、空间等，有着惊人的一致性。如果我们的有机体天生被设计得不一致，那么我们构建的周围事件的表象也将不一致。我们将永远不知道，“绝对的”真实到底是怎样的。

我们到底是如何创造出这些不可思议的构建物的呢？看起来，它们是通过一个包含了知觉、记忆、推理的复杂的神经机制来进行构建的。有时候，这种构建来源于大脑外部的世界，换句话说，借助一点过去的记忆，这种构建来自我们的躯体内部或周围。我们生成知觉表象的时候便是如此。有时候，在某种程度上，这种构建直接来自我们大脑内部，通过静默且美妙的思维过程自上而下进行。如当我们回忆一段最爱的旋律或紧闭双眼回忆一些视觉场景时，情况便是如此，无论这些场景是真实事件的回放还是纯粹的想象。

与我们体验到的表象关系最密切的脑区恰恰是早期感觉皮层，而非其他脑区。早期感觉皮层的神经活动，无论是知觉还是回忆诱发的，都是幕后复杂的运行过程的结果，这些运行过程存在于大脑皮层、皮层下核团以及基底神经节、脑干等。简单来说：**表象直接建立在神经表征上，这些神经表征以拓扑形式组织并发生在早期感觉皮层上**。表象要么在面向大脑外部的感觉接受器，如视网膜的控制下产生，要么在大脑内部的倾向性表征的控制下产生，如产生于皮层区域或皮层下核团。

题外话 产生知觉表象

当你感受这个世界的时候，比如外界的风景或者躯体右胳膊的疼痛，相关的表象是如何产生的呢？在上述两个情况下，第一个必要但不充分的步骤是：来自躯体恰当部位的信号，在第一个例子中是来自眼睛和视网膜；在第二个例子中是来自胳膊关节的神经末梢，它们由神经元携带并通过轴突、神经化学突触传输到达大脑。这些信号被传输到了早期感觉皮层①。对来自视网膜的信号而言，这些信号被传递到了大脑后部的枕叶的早期视觉皮层。对来自胳膊关节的信号而言，这些信号被传递到了位于顶叶和岛叶的早期躯体感觉皮层，这两者即病感失认症所损伤的脑区。请再次注意，上面提到的都是**若干**区域的集合体，而不是一个单独中枢。集合体的每个组成区域都特别复杂，更不用说这些部分之间连接而成的网络了。这些拓扑性表征来源于不同脑区的相互作用，并非只来源于一个脑区。这些概念本身跟颅像学没有任何关系。

当全部或部分特定感觉模块的早期感觉皮层被毁坏了，形成特定表象的能力也会丧失。早期视觉皮层受损的患者缺失了大部分视觉能力。其中一些患者还有残存的感觉能力，可能是因为与感觉模块相关的皮层和皮层下结构还没有受到损伤。在早期视觉皮层严重损伤后，一些患者还能指出发光的目标，但他们宣称看不到这一目标，这些患者出现了我们所说的盲视症状。参与上述过程的脑区包括顶叶皮层、上丘和丘脑等。知觉缺陷可以是非常特异化的。举例来说，早期视觉皮层的某个子系统损坏后，可能丧失的是感知颜色的能力。这种丧失可以是完全丧失或表现为能力减弱，即患者感知颜色能力是逐渐丧失的。受此影响的患者可以看见形状、运动、深度，唯独看不见颜色。这种症状就是

---

① 这些早期皮层中知觉机制的运作已开始被大家所了解。在视觉系统的研究方面，目前依旧收集了大量神经解剖、神经生理和心理物理方面的数据，此外，在躯体感觉和听觉系统方面也有大量研究涌现。这些皮层形成了一个动态联合体，它们的拓扑性质表征随着输入信息的种类和数量的不同而变化，相关研究工作已经证实了这一点[6]。

色盲，这样的患者看到的万事万物都是明暗不同的灰色。

尽管早期感觉皮层和其形成的拓扑性表征对于意识中表象的生成是不可或缺的，但只有早期感觉皮层是远远不够的。换句话说，如果我们的大脑只能产生精致的拓扑性表征但不能对这些表征进行处理，我很怀疑我们是否能意识到这些表象。我们是如何意识到这些表象是属于**我们自己的呢**？如果无法意识到，我们就丧失了意识中的关键因素，即主体性（subjectivity）。我们还应该考虑其他条件。

重要的是，神经表征必须每时每刻与那些构成了自我的神经基础联系在一起。这个话题我还将在第 7 章和第 10 章进行讨论，这里仅提一点："自我"并不是我们前文说的那个声名狼藉的、待在我们脑中感知和思考大脑形成的表象的小矮人，相反，自我是不停再造的神经生物学状态。多年来，"小矮人"的说法遭到了许多抨击，同时也使许多理论家怯于讨论自我的概念。但是，神经范畴内的自我完全不必是"小矮人"式的。事实上，真正应当引起恐慌的是"无自我"的认知概念。

储存表象和形成表象

表象并非以副本和图像的形式将事物、事件、单词和句子进行存储。大脑既不归档人、物和风景的快照，也不储存音乐或语音的录音带。它也不能像电影那样记录生活，也不能像提词器、幻灯片帮助政治家那样帮助我们。简而言之，大脑似乎不能永久储存任何事物的图像，连微缩版的也没有，就是说，大脑中没有微缩胶片，没有硬拷贝。考虑到我们一生学到的海量知识，任何形式的副本储存都不可避免地会遇到容量问题。如果将大脑比喻为一个传统图书馆，那么和图书馆一样，书架迟早要用完。此外，副本储存还存在提取效率方面的难题。我们都有这样的直接体验：当我们回忆一个特定物体、面容或场景的时候，我们并没有得到一个精确的副本，而是获得了一个解释，即对原始版本的一个重构。另外，随着我们年龄和阅历的变化，同样事物的版本也会变化。正如数十年前，英国心理学家弗雷德里克·巴特利特（Frederic Bartlett）提出的观点一样，记忆本质上是重构的，而非严格的副本性质的表征[7]。

然而，如果我们要否认大脑中存在永久的图像，那么就要解释为何我们都有这种感觉，即我们都能在大脑的“眼睛”和“耳朵”中产生和过往经历近似的感受。其实，这些近似的感受并不十分精确，也没有想的那么生动，这种感受和我们提出的事实并不矛盾。

对上述难题的尝试性回答是：这类心理表象只是短暂构造物，是对我们体验过的模式进行复制的尝试，其中精准复制的可能性很低，但大致准确概率的高低取决于表象被学习或回忆时所处的环境。这些回忆表象在意识中稍纵即逝，尽管其复制质量尚可，但往往也是不精准或不完备的。我推测，这些清晰的回忆表象来源于发生在早期感觉皮层中的神经放电模式的瞬时同步活动，而曾经出现过的知觉表征的放电模式也主要发生在同样的早期感觉皮层中。这些活动形成了拓扑形式组织的表征。

现在已经有一些论述和证据支持上述观点。以我们之前讨论的色盲患者为例，早期视觉皮层的局部损伤不仅导致颜色知觉能力丧失，还导致颜色想象能力的丧失。如果你患有色盲症，你就再也不能想象颜色了。如果我让你想象一根香蕉，你可能会想出它的形状，但想不出它的颜色；在你眼里，香蕉的颜色是以灰度形式呈现的。如果“颜色知识”是被储存在脑中某处且独立于“颜色知觉”系统的话，那么，即使色盲症患者不能知觉一个存在于外部的真实的香蕉，他们也应该可以想象香蕉的颜色。事实上，他们做不到。

早期视觉皮层严重损伤的患者丧失了视觉想象的能力。然而他们依旧可以回忆起物体的触觉和空间特征，也可以回忆声音的表象。

利用正电子断层扫描（positron emission tomography，PET）和功能性磁共振成像（functional magnetic resonance imaging，fMRI）对视觉回忆的初步研究，支持上述观点。史蒂芬·科斯林（Stephen Kosslyn）及其团队，以及汉娜·达马西奥、托马斯·格拉博夫斯基（Thomas Grabowski）还有他们的同事，他们都发现了视觉表象的回忆激活了早期视觉皮层及相关脑区[8]。

体验回忆表象所必需的那些拓扑形式组织的表征是如何形成的呢？我认为，那些表征是在大脑后天习得的倾向性神经模式的指挥下暂时形成的。我之所以使用倾向性这个概念，通俗地说，是因为在同一系统回路中，这些神经模式是用来指挥其他神经模式的，是用来促使某处的神经活动发生的，而且这些神经模式之间有很强的神经联系。倾向性表征是作为潜在神经活动模式出现在我称为“聚合区”的小的神经元集合中的，也就是说，这些神经模式包含了一系列存在于聚合区中的神经激活倾向。这些与可回忆表象相关的倾向是通过学习获得的，因此我们可以说，这些倾向组成了记忆。当聚合区的倾向性表征反向激活早期感觉皮层时，就可以形成表象，这些聚合区遍布从枕叶、颞叶、顶叶到额叶的高级联合皮层以及基底神经节和边缘结构之中。

事实上，倾向性表征并没有在突触小集合中存储一个图像，而是存储了重构图像的方法。如果你有一个关于玛吉姑妈容貌的倾向性表征，那么这个表征包含的并不是玛吉姑妈的容貌本身，而是包含了一些激活模式，这些模式可以在早期视觉皮层中引发对玛吉姑妈面容近似表征的暂时重构。

那些差不多需要同时反向激活以便在大脑中形成玛吉姑妈面容的若干倾向性表征位于若干视觉和高级联合皮层中，我推测主要是在视觉和听觉皮层中[9]。上述过程也适用于听觉领域。在听觉联合皮层中存在玛吉姑妈声音的倾向性表征，这些表征可以反向激活早期听觉皮层，并且可暂时生成玛吉姑妈声音的近似表征。

这种重构背后不只有一个程式。玛吉姑妈作为一个完整的人，并不是以单点形式存在于大脑中的，而是以许多表征了玛吉姑妈不同侧面的倾向性表征的形式分布在你的大脑中。当你回想起玛吉姑妈时，她会以拓扑形式组织的表征的形式出现在各种视觉、听觉等早期皮层中，虽然如此，当你构建她这个人的某个方面的时候，她仍然可以呈现于几个各自独立的单一视角中。

➤➤➤

如果在 50 年后的一个想象实验中，你能够进入某个人有关玛吉姑妈的视觉倾向性表征中，我猜你可能看不到任何能够组装出玛吉姑妈面容的东西，因为倾向性表征不是以拓扑形式组织的。如果你能在有关玛吉姑妈面容的聚合区被反向激活后的 100 毫秒内，观察那个人早期视觉皮层中出现的活动模式，你很可能会看到这些活动模式和玛吉姑妈面容的形貌有关。我想，在一个认识玛吉或者正在想起她的人的早期视觉皮层回路中发现的活动模式，与你所掌握的有关玛吉的信息之间应该具有一致性。

已经有证据证明事情应当如此。通过使用神经解剖成像法，R.B.H. 图特尔（R.B.H Tootell）已经证明，当一只猴子看到一些特定形状时，如十字形或方形，早期视觉皮层中的神经元活动将会以拓扑形式组织成为一种模式，这种模式与猴子正在看的形状相一致[10]。换句话说，一个能查看外部刺激和大脑内神经活动模式的独立观察者，能够识别出这二者在结构上的相似性。详细描述可参见图 5-2。上述论证也适用于迈克尔·默策尼希（Michael Merzenich）有关躯体感觉皮层中躯体表征的动态模式的研究[11]。然而，请注意，正如我之前指出的，在大脑皮层中存在这样的表征并不等于能够意识到这一表征。这是必要条件而非充分条件。

我所说的倾向性表征是一个蛰伏的激活潜能，只有当神经元以特定模式、特定速率和特定时长并指向特定的另一组神经元进行放电时，这些倾向性表征才会活跃起来。尽管在针对突触修饰的研究中聚集了许多新发现，但没有人知道包含在这些神经元组内的“编码”是什么样的。事情更可能是：突触的增强或减弱导致了放电模式的变化，而这种增强或减弱又是由在轴突和树突中发生的微观层面的功能变化引起的[12]。

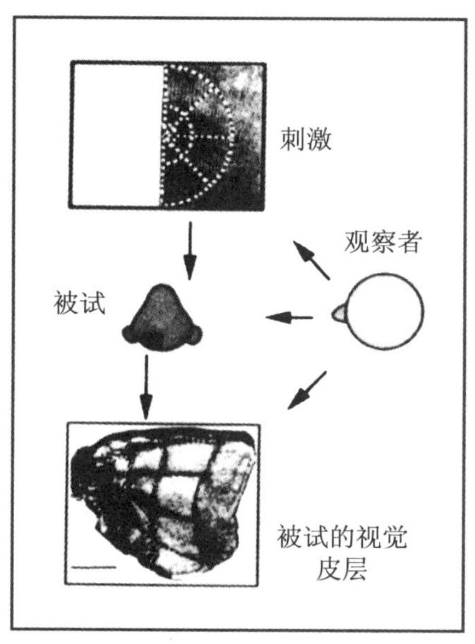

图 5-2 刺激物形状与神经元活动模式形状

观察者处于外部，刺激呈现给实验动物，观察者可以看到刺激引起的动物视觉皮层的激活。此时，观察者可以看到实验刺激的形状和被试早期视觉皮层上（4C 层）神经元活动模式的形状之间有着极高的相似性。图中的刺激和大脑图像都来源于该实验室的研究者罗杰·图特尔（Roger Tootell）。

倾向性表征处于蛰伏状态中，有待被激活，就像世外桃源中的小镇一样。

倾向性表征与知识库

倾向性表征构建了我们所有的知识库，包括先天知识和后天习得的知识。其中先天知识基于下丘脑、脑干和边缘系统中的倾向性表征。你可以将这些倾向性表征概念化为生存所必需的生物调控，如新陈代谢、驱力和直觉的调控。这些倾向性表征调控了许多过程，一般来说，它们不会成为心智中的表象。这些内容我们将在下一章进行讨论。

习得性知识则基于高级皮层以及许多皮层下灰质核团的倾向性表征。其中一些倾向性表征包含了一些可成像的知识，我们能回忆并利用这些知识来运动、推理、计划和创造，另一些倾向性表征则包含了与利用这些表象相关的规则和策略。新知识的获取是基于对这些倾向性表征的连续修饰上的。

激活倾向性表征会产生一系列结果。这些倾向性表征会激活因回路设计而与之高度相关的其他倾向性表征。举例来说，颞叶的倾向性表征会激活枕叶的倾向性表征，二者属于同一个被增强了的系统。另外，通过直接反向激活早期感觉皮层，或激活所在的被增强了的系统中的其他倾向性表征，这些倾向性表征可以生成拓扑性表征。它们还可以通过激活运动皮层或像基底神经节这样的运动核团来生成一个动作。

回忆表象的外貌来源于早期感觉皮层中对某个瞬间模式或者说瞬间映射的重构，并且重构的触发来源于大脑其他区域，如联合皮层的倾向性表征的激活。类似地，同种类的模式化的激活也发生在运动皮层中并构成了运动的基础。作为运动基础的倾向性表征产生于前运动皮层、基底神经节和边缘皮层。有证据表明，这些倾向性表征既可以激活运动，也可激活躯体运动的内部表象；因为运动的迅速特性，躯体运动的内部表象经常因为我们只知觉运动本身而在意识中被掩盖。

由表象构成的思想

人们常说，思想不仅仅由表象构成，思想的构成部分还应包括词语和非表象的抽象符号。当然了，没人会否认思想包括了词语和主观符号。但是这个说法漏掉了一个事实，即词语和主观符号都建立在拓扑性表征上，并由此成为表象。我们内部语言使用的大部分词汇，在说出或写出一个句子之前，都以听觉或视觉表象的形式存在于我们的意识之中。如果这些词没转换为表象，则无论它们存在多久，都不会被我们了解[13]。甚至对于那些没能在意识中清晰表现出来而是被偷偷激活的拓扑性表征来说也是如此。从启动实验中，我们可以了解到，尽管这些表征是被秘密加工的，它们依旧可以影响思维过程，甚至可以在随后突然潜入意识。启动是指不完全激活一个表征，或激活一个表征但不去处理它。

我们时常有如下经历：在一次热闹的多人讨论后，讨论过程中我们漏掉的一个词或一句话突然浮现在脑海中。我们可能会惊异于这种遗漏，我们甚至会求证这些话的真实性，我们可能会问："你真的说过这些话吗？"也许X的确说过这些话，但是因为你当时正好专注于Y，所以你对X说的话形成的倾向性表征没有注意，因而只形成了倾向性记忆。随后你对Y的关注减弱了，如果被遗漏的词语或论述和你有关，这时倾向性表征又会在早期感觉皮层中形成拓扑性表征，并且由于你已经意识到了它，说明它已经成为一个表象。此外，请注意，如果不先形成一个拓扑模式化的知觉表征，你将永远不会形成倾向性表征。在解剖学层面上，如果复杂的感觉信息不首先停留在早期感觉皮层，这些信息似乎就不能进入支持倾向性表征生成的联合皮层。这种情况对于非复杂感觉信息可能不适用。

上述讨论也适用于心算时所使用的符号，即便不适用于所有的数学思维形式。如果这些符号无法形成表象，那么我们就不能了解它们，也不能有意识地运用它们。就这一点而言，你会发现一个有趣的事实，一些颇有洞见的数学家和物理学家都认为他们的思维过程由表象主导。这些表象经常是视觉上的，甚至也可以是躯体感觉上的。所以当贝努瓦·曼德尔布罗（Benoit Mandelbrot），一个终其一生都在研究分形几何的数学家，说他总是通过表象来思考，也就不奇怪了[14]。他还说，物理学家理查德·费曼也不喜欢在没有图解的情况下直接研究算式。请注意事实上等式和图解都是表象。而对爱因斯坦来说，他对下面的过程也毫无异议：

> 词语和语言，当它们被写下来或说出来的时候，看起来对我的思维似乎毫无帮助。思维元素的心理实体实际上是某种特定的信号或清晰的表象，这些信号和表象可以“自发性”地复制和组合。当然，在这些元素和相关逻辑概念之间有着特定连接。同样明确的一点是，致力于理清逻辑概念连接关系的驱动力就是研究上述要素的情绪基础。

在之后的文本中，他表述得更加清楚：

> 就我而言，上述提到的要素都是可视的和……强力的。当这些要素之间的联系已经被充分建立并且可以随意复制的时候，在第二阶段，我们才使用传统意义上的词语和信号[15]。

这里要指出的一点就是，无论产生于哪个感觉模块，无论涉及的是单一事物还是事物过程，或在特定语言中，无论它们涉及的是相关事物和过程的词语还是其他符号，表象大概是我们思维的主要内容。我们很难或几乎不能了解表象背后所隐藏的过程，这些过程在时间和空间上引导了表象的生成和部署。这些过程使用了包含在倾向性表征中的规则和策略。这些过程对于我们的思维是必要的，但并不是我们思维的内容。

我们在回忆时重构的表象是和外界刺激生成的表象一起出现的。相比外界刺激生成的表象，回忆重构的表象显得不是那么栩栩如生。正如大卫·休谟所说，相比于大脑外部刺激产生的表象，回忆重构的表象是“微弱的”。即便如此，两者也都是表象。

先天回路与神经发育

正如我们前面讨论到的，大脑的系统和回路及其运作，都依赖于神经元之间的连接模式和构建这些连接的突触的强度。但是大脑中这些连接模式和突触强度是如何被设置的，又是何时被设置的？大脑中的所有系统是在同一时间被设置好的吗？一旦设置好就永远不变了吗？对于这些问题迄今还没有确定的答案。尽管针对这个问题的答案不断推陈出新，但至今仍无定论。对于这些问题的讨论可以参考下面的内容：

1. 人类基因组，即我们染色体中基因的总和，的确没有指明大脑的全部结构。基因的数量还不足以决定我们有机体内各个事物的精确结构和位置，至少对于大脑而言，情况更是如此，数十亿神经元形成突触联结。两者间的比例差距显而易见：我们携带有大概10万个基因，但是我们大脑中有超过10万亿个突触。此外，基因诱导的组织形成过程依赖于细胞间交互的协助。在这个交互过程中细胞黏附分子和底物附着分子起了重要作用。随着神经发育的展开，细胞中首先出现的就是对调控发育的基因进行表达的控制。现有证据表明，基因决定了许多结构特性。随着有机体在其一生中的发育和持续变化，依然有大量结构的形成仅依赖于有机体自己的活动[16]。

2. 在人类大脑演化最为古老的区域中，人类基因组帮助构建了许多重要系统和回路中的精确或近似精确的结构。尽管对于大脑各个区域，我们急需现代发育领域的深入研究，并且可以认为随着研究成熟，大量定论会发生改变。但是对于脑干、下丘脑、基底前脑而言，先前的研究结果依然是合理的，对于杏仁核和扣带回也是如此。我将在下一章对这些结构和它们的功能进行更多叙述。人类这些脑区的特性和其他许多物种都类似。这些结构的主要功能是在不调用推理或心智的情况下调控基本生存过程。这些回路中神经活动的先天[①] 模式并不会生成表象，尽管它们的活动结果可以被表象化。这些回路调控着与生存休戚相关的内部平衡机制。如果没有这些脑区先天设置的回路，我们将无法呼吸、调节心跳、平衡新陈代谢、寻觅食物和防护、躲避天敌以及繁衍。没有这些先天的生物调控，个体和演化生存都会停止。此外，我还要强调这些先天回路的另一个重要作用，这个作用经常被人在对支持心智和行为的神经结构进行概念化时忽略：**先天回路不仅介入了躯体调节，还介入了不断演化的现代大脑结构的发育和成熟活动。**

3. 随着个体从婴儿、儿童成长为青少年，并随着个体与外界环境及其他个体进行交互，在个体出生之后的很长时间内，基因帮助设置的位于脑干、下丘脑回路中的结构细节逐渐转化为大脑中的残余部分。对于演化的现代大脑而言，可能的情况是，基因组帮助设置了系统和回路的大致轮廓而非精细结构。那么，精细结构又

① 请注意，当我使用“先天”这个词的时候，我并没有排除环境和学习在机体模式形成中的作用。我也没有排除经验产生的调节作用。我使用的“先天”和威廉·詹姆斯的“预设”有类似的含义，指的是主要但并非全部都由基因决定的结构或模式，新生儿通过这些预设的模式进行体内平衡的调节。

是如何产生的呢？这些精细结构源自周遭环境因素的影响，而这一影响又由先天精确设置的与生物调控有关的回路的影响所补充和限制。

简而言之，对于心智和心智化活动产生所必需的特定神经表征而言，现代的且由经验驱动的脑区回路，如新皮层的神经活动是不可或缺的。如果大脑中的古老部分，如下丘脑、脑干，是不完整的或不合作的话，新皮层也无法生成表象。

➤➤➤

这种安排可能会令人产生疑惑。我们有先天回路，这些先天回路通过控制内分泌系统、免疫系统的内部生物化学运转，以及控制内脏、驱力和直觉，从而调节躯体功能，确保有机体的存活。为什么这些回路会介入那些致力于表征习得性经验的，更现代、更具可塑性脑区的形成过程呢？这个问题的答案在于，如果希望让这些经验的记录和反应更具适应性，这一过程就必须被一组基本的与有机体存活紧密相关的偏好来评估和塑造。看上去，这种评估和塑造过程对于有机体的持续运行必不可少，故而基因就明确规定，先天回路必须对几乎是所有可被经验修饰的回路施加重要影响。

上述影响是通过“调制”神经元作用于回路残余物而发挥作用的。这些“调制”神经元位于脑干和基底前脑，并且它们受到特定时刻机体交互的影响。“调制”神经元释放神经递质，如多巴胺、去甲肾上腺素、5-羟色胺和乙酰胆碱，到大脑皮层和皮层下核团的广泛区域。这一精巧的安排过程可描述如下：（1）先天调节回路涉及有机体的生存，因此这些回路也参与了大脑较为现代的脑区的活动中；（2）所处情境的各种情况都被不断传递给了这些回路；（3）这些回路通过影响大脑其余部分的塑造来对环境进行响应，从而以最有效率的方式来协助机体存活。

因此，随着我们从幼儿发展到成人，表征着机体演化及其与世界交互的脑回路构建依赖于有机体参与的活动以及先天生物调节回路的活动，因为后者会对前者作出响应。这种说法强调了，以先天和后天、基因和经验的关系来考虑大脑、行为以及心智是不充分的。这三者在个体刚出生时都不是白板一块。但这三者也都不是完全被基因决定的。基因有重要影响，但不能决定所有结构。

对于一些脑区，基因提供了精确结构，但对于另一些脑区而言，精确的结构有待被决定。这未被决定的脑区结构只有具备了以下三个因素才能形成：（1）精确的结构；（2）个体活动和环境，且环境的决定权来源于人类、物理环境以及偶然条件；（3）来自特别复杂的系统的自组织的压力。无法预计的个体经验以直接和间接的方式，通过在先天回路中进行的反应，以及这些反应在整个回路塑造中带来的结果，对回路构建起到决定作用[17]。

我在第 2 章中提到，神经回路的运转依赖于神经元之间连接的模式以及形成这些连接的突触强度。举例来说，对于一个兴奋的神经元而言，较强的突触可以促进神经信号放电，但是较弱的突触会有反作用。现在我可以说明的一点是，不同的经验可以导致神经系统内或神经系统间的突触强度变化，因而经验就可以塑造神经回路的构建。此外，在一些神经系统中，突触强度在一生中会不断变化，以此来反映有机体积累的不同经验，其结果是，大脑回路的构建由此也不断改变。这些回路不仅接纳第一次经验结果，还会随着后续经验的变化反复进行适应性的修改[18]。

在我们一生中，一些神经回路随着有机体的经历变化而不断改变其结构。其他的一些回路则大体维持不变并支撑着我们对内部和外部世界的构建。认为所有回路都是无常的观念是不正确的。大批量的修改会导致个体无法认识自身和他人，并丧失对自身生平的感知。这就不具有适应性了，而且很明显，这种情况也没有发生。有关后天习得表征相对稳定的一个简明证据来源于幻肢患者。一些患者接受了截肢手术，比如手和胳膊都被切除了，只留下了肘部以上的残肢。这些患者仍然向医生报告说他感觉到失去的胳膊还在那儿，并且还能感受到想象的肢体动作，还可以在失去肢体的位置上感受冷热和痛。显然，这些患者保留了已丧失的肢体的记忆，或者他们不能在心智里形成新的表象。随着时间流逝，他们的这种幻觉会逐渐减弱，这表明他们的记忆，或其在意识中的回放，正在经历改变。

大脑中一些回路的激活稳定性瞬息万变，而另一些回路则相对稳定，尽管不是一定不受变化的影响，大脑需要在上述两者之间保持平衡。我们能够认出今天镜子中的自己，这说明神经回路已经悄无声息地发生了改变来适应岁月加诸我们脸庞上的结构性变化。

06

基本生物调节过程

有机体的生存依赖于一系列生物过程，这些过程维持生物结构中细胞和组织的完整性。我这里用一个简化的方式说明一下。生物过程有许多需求，其中必要的一项是适当的氧气和营养供应，这些供应通过呼吸和饮食获得。基于上述目的，大脑中存在一些先天神经回路，在生物化学过程的帮助下，这些神经回路的活动负责反射、驱力和本能，从而确保了生存所需的呼吸和进食能够稳定进行。再次回顾上一章的讨论，先天神经回路包括倾向性表征。这些倾向性表征的激活可以引起一系列复杂反应。

驱力、本能与机体生存

为了避免野兽的侵害、恶劣环境的危险，大脑中存在一些神经回路，用来控制如战斗或逃跑这类本能反应。此外，大脑中还有一些神经回路是用来控制确保个体基因延续的本能和驱力的，如性行为和养育行为。另外，还有大量的特定神经回路和驱力，它们会根据时间和周围温度驱动有机体寻找合适的光线和温度。

总的来说，驱力和本能发挥影响的方式有：直接产生特定行为，通过引起特定生理状态引导个体有意无意地按某种方式作出行为。实际上，驱力和本能引起的所有行为都对生存有直接影响，如挽救生命的行为；或间接影响，如生活中的趋利避害。我认为情绪和感受是理性的核心，二者是驱力和本能的重要表现，也是驱力和本能运作的主要部分。

➤➤➤

看起来，让那些控制基本生物过程的倾向性表征改变过大不太有利。一个剧烈变化就可能带来各个器官失灵、导致疾病甚至死亡的风险。但这不意味着我们不能有意识地影响那些通常由先天神经模式所驱动的行为。例如，潜水时我们可以屏住呼吸一段时间；我们也可以决定进行长期的禁食；我们可以轻易地影响自己的心率，甚至改变自己全身的血压，虽然后者并不那么容易。但以上这些例子，都没有证据表明我们的倾向性表征被改变了。改变的只是被引发的行为模式中的一个组成部分，我们可以用许多方式抑制这些行为模式，如通过肌肉力量，即通过收缩上呼吸道和胸腔来屏住呼吸，或通过完全的意志力来做到。除此之外还有另一种可能性，即通过其他脑区的神经信号，或通过如释放到血液和突触中的激素、神经肽等化学信号，来对先天神经模式进行调节，使其更容易或更不容易被激活。事实上，许多遍布在大脑中的神经元都有激素接受器，这些激素来自生殖腺、肾上腺和甲状腺。这些回路的早期发育和正常运转都离不开这些化学信号的影响。

➤➤➤

一些基本生物调节机制一直在默默运转，个体很难直接感受到这些机制的存在。除非接受检查，否则你不会知道体内不断运转的激素和钾离子状态或红细胞的数量。但是还有一些稍微复杂的机制，包含一些外显的行为，它们可以通过间接的方式，在驱动你以某种特定方式去做或不去做某件事情时，让你意识到它们的存在。这些机制叫作本能。

可以用下面这个例子来简要说明本能性调节：饭后几个小时，你体内的血糖水平开始下降，下丘脑中的神经元检测到了这种变化；相关先天模式开始激活，使大脑改变躯体状态，从而提升改变这种状态的可能性；你感到饿了，并希望采取行动结束饥饿状态；你开始进食，随着食物消化，血糖水平逐渐恢复正常；最终下丘脑又探测到了血糖的新变化，即血糖水平上升了，于是相关的神经元调节了躯体状态，这种状态体验构成了饱腹感。

上述提到的整个过程的目标都是确保有机体存活。启动这一过程的信号来自你的躯体。那些进入你的意识并促使你采取行动挽救躯体的信号也来自你的躯体。随着这一过程结束，告诉你躯体不再有危险的信号同样来自你的躯体。你可能会说，这一过程虽然由大脑感知并管理，但却是为了躯体并由躯体来执行的管理方式。

这种调节机制可以通过驱动一种倾向性表征从而激活躯体变化模式来确保机体的生存。这些变化模式可以是某种有特定意义的躯体状态，如饥饿或恶心，或者是一种可识别的情绪，如恐惧或愤怒，或两者的结合。从内脏，如内部环境的低血糖；或从外部的环境中，如威胁性刺激；或从内部心理状态，如意识到灾难即将发生，都可以引发兴奋状态。上述三者都可以引发内部生物调节反应，或某种本能行为模式，或新的行为计划，可能是其中之一或全部。支持有机体正常运行的基本神经回路就如刹车之于汽车一样，是有机体的标配。你并不需要特意配置这些功能。因为这些基本神经回路构成了“预组织机制”，我将在下一章继续讨论这个概念。你要做的就是调整该机制，使其适应环境。

预组织机制不仅对基本生物调节有重要作用，该机制还可以帮助有机体根据某事某物对生存的影响来分辨它们是“好的”还是“坏的”。换句话说，有机体有一组基本的偏好，或称标准、价值。在这些偏好影响和经验力量的作用下，被分类为好或坏的事物数量迅速增加，有机体判断新事物好坏的能力也呈指数级增长。

如果某个特定实体是某一场景的组成部分，该场景中的另一个组成部分已经被归类为“好”或者“坏”，也就是说，激活了先天倾向性表征，那么大脑就可以将该场景中没有先天预设价值的其他物体进行分类，好像其他这些物体也有或好或坏的价值。仅仅因为某个实体靠近另一个重要实体，大脑就会将这种特殊对待拓展到该实体上。如果新的实体靠近一个“好”的实体，就会出现所谓的“晕轮效应”；反之，如果一个实体靠近“坏”的实体，就会导致“连坐”。如果阳光照射在一个真正重要的物体上，无论该物体是好是坏，该光线都会反射到相邻物体上。大脑为了按照这样的方式运作，需要储存大量“先天知识”，这些知识告诉有机体如何调节大脑和躯体。随着大脑不断吸收涉及先天调节的，在与实体和场景相关的交互中形成的倾向性表征，大脑就有更高的可能性将与生存直接或间接相关的实体和场景纳入。随着上述过程的开展，我们对外部世界不断增长的理解可以被视为发生在躯体和大脑交互所处的神经空间中的调整。不仅心智和大脑分离这种说法是一种臆断，而且躯体和心智互相分离这种说法也可能是天方夜谭。就心智的完整意义而言，心智不仅嵌入在大脑中，也嵌入在躯体中。

其他基本生物调节过程

与生存休戚相关的先天神经模式保存在脑干和下丘脑的神经回路内。下丘脑在内分泌腺体调节和免疫功能中扮演着重要角色，其中内分泌腺体包括垂体、甲状腺、肾上腺和生殖器官等，这些腺体都可以产生激素。内分泌调节依赖于释放到血液中的化学物质而非神经冲动，其对于维持新陈代谢功能、管理生物组织以及抵抗有害微生物，如病毒、细菌、寄生虫，都是必不可少的[1]。

除了脑干和下丘脑以外，边缘系统的控制也对生物调节作了补充。我们这里不会讨论边缘系统这个脑区的复杂解剖结构和精细功能，但需要注意的是，边缘系统也参与了驱力和本能的设定，并且该脑区也在情绪和感受中起到特别重要的作用。我猜测，与脑干和下丘脑不同，这两个脑区中的回路大多是先天的、稳定的，而边缘系统中既有先天的、稳定的回路，也有可以被不断发展的有机体积累的经验所调整的回路。

在边缘系统和脑干二者中邻近结构的帮助下，下丘脑调节着“内环境”（internal milieu）。我之前用过这个术语，这个术语继承自先驱生物学家克劳德·贝尔纳（Claude Bernard）。你可以将内环境看作特定时间下机体内所有生物化学过程同时发生。生命要求这些生物化学过程被限定在一个适宜范围内，因为该过程如果严重偏离正常范围，到了某个关键点时，有机体可能患病甚至死亡。反之，下丘脑和其相连结构不仅受到来自其他脑区的神经信号和化学信号调节，也受到来自各种躯体系统的化学信号的调节。

化学调节过程特别复杂，从下面的叙述中可见一斑：我们赖以生存的激素由甲状腺和肾上腺分泌，而这些激素的分泌又部分地受到垂体释放的化学信号的调控。垂体自身也部分地受到它邻近的下丘脑释放到血液中的化学信号的调控，下丘脑又部分地受到边缘系统的直接神经调控和皮层的间接神经调控。考虑以下观察的重要性：癫痫发作时，特定边缘系统的异常神经电活动不仅导致了异常心理状态，还引起了严重的激素失调，从而导致了一系列躯体疾病，如卵巢囊肿。

相反，血液中的每种激素都会对分泌它的腺体产生影响，垂体、下丘脑以及其他脑区都概莫能外。换句话说，神经信号产生化学信号，化学信号又产生其他化学信号，这些信号又改变了大量细胞和组织的功能，包括大脑中的细胞和组织，这些信号同时改变了启动这一循环本身的调节回路。这些互相嵌套的调节过程管控着局部或者整体的躯体状态，从而使从分子层面到器官层面的有机体的各个组成部分都能在适合生存的参数范围内运行。

机体调节的各个层面在多个维度上都是互相依赖的。举例来说，某个特定机制依赖于一个更简单的机制，但又被一个更复杂或差不多复杂的机制所影响。下丘脑的活动可以直接影响新皮层的活动，也可以通过边缘系统间接影响新皮层的活动，反之亦然。

因此，可以预见的是，存在明确的大脑与躯体的交互，同时我们也能看到不那么明确的心智与躯体的交互。考虑下面这个例子：慢性心理应激是一种与处于新皮层、边缘系统和下丘脑层面上的多个大脑系统运作有关的状态，它会导致一种叫降钙素基因相关肽（calcitonin gene-related peptide, CGRP）的化学物质在皮肤神经末梢上的过量分泌[2]。其结果是，CGRP 过度覆盖在了朗格罕细胞（Langerhans cells）的表面。朗格罕细胞是一种免疫相关细胞，它可以捕获被感染宿主，并将其送到淋巴细胞，从而免疫系统可以抵抗感染。如果 CGRP 完全包裹住了朗格罕细胞，朗格罕细胞就会失能并且不能正常执行守卫功能。因为主要的守卫功能不那么牢靠了，最终结果是机体更容易受到感染。

还有一个心智与躯体交互的例子：悲伤和焦虑可以显著改变性激素的调节，这不但会引起性欲的变化，还会影响月经周期。此外，丧亲之痛这一涉及了全脑加工的状态，也会导致免疫力下降，因此个体更容易受到感染，并且更有可能直接或间接地患上某种特定类型的癌症[3]。一个人可以心碎而死。

当然，来自躯体的化学物质对大脑产生的相反影响，已经广为人知。我们都知道，烟草、酒精、医用或非医用的毒品都会到达大脑，并改变大脑功能乃至影响心智。一些化学物质直接作用于神经元或神经元支持系统，另一些化学物质则通过位于脑干和基底前脑的神经递质核团间接地产生作用。这些脑区的神经元一旦被激活，这些神经元集合体就会将多巴胺、去甲肾上腺素、5- 羟色胺或乙酰胆碱释放到广泛的大脑区域，包括大脑皮层和基底神经节。可以把上述过程想象成一组精心设计的洒水装置，每个装置都把化学物质释放到特定系统以及系统中拥有特定种类和数量接受器的回路中去[4]。化学物质的量以及那些神经递质释放路径的变化，甚至某个特定区域的神经递质相对平衡的扰动，都会迅速且严重地影响皮层活动，并导致抑郁、亢奋或躁狂状态（见第 7 章）。思维过程会减慢或加速，回忆表象的丰富性会下降或上升，表象间联结的产生会增强或停止，专注于特定心理内容的能力也会随之波动。

躯体和脑中的爱情药水

你还记得特里斯坦和伊索尔德（Tristan and Isolde）的故事吗？这个故事讲述的是两个主人公的爱恨情仇。伊索尔德让自己的女仆去准备一瓶毒药，女仆却准备了一瓶“爱情药水”。然后，特里斯坦和伊索尔德在不明就里的情况下都喝了这种爱情药水。神秘的爱情药水激发了两人心底的热情，他俩陷入了热恋，没有什么可以将他们分开，即便他俩因此都作出了卑鄙的行为并背叛了仁慈的马克王（King Mark）。在歌剧《特里斯坦和伊索尔德》中，通过深入描写二人的爱情力量，理查德·瓦格纳（Richard Wagner）创作了歌剧史上最动人、最绝望的爱情乐章。有人会产生疑问：为什么他会被这个故事所吸引？又为什么一个世纪以来，千千万万的人痴迷于该作品？

第一个问题的答案是：这个音乐剧所描绘的就是瓦格纳的真实经历。瓦格纳曾和一个叫玛蒂尔德·魏森冬克（Mathilde Wesendonk）的女子陷入热恋，他俩当时已经失去了理智，因为当时女方已婚，并且她的丈夫正是瓦格纳最慷慨的赞助人。瓦格纳在这段恋情中感受到了一种隐秘的、不可名状的力量，这种爱情力量击败了理智并且缺乏合理解释，他只能把这种力量归因于魔法或宿命。

第二个问题的答案则更加令人神往。我们的躯体和大脑中确实存在这样的爱情药水，这种药水强加给我们某些通过决心也不一定能克制的行为。一个最明显的例子就是催产素[5]。包括人在内的哺乳动物的大脑（下丘脑的视上核团和室旁核团）和躯体（卵巢或睾丸）都能够生产催产素。举例来说，催产素可以通过大脑释放，并直接参与或借助中介激素间接参与新陈代谢的调节。此外，躯体在分娩、生殖器官或乳头受到性刺激以及性高潮期间都会分泌催产素。这种催产素不仅可以作用于躯体本身，如在分娩过程中放松肌肉，还可以作用于大脑。催产素就相当于灵丹妙药。总的来说，催产素影响了全部的养育、运动、性行为和母性行为。对我来说更重要的一点是，它可以促进社会交互以及强化配偶之间的关系。对此，托马斯·因泽尔（Thomas Insel）关于草原田鼠的研究是一个很好的案例。草原田鼠是一种有华丽皮毛的啮齿动物，它们在闪电般的求爱和第一个反复且热烈交配的日子后，这对田鼠就会难分难舍直至死亡。事实上，雄性田鼠被一种激素影响，它们对配偶以外的其他生物都抱有敌意，并且也会让它们帮忙照顾窝。在许多物种中，这种紧密结合不仅是一种令人感动的演化适应过程，也是一种非常有益的演化结果，因为这种紧密结合促使同类一起养育后代，并对社会组织的其他方面有所助益。尽管人类已经学会了在特定情况下避免催产素可能的负面作用，但人类却总会借助催产素的力量。请记住在前面的故事中，爱情药水对特里斯坦和伊索尔德并不是无害的。不算上幕间休息，三小时后，这对主人公就悲惨地死去了。

我们已经了解了许多性行为的神经生物学机制，现在，我们又初步学习了依恋的神经生物学基础。在有了上述两方面的知识储备后，我们就可以将我们称为爱情的复杂行为和心理状态的理解向前推进一点儿。

➢➢➢

在我之前提到的大量周期性回路安排中，起作用的是一系列前馈和反馈回路，其中一部分回路是纯化学回路。这个安排中最重要的一点就是，涉及基本生物调节的脑结构同时也是行为调节的一部分，并且对于正常认知功能的运行以及认知过程的获取也是必不可少的。下丘脑、脑干、边缘系统都参与了机体调节过程，这三者还参与了所有心理现象所依赖的神经过程，如知觉、学习、回忆、情绪和感受，以及我稍后将提及的推理和创造。躯体调节、生存、心智三者最初密不可分。这些密切联系存在于生物组织中，并使用电信号和化学信号，它们都在笛卡尔所说的广延实体（res extensa）中。“广延实体”包含躯体和周围环境，但不包括非物质的灵魂，后者属于“认知实体”（res cogitans）。令人惊奇的是，这些过程主要发生在邻近松果体的脑区，而笛卡尔曾一度认为非物质的灵魂就在松果体中。

超越了本能的人类社会

只依赖驱力和本能在多大程度上可以确保有机体的存活呢？这似乎取决于问题中环境和相关有机体的复杂程度。对于动物而言，从昆虫到哺乳动物，都有明确的例子表明这些动物利用先天策略成功应对了特定环境，而且这些策略无疑包括了社会认知和行为的复杂方面。我一直惊异于我们远房猴子表亲的复杂社会结构，或大量鸟类的精巧社会仪式。然而，当考虑人类种群自己所处的复杂多变、难以预料的环境时，我们就会意识到，如果想要在这样的环境中生存，我们一方面必然需要依赖高度演化的基于基因的生物机制，另一方面同样也依赖超越本能的生存策略。这些策略产生于社会，被文化所传递，需要意识、推理、意志力的参与。在一个超越本能的策略得以传递并被人尊重的社会中，个体可以健康成长，这也是为什么我们人类的饥饿感、性欲、暴怒不会毫无节制地演变为暴饮暴食、性侵犯和谋杀，至少不会一直都如此。

数千年来，西方和东方的思想家，无论是否是宗教思想家，都意识到了上述观点，离我们比较近的思想家，如笛卡尔和弗洛伊德也是如此。笛卡尔在《论灵魂的激情》（*Passions of the Soul*）中提到，正是通过思维、推理和意志对动物本能的控制，使人成为人[6]。我同意他的这个观点，除了一点，即笛卡尔认为这种控制来源于非物质的主体，而我认为这种控制来源于有机体内的生物运行结构，并且这种过程同样复杂、令人敬畏。在《文明及其不满》（*Civilization and Its Discontents*）中，弗洛伊德提出了“超我”（superego）这一概念，认为正是“超我”使本能服从于社会规范。这一观点相比笛卡尔的二元论有一定飞跃，但也缺乏明确的神经机制[7]。

当今神经科学家面临的一个任务就是研究适应性上层调节的神经生物学基础，即社会个体控制本能这一过程所必需的大脑结构。这里我并不试图将社会现象降格为生物现象，我想讨论的是这两者间的紧密联系。尽管文化和文明都源自生物群体的行为，但是行为本身却来自特定环境下一群个体间的相互作用，这一点很明确。文化和文明不可能来源于单一个体行为，也就不能降格为纯粹的生物机制，也不能降格为基因表达的子集。对文化和文明的理解不仅需要普通生物学和神经生物学的方法论，同样也需要来自社会科学的方法论。

在人类社会里，除了生物本能所提供的习俗和规则外，还存在社会习俗和伦理规范。社会习俗和伦理规范控制影响了本能行为，在复杂和快速变化的环境中，这些被影响的本能行为可以更灵活地适应环境。特定情况下天生的本能反应往往是快速的，但长期看来可能是不利的，因此上述被影响的行为也确保了自己和他人的生存，特别是同属于一个族群时。被这些规范和习俗所替代的风险可能是短期的、直接的，如身心损伤；或远期的、间接的，如远期损失、尴尬。尽管这些规范和习俗只能通过教育和社会化代代流传，但我猜测，人类掌握的这些智慧的神经表征，以及运用这种智慧的途径的神经表征，都与先天调节性生物过程的神经表征紧紧联系在一起。我看到了一股线索可以联系上述两种神经表征的脑区，这股线索就是神经元之间的连接。

对于大部分伦理规范和社会习俗来说，不论它们的目的有多高尚，我认为都可以将它们与一个更简单的、与本能和驱力有关的目的有机结合起来。怎么会这样呢？这是因为，达成或避免一个特定社会目标都多多少少直接或间接地改善了生存质量。

难道说，爱情、慷慨、善意、同情、诚实以及其他值得称颂的人类特质，都不过是刻意的、自私的和以生存为目的的神经生物过程的结果？这是否意味着利他和自由意志根本不存在？这是否也意味着不存在真挚的爱情、真诚的友情、真心的关怀？显然，并不是这样的。如果不掩饰自己的真实感觉，并真切地感受到了，那么爱情、友情、关怀依旧是真实的。如果我完全通过自己的理智和意志来获得上述情感，那么我也许更有可能获得他人赞赏，但是如果我没有这么做呢？如果我的天性让我更快地且毫不费力地就获取这些情感又会怎样呢？这些情感的真实性、程度、美好都不会因为我们意识到生存、大脑以及适当的教育会帮助我们意识到这些情感而受到损害。同样的推理也相当程度地适用于利他和自由意志。意识到这些庄重的人类行为背后有着生物机制并不意味着这些行为就降格为神经生物机制的附属产物。在任何时候，用相对简单的事物去部分地解释复杂事物都不意味着对复杂事物的诋毁。

我所描绘的人类是这样的：一个有机体，出生的时候配备了自主生存的机制，通过教育和文化适应，又赋予了一套符合社会期望的决策策略，这套策略又反过来增强其生存能力，显著提高了生存质量，并成为人之所以为人的基础。自出生以来，人脑都配备了一些驱力和本能，这其中不仅包括生理学层面进行新陈代谢调控所需的“设备”，也包括了处理社会认知和行为的基本“元件”。儿童成长过程伴随着生存策略层面上的不断积累。这些新积累策略的神经生理学基础和本能的神经生理学基础交织在一起，前者不仅修饰还扩展了后者。超本能策略的神经支持机制和生物本能的整体设计看起来有些许类似，也许还被后者所限制。然而，超本能策略的神经支持机制的形成还需要社会过程的干预，因此它们与特定文化的紧密联系就如它们和广义的生物学的联系一样。此外，在双重限制下，超本能的生存策略产生了人类的独一无二之处，即在必要情况下，存在可以超越当前团体甚至族群利益的道德观。

07

情绪和感受

如何用神经生物学的语言解释上一章最后提出的观点呢？来自生物调节的证据表明：简单有机体无法意识到在演化上较古老的脑区中所发生的反应，也无法深思熟虑。举例来说，爬行动物的大脑只包括那些古老的脑结构，缺乏演化上较现代的脑区，但它们可以毫无困难地作出反应选择。一些观点认为反应选择是决策的初级形式，因为诸多研究都清楚地表明，起决定作用的不是一个可以觉知的“自我”，而是一组与决策相关的神经回路。

然而，现在已经广为人知的是，当社会性有机体面对复杂情境、不得不进行不确定性选择时，必须使用演化上更新的皮层区域，即新皮层。研究结果表明，新皮层的扩展与分工细化有关，也与复杂多变且无法预期的环境有关，新皮层的扩展能帮助个体更好地应对这些环境。就该观点而言，约翰·奥尔曼（John Allman）得出一项有价值的研究结果：排除体形的影响，以水果为食的猴子的新皮层面积大于以树叶为食的猴子[1]。以水果为食的猴子需要更为丰富的记忆，以便记住在何时何地可以寻觅到可食用的水果，避开贫瘠的果树和腐烂的水果。它们较大的新皮层为上述活动所需的事实性记忆能力提供了支持。

“低级、古老”的大脑结构和“高级、较新”的大脑结构之间有明显差异，这种差异使人们自然而然地对两者各自的功能形成了一种看似合理的观点。简单来说，就像一栋建筑，古老的大脑核心区域在地下室处理基本的生物调节功能，在此之上，新皮层则处理更高水平的心理功能。换句话说，“楼上”的皮层处理的是推理和意志，“楼下”的皮层下区域处理情绪以及与有机体本身有关的事务。

然而，就我看来，这个观点在描述理性决策的神经机制方面有失偏颇。首先，这个说法和我们在第一部分观察到的结论不符；其次，人的寿命在某些方面反映了推理的质量。而现在有结果表明，人的寿命不仅如期望的那样跟新皮层的大小有关系，同样也跟下丘脑皮层大小的增加有关，而下丘脑是“下层建筑”的主要部分[2]。传统观点认为理性器官是新皮层，但若没有生物调节的配合似乎不能运行，而生物调节一般认为是皮层下组织的功能。看上去，自然界不仅将理性器官构建在生物调节器官的上方，而且也要借助生物调节器官。我相信，驱力和本能之外的行为机制既使用了“楼上”的脑区，也使用了“楼下”的脑区，新皮层和旧皮层核心共同成为理性的神经基础。

这就产生了一个问题，理性和非理性过程各自与大脑的皮层和皮层下结构的关联程度几何呢？为了解决这个问题，我们下面要开始讨论情绪和感受，两者是生物调节过程的核心，并在理性和非理性过程之间、皮层和皮层下组织之间搭建了桥梁。

基本情绪与次级情绪

威廉·詹姆斯对人类心智有独特洞见，只有莎士比亚和弗洛伊德可与之媲美。大概在一个世纪以前，他对人类情绪和感受提出了一个惊人的假设。现在请思考一下他的论断：

> 如果我们想象某些强烈的情绪，然后试图从意识中剥离这些感受伴随的躯体症状，会发现什么都没有剩下，没有参与构建情绪的“心理成分”，只有一个冰冷的、中性的理性知觉。

紧接着，詹姆斯用强有力的论点来说明他的观点：

> 如果我们不能感受到心跳加快、呼吸急促、嘴唇颤抖、四肢无力、浑身起鸡皮疙瘩或五脏六腑的翻腾，那恐惧这种情绪还能剩下什么？同理，如果没有怒火攻心、满脸通红、鼻孔扩大、咬牙切齿、攥紧双拳想要动手，反而只有放松的肌肉、平静的呼吸和温柔的面孔，这能叫作愤怒吗？

詹姆斯的上述论断既超越了他所属的时代，也超越了我们所处的时代，我相信他抓住了情绪和感受机制的本质。遗憾的是，他余下部分的论述缺乏对情绪现象多样性和复杂性的探索，因而成了之后无休止的争议的源头，这对他来说也是不寻常的[4]。这里我无法对关于这一主题的诸多学术研究作出评价，请参阅其他学者的评论，如乔治·曼德勒（George Mandler）、保罗·埃克曼（Paul Ekman）、理查德·拉扎勒斯（Richard Lazarus）和罗伯特·扎伊翁茨（Robert Zajonc）。

人们对詹姆斯的观点提出的主要异议不在于他将情绪拆解为一个涉及躯体的过程，虽然这个观点也让评论家震惊，但异议却在于在他的观点中没有提及个体对触发情绪的场景的心理评估过程。他的观点可以解释人们在人生早期感受到的情绪，但是无法解释奥赛罗产生妒忌和愤怒的心理过程，也无法说明哈姆雷特在准备做自己厌恶的事之前在想些什么，同样无法给出麦克白夫人在促使丈夫暴怒行凶后还会得意忘形的原因。

詹姆斯的观点还有一个严重的问题，即没有提出与被情绪激发的躯体对应的感受生成的替代或补偿机制。在詹姆斯的观点中，躯体总是介入情绪过程中的。此外，詹姆斯也丝毫未提情绪在认知和行为中可能起到的作用。然而，正如我在导言中说的，情绪并非可有可无。情绪在交流中起着传递意义的作用，而且在下一章我会提到，情绪也在认知指导过程中发挥作用。

简单来说，詹姆斯阐述了一个基本机制。在该机制中，环境中的特定刺激通过先天的、固定的机制引起了特定躯体反应模式。在该过程中，没必要在反应出现之前去评估刺激的重要性。正如詹姆斯的经典名言所述："所有能激发本能的物体都能诱发情绪。"

然而我们知道，作为一个社会性个体，在许多情况下，我们只有经过一个评估性的、主动的、非自发的心理过程，才会产生情绪。出于人类经验的特点，大量刺激和场景都和天生可以产生情绪的刺激绑定在一起了。对这些刺激和场景的反应可以被作为中介的心理评估过程过滤。也正因为这种思维性的、评估性的过滤过程，预制的先天情绪模式的范围和强度才有可调整的余地。事实上，存在一种对詹姆斯所说的基本情绪机制的调节过程。此外，似乎还存在其他神经过程，也可以产生这种被詹姆斯视为情绪过程本质的躯体感受。

我将在下面的篇幅中阐述我关于情绪和感受的观点。我将首先从个体历史的角度切入，厘清人生早期体验到的情绪和成人情绪的区别。人生早期体验到的情绪，已经由詹姆斯学派的"预组织机制"进行了充分的解释。而成人的情绪，是在早期情绪的基础上逐渐建立的。我决定把“早期”情绪称为基本情绪，“成人”情绪称为次级情绪。

基本情绪

情绪反应在多大程度上是天生的呢？我想说的是，动物和人必然都不是天生就对熊或者鹰有恐惧情绪的，尽管一些动物和人天生就恐惧蛇和蜘蛛。我认为存在这样一种可能性，即当我们感知到外界或躯体内部某个刺激的特定特征时，就会产生某些先天性预组织的情绪反应。这些特征可以包括：体形，如大型动物；翼展，如飞翔的老鹰；动作类型，如爬行动物的动作；特定声音，如咆哮；某些躯体状态，如心脏病发作时感受到的痛苦。这些特征会被单独或被联合加工，并被边缘系统的一个部分，如杏仁核探测到。这一部分中的神经核团拥有一种倾向性表征，可以引发恐惧情绪出现时的躯体状态特征，并改变认知加工过程以适应恐惧的状态。接下来我们会看到大脑如何凭空“模拟”躯体状态，我们还会讨论认知改变如何发生。

请注意，为了引发相应的躯体反应，有机体甚至不需要辨认出熊、蛇、鹰，也不必知道是什么带来了痛苦。只要早期感觉皮层探测、分类出特定实体，如动物或其他物体的一个或多个关键特征，杏仁核便可以接收到关于特定实体存在的关联性信号。一个小婴儿把头藏起来并不是因为知道鹰是危险的，只是对一个有巨大翅膀的东西以特定速度飞过的场景作出了快速反应（见图 7-1）。

情绪反应自身可以达成一些有利的目的，如快速躲避天敌，或向竞争对手展示愤怒。然而，这个过程不会因定义情绪的那些躯体变化的干预而停止。至少对于人类而言，这个循环过程会继续运作下去，下一步便是产生与激活这个过程的客体关联的情绪的感受，是意识到情绪化的有机体和该客体之间的关联。现在有人会问，为什么每个人都需要知道这其中的关联呢？如果已经存在某种自主的适应性反应方式，为什么还需要将问题复杂化并带入意识层面呢？答案是意识有利于扩大保护范围。考虑下面这个情况：如果你知道了某个可以导致恐惧的X，它可以是动物、物体或情境，对于X，你有两个应对策略。其一是天生的，你无法控制。此外，这个策略不仅限于应对X，其他大量的动物、物体和情境也都会激活该策略。其二是基于你自己的经验的，并且仅针对X。对于X的了解可以让你预先考虑并预测特定环境中X发生的概率，从而可以事先避开X，而不是只能在紧急情况下被动地对X的出现作出反应。

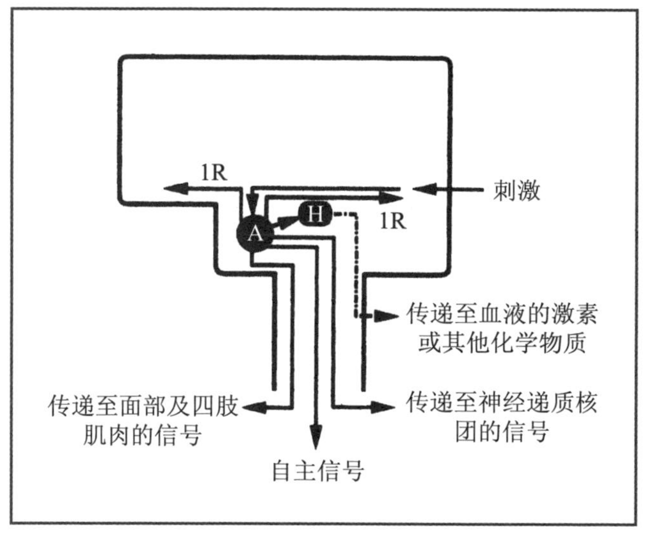

图 7-1　基本情绪

黑色方框代表大脑和脑干。特定刺激激活杏仁核（A）后，产生了一系列反应：内部反应（IR），肌肉反应，内脏反应（自主信号），神经递质核团、下丘脑的反应（H）。下丘脑会释放激素和其他化学物质，并作用于血液循环。图中没有标注完成这些反应所需的其他一些脑结构。如表现情绪必须通过躯体姿势这类肌肉反应，这个过程需要基底神经节，即所谓的腹侧纹状体的参与。

“感受”到自身情绪反应还有其他益处。如你可以一般化自身知识并决定对任何长得像 X 的物体警觉。当然了，如果你过度一般化，并且过度警觉，可能就会出现病理性恐惧，这当然不好。此外，在你第一次接触 X 期间，你可能已经发现了 X 行为的特别之处和潜在弱点。你可能会想在下次遭遇 X 时利用这个弱点，这也解释了你为什么需要“了解”这种关联。**简而言之，感受你的情绪状态，就是说在意识层面上了解情绪，可以带来反应的灵活性，这种灵活性基于你同环境交互产生的特殊历史经验。**尽管你需要一些先天机制来开启知识之旅，但情绪感受可以提供额外的东西。

➤➤➤

基本情绪依赖于边缘系统回路，这个回路中的主要参与者是杏仁核和前扣带回。对动物和人的研究都发现杏仁核是预组织情绪的重要参与者。普里布拉姆（Pribram）、韦斯克兰茨、阿格里顿、帕辛厄姆所主持的多个动物实验都把杏仁核作为关注焦点，最近也可能是最广为人知的实验是由约瑟夫·勒杜主持进行的[5]。对该领域作出贡献的其他研究者包括 E.T. 罗尔斯（E.T. Rolls）、迈克尔·戴维斯（Michael Davis）和拉里·斯夸尔（Larry Squire）及其研究团队，尽管他们的研究目的主要是理解记忆，但同时也揭示了杏仁核与情绪的关系[6]。沃尔德·彭菲尔德、皮埃尔·格洛尔（Pierre Gloor），埃里克·哈尔格伦（Eric Halgren）在用电刺激技术研究癫痫患者的颞叶区域时也发现了杏仁核在情绪中的作用[7]。最近我的团队针对杏仁核的研究也支持了这一点。如果回顾相关研究历史，会发现杏仁核与情绪的关系的第一条证据来自海因里希·克吕维（Heinrich Kluver）和保罗·比西（Paul Bucy），他们发现，包含杏仁核的颞叶的部分区域被手术切除的患者，会有情感冷漠等一系列症状。关于前扣带回和情绪的关系，可参阅本书第 4 章以及相关研究文献[9]。

但是，这些基本情绪机制并不能解释所有种类的情绪行为。可以确定的是，它们是基本机制。然而，从个体发展的角度看，紧随其后的便是次级情绪。当个体开始进行感受，并在物体、场景的种类以及基本情绪之间建立系统性联系时，次级情绪就出现了。边缘系统中的结构不足以支持次级情绪的加工过程。上述过程涉及的网络必须扩展，并且还需要前额叶和躯体感觉皮层的参与。

次级情绪

为了说明次级情绪的概念，我们用一个成人的经历作为例子。想象一下，你遇到了某个久未谋面的朋友，或被告知曾亲密共事的一个朋友突然去世了。无论在真实的情境中，还是在你此刻想象的情境中，你都能体验到情绪。在神经生物学层面，随着情绪产生，你的机体发生了什么？“体验到一个情绪”到底意味着什么？

如果你想象上述场景或类似场景时，恰巧我也在场，我也许可以进行一些观察。在上述场景中的关键方面，即遇到久未谋面的老友或同事去世的心理表象形成之后，躯体不同部分中的若干调整会带来躯体状态的改变。如果你遇到了一位老友，或在想象中遇到，你可能会心跳加速、皮肤发红，眼睛和嘴周围的肌肉会发生变化以展现出笑颜，其他部位的肌肉会放松下来。如果你听到了一位熟人去世的消息，你会胆战心惊、嘴唇发干、脸色苍白，部分内脏收缩，脖子和后背的肌肉变得紧张，面部肌肉呈现出悲伤的表情。次级情绪的发生过程可参见图 7-2。

在上述任一情境中，内脏，如心脏、肺部、肝脏、皮肤；骨骼肌肉，如附着在骨骼上的肌肉；内分泌腺体，如垂体和肾上腺功能的相关参数都会发生变化。大量肽类调节剂从大脑释放到血液中，免疫系统也会快速调节。动脉壁平滑肌的基线活动水平提高，并导致血管收缩变细，造成面部苍白；或基线活动水平降低，使平滑肌放松，血管扩张，造成脸红。整体而言，这一系列改变勾勒出了对一系列平均状态背离的轮廓，这些平均状态与功能性平衡或内稳态机制有关。在这种状态下，躯体可以以最小的代价进行更快、更简单的调节。这一系列功能性平衡不是静态的，而是一个有着上限和下限的连续不断的动态过程。可以将此过程类比于河床。当你在河床上朝不同方向走时，你会看到有些地方凹进去，有些地方凸起来，此起彼伏。河床作为一个整体出现这些变化，但这些起伏变化都被河床的物理边界所限定，即容纳特定容量液体的边界。

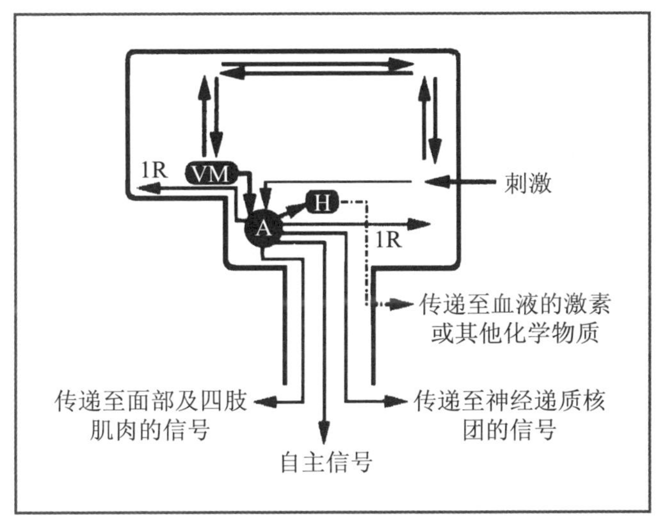

图 7-2 次级情绪

刺激直接传递到杏仁核并且在思维过程中被分析，这进一步激活了前脑皮层（VM）。前脑皮层通过杏仁核（A）起作用。换句话说，次级情绪借助了基本情绪。此外，图中进行了简化，因为除了前脑皮层外的额叶皮层也被激活，但是我将主要部分勾勒在图中。请注意前脑皮层依赖杏仁核来表达其活动，也就是说，前者依附于后者。这种依赖关系说明了造物主工程学风格的思维方式。大自然充分利用旧结构、旧机制来创造新机制、获得新结果。

在上段想象的情绪经历中，你躯体的许多部分都进入了新的状态，在其中发生了重要改变。那么，有机体是如何产生这些变化的呢？

1. 这个过程始于意识，即对人或情境的深思熟虑。这种思考表现为由思维过程组织起来的心理表象，这些表象涉及了方方面面，包括你和特定人物的关系、你对当前情景的反思以及你和他人行为的结果。总的来说，这些表象是对你所参与事件内容的认知评估。其中一些表象是非语言性质的，如特定场景下特定人物的长相，而另一些表象是语言性质的，涉及特征、活动、名字等的词语或句子。这些表象的神经基础是一系列独立的拓扑性表征，这些表征位于不同的早期感觉皮层，如视觉、听觉或其他早期感觉皮层。这些表征是在分布于大量高级联合皮层上的倾向性表征的指导下构建起来的。

2. 在非意识层面上，前额叶网络自发或本能地对来源于上述表象的信号作出反应。前额叶的反应来源于倾向性表征，这些倾向性表征丰富了个体知识，即在个体经验中，特定种类情景通常与何种情绪反应进行配对。换句话说，这些情绪反应是后天获得的而非先天的倾向性表征，尽管正如我们之前讨论的，获得性倾向也是在先天倾向的影响下获得的。后天获得的倾向性表征包含人生中类似关系的个体独特经验。你的经验跟他人的经验或多或少有所不同；这是你个人的经验。尽管在很大程度上，对每个人来说特定场景和情绪之间的匹配关系是相似的，但是个体经验赋予了每个个体独有的加工过程。总而言之，次级情绪依赖前额叶的获得性倾向性表征，这个过程独立于基本情绪所依赖的先天倾向性表征。接下来你也会发现，前者也需要通过后者来表达。

3. 上一段提到的前额叶倾向性表征的反应可以非意识地、自发地、本能地把信号传递到杏仁核和前扣带回。前扣带回中的倾向性表征通过以下方式进行反应：（a）激发自主神经系统的核团以及经由末梢神经将信号传递给躯体，从而使内脏状态和触发该状态的情景种类保持一致；（b）传递信号给运动系统，从而使骨骼肌肉完成面部表情和躯体姿势这类情绪外貌的构建；（c）激发内分泌系统，其分泌的化学物质可以改变躯体和大脑状态；（d）以特定模式激发脑干和基底前脑的非特异性神经递质核团，使其释放神经递质到端脑的各个部位，即基底前脑和大脑皮层。这一系列纷繁复杂的动作是一个巨大的反应，它是变化的。这些多样化的反应针对整个有机体，对于健康的人而言，这真是个奇迹般的协调过程。

上述由（a）、（b）、（c）引发的变化作用于机体，并引起了“情绪性躯体状态”，这些变化的信号又被回传至边缘系统和躯体感觉系统。由（d）引发的变化则没有出现于躯体本身，而出现于一组负责躯体调节的脑干结构中。这些变化影响了认知过程的风格和效率，并构建了一个情绪反应的平行通路。我们将在下面对感受的讨论中，进一步说明（a）、（b）、（c）、（d）之间的差异。

现在很清楚的是，前额叶损伤的患者受损的情绪加工过程是第二种。这些患者无法生成与特定种类的情境和刺激所激发的表象相关的情绪，故而也无法产生感受。第 9 章中提到的临床观察和专门测试可以证实这一点。然而，这些前额叶损伤患者可以拥有基本情绪，这也是为什么乍一看这些患者的情绪反应是正常的，如有人在后面突然尖叫的话，他们也会被吓到，或遇到地震时他们也会惊慌。相反，边缘系统，如杏仁核、前扣带回损伤的患者通常在基本情绪和次级情绪两者上都有更广泛性的损伤，因而他们迟钝的情绪反应更容易被识别。

出于经济考虑，自然界没有为基本情绪和次级情绪的表达分配各自独立的机制。次级情绪的表达通道和基本情绪的表达通道是一样的。

我认为情绪的本质是一系列躯体状态的改变，这些躯体状态的改变通过神经细胞末梢在无数器官中被引发，并被特定脑系统所控制，这些大脑系统对应着特定实体或事件的思维内容。很多躯体状态的改变，如皮肤颜色、躯体姿势、面部表情等，是可以被外部观察者感知的。事实上，情绪（emotion）这个词的词源学解释就是从机体发出的向外的动作（movement out）。其他躯体状态的改变只能被情绪的主体本身感知到，但感知的更多是情绪本身而不是其本质。

总而言之，情绪是简单或复杂的心理评估过程与对这一过程的倾向性反应的组合，其中倾向性反应大部分指向躯体，结果是出现情绪性躯体状态。不过，其还可指向大脑本身，即脑干的神经递质核团，结果是引起额外的心理改变。请注意，这里我将构建情绪反应所需的，对所有改变的知觉过程排除在情绪之外。你将发现，我特意保留了“感受”一词用来描述对那些改变的感知。

题外话 情绪神经机制的特异性

病灶性脑损伤的研究确立了情绪神经机制的特异性。正如我所见，边缘系统的脑损伤妨碍了基本情绪的加工，而前额叶皮层损伤则削弱了次级情绪的加工。罗杰·斯佩里和他的研究者合作研究了人类情绪有趣的神经关联，该团队还包括约瑟夫·博根(Joseph Bogen)、迈克尔·加扎尼加[①]、杰尔·利维(Jerre Levy)和埃兰·赛德尔(Eran Zaidel)。他们通过研究指出，大脑右半球是情绪加工中的优势脑[10]。其他研究者，即霍华德·加德纳(Howard Gardner)[②]、肯尼思·海尔曼(Kenneth Heilman)、琼·博罗德(Joan Borod)、理查德·戴维森(Richard Davidson)和圭多·加伊诺蒂(Guido Gainotti)也通过研究补充了大脑右半球在情绪加工中占优的证据[11]。当前我的实验室研究也基本支持情绪加工的非对称性观点，但是也发现，这一非对称性并非在同等程度上适用于所有情绪。

情绪神经系统的特异性程度可以用情绪表达的损伤程度来测量。当中风损伤了大脑左半球的运动皮层时，患者右侧脸就会瘫痪，嘴巴会向左侧歪斜。当要求患者张开嘴露出牙齿的时候，这种不对称性就表现得更加明显。然而，当这些患者对幽默的语言作出反应并微笑或大笑的时候，情况就不一样了。微笑是正常的，双侧脸也能正常活动，表情也很自然，就如同瘫痪前的状态一样。这表明，负责情绪相关的运动控制的脑区和负责主动的运动控制的脑区不在同一个部位。即便对面孔和其肌肉运动的控制脑区在同一个地方，但情绪相关的运动也是在其他脑区中被启动的(见图7-3)。

如果你研究一个因为中风而导致其左侧前扣带回损伤的患者，你会明确地看到一个相反的结果。当睡眠或出现与情绪相关的躯体部位移动时，右脸相较于左脸少了变化。如果患者试图有意收缩面部肌肉，面部运动是正常的，并且是左右对称的。情绪相关的动作受控于前扣带回、中部颞叶的其他边缘系统

① 加扎尼加是美国著名神经科学家，“认知神经科学之父”。他的脑科学三部曲《谁说了算？》《人类的荣耀》《双脑记》中文简体字版已由湛庐文化策划、分别由浙江人民出版社和北京联合出版公司出版。——编者注

② 加德纳是美国著名心理学和教育学大师，多元智能理论创始人。他的著作《重塑真善美》《智能的结构》《多元智能新视野》中文简体字版已由湛庐文化策划，分别由中国人民大学出版社和浙江人民出版社出版。——编者注

以及基底神经节，这些脑区受损或功能异常会导致所谓的反向或情绪性面部瘫痪。

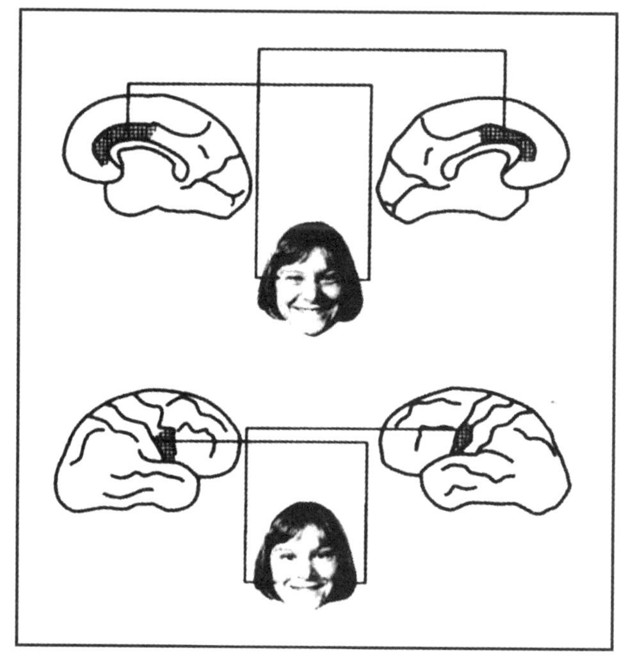

图 7-3　调控面部肌肉的不同神经机制

在“正常”笑容中调控面部肌肉的神经机制（上）不同于主动控制（非情绪性）相同面部肌肉的神经机制（下）。其中，真实的笑受控于边缘系统皮层并可能涉及基底神经节。

我的导师、哈佛大学的神经科学家诺曼·格施温德（Norman Geschwind），试图在传统心智研究和现代大脑研究之间搭建桥梁，他曾热衷于指出，我们之所以很难在拍照时自然微笑，是因为这需要我们有意控制我们的面部肌肉，此时需要用到运动皮层和锥体束。锥体束是一团轴突束，发端于初级运动皮层，即布罗德曼 4 区，向下延伸到脑干、脊髓的神经核团，并通过周围神经来控制主动动作。根据格施温德的说法，我们发出了一个“锥体束微笑”。我们很难轻易模仿那种受前扣带回控制的微笑，我们也不具有那种简单的神经通路可以对前扣带回进行主动调控。为了“自然地”微笑，你只有几种选择：学着去表演，或让别人挠痒痒，又或者让别人给你讲个好笑话。演员和政客的生意正是依赖这个简单却令人头疼的神经生理学倾向。

专业演员很早就意识到了这个问题，并且由此产生了不同的表演技巧。其中一些技巧，以劳伦斯·奥利弗（Laurence Olivier）为代表，依赖技巧性的创造，通过刻意地控制一系列巧妙的动作来表现情绪。这个技术的思路是从外部观察者的角度去界定情绪，以及出现这些情绪时人们的真实感受。通过这些知识和记忆，该类型的优秀演员可以很好地伪装情绪。然而这类演员成功的数目较少，这恰恰说明大脑的生理倾向是演员也难以抗拒的。

另一个技术，是以李·斯特拉斯伯格（Lee Strasberg）和埃利亚·卡赞（Elia Kazan）为代表的体验派。这一派最早受斯坦尼斯拉夫斯基启发，这一派的演员致力于产生真实的情绪而不是伪装情绪，从而使演技更为可信和传神，但是，这一方法需要特殊的天赋和个体成熟度来控制情绪产生的自动化过程。

达尔文在1872年出版的《人和动物的感情表达》（*The Expression of the Emotions in Man and Animals*）一书中，第一次提到了真实的面部表情和伪装情绪之间的差异[12]。达尔文的洞见来自十年前纪尧姆·本杰明·迪歇恩（Guillaume-Benjamin Duchenne）所做的关于微笑的肌肉控制的观察研究[13]。迪歇恩发现，真正的微笑需要两块肌肉的非主动收缩协作完成，即颧大肌和眼轮匝肌（见图7-4）。此外，他还发现眼轮匝肌只能进行非主动移动，无法有意激活眼轮匝肌。正如迪歇恩所说，只有“灵魂的甜美情绪”才能激活眼轮匝肌。至于颧大肌，它既可以被有意激活也可以被非主动激活，因而它是作出礼节性微笑的适当途径。

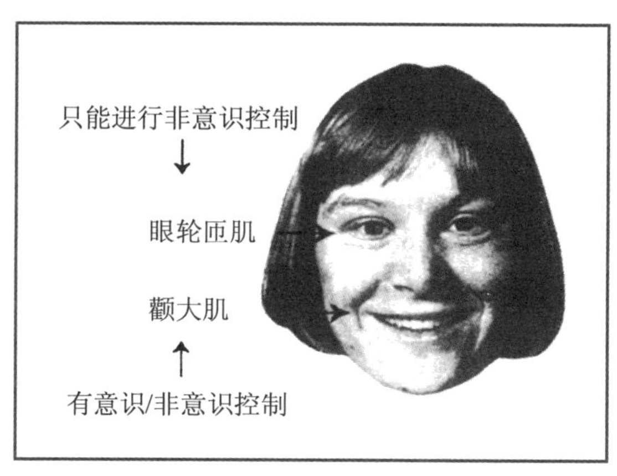

图 7-4　面部肌肉的有意识和无意识控制

情绪感受与背景感受

感受是什么？为什么我们要区分“情绪”和“感受”这两个词？原因之一是尽管一些感受和情绪相关，但还有许多感受和情绪没关系：清醒和警觉的状态下，所有的情绪都能产生感受，但并非所有的感受都来源于情绪。我将那些并非来自情绪的感受称为背景感受，我将在这一章中进行讨论。

我们首先讨论情绪的感受，先回到上面例子中讨论的情绪状态。外部观察者能看到的所有变化以及外部观察者无法观察到的变化，如心跳加速或内脏收缩，你都可以从内部感受到。这些神经冲动来自皮肤、内脏、血管、主动控制的肌肉、关节等，这些信号通过神经末梢被源源不断地传递到大脑。在神经层面上，这一过程的返回路径依赖头、颈、躯干、四肢的神经回路，中间经过脊髓、脑干到达网状结构（一组脑干细胞核，具有控制唤起和睡眠的功能）和丘脑，最后到达下丘脑、边缘系统以及位于脑岛和顶叶的几个特殊的躯体感觉皮层。其中躯体感觉皮层时时刻刻记录着躯体到底发生了什么，也就是说，该皮层可以看到情绪发生时躯体正在发生的变化。请回想之前的“河床”比喻，连续不断的信号就像河床上的起伏。大脑皮层也在持续不断地接收信号，其中存在一个不断变化的神经活动模式。这个模式不是静态的，没有基线，也没有像雕像一样的小矮人藏在大脑中接受来自躯体不同部分的信号。相反，这个模式中只有变化，持续不断的变化。其中一些模式是以拓扑形式组织的，另一些则较少如此，并且这些模式并非集中发现于一个映射或存在于一个中心。其间存在许多映射，这些映射通过神经元之间的双向交互协调。无论我们用什么比喻来说明上述观点，有一点很重要，即当前躯体表征并非出现在一个一成不变的皮层中，尽管数十年来的大脑图谱研究试图暗示这一点。这些表征是一个动态的、自我更新的、“在线”的躯体内状态的表征。这些表征的价值在于“及时性”和“在线性”，这两点在之前我提到的迈克尔·默策尼希的研究中得到了体现。

除了存在一个将情绪状态传回大脑的“神经通路”，有机体还存在一个平行的“化学通路”。情绪过程中躯体释放的激素和神经肽可以通过血管到达大脑，一方面可以通过所有的血脑屏障进入大脑，另一方面也可以更容易地从没有血脑屏障的脑区进入，如极后区，或从可以发出信号到躯体各个部分的脑区，如穹窿下器进入。人脑不仅可以在一个脑区中构建由其他脑区所诱导的多种躯体状态的神经表征，还可以构建自身的神经表征。上述这些过程都可以被躯体直接影响，试想一下第 6 章讨论过的催产素。在特定时候赋予躯体状态以各种特征的，不仅有神经信号，还有化学信号，这些化学信号可以调整神经信号的加工方式。这也可以解释为什么特定化学物质在许多文化中都扮演了重要角色。此外也想想当前社会所面临的药物难题，我指的是合法以及非法药物，这些难题只有在我们深入了解了神经机制后才能彻底解决。

随着躯体发生变化，你开始了解这些变化的存在，并且监控躯体如何变化。你察觉到了躯体状态的改变并且时时刻刻跟踪状态的变化。这些持续监控的过程，在思考特定思维内容的同时对躯体进行觉知，就是我说的感受的本质（见图 7-5）。**如果情绪是一系列在特定脑区激活的与特定表象相关的机体状态变化，那么感受某种情绪的本质就是对这些表象以及引发这些变化的心理表象的体验**。换言之，感受的产生依赖躯体表象和其他面孔视觉表象、旋律听觉表象等的共存。感受的基础因认知过程中发生的变化而变得完整，而这些变化是由影响神经系统的化学物质所同步引发的，例如，神经递质在不同区域起作用，而神经递质是神经递质核团在激活时所释放的，神经递质核团是最初情绪反应的一部分[①]。

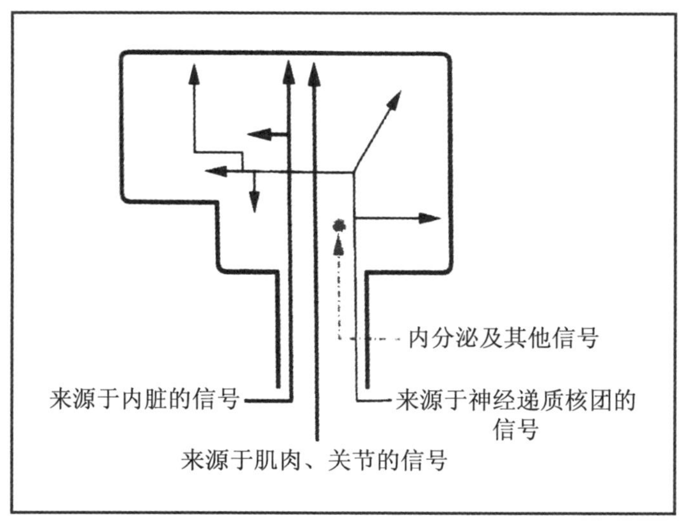

图 7-5　感受情绪所需要的信号

感受到情绪的必要非充分条件是收到来自内脏、肌肉、关节、神经递质核团的信号，这些部位在情绪进程中都被激活，这些信号到达特定皮层下核团以及大脑皮层。内分泌和其他化学信号同样通过血液循环等途径到达中枢神经系统。

---

① 本书中使用的“情绪”和“感受”并非传统或日常用法。有些作者会将两者混为一谈，或完全不提“感受”，并将“情绪”分割为一些表达性的、可感受的成分。本书中，我使用不同的术语有助于进一步对这两种现象进行区分与探索。

这里我将说明两个限制性条件。其一是关于我上面提到的“共存”，我选用这个词是因为我认为躯体的表象是在其他表象形成并保持激活状态后才出现的，正如我在第5章中提到的，这两种表象在神经层面各自独立。换句话说，这两者是“组合”而非“混合”。这里也许用“叠加”来描述整合经验时躯体的表象和其他表象的结合过程更为贴切。

这里的“被限定物”是一个面孔而“限定物”是并存的躯体状态，二者是组合而非混合在一起，这一点也许可以帮助我们理解：为什么有些人或场景没什么可悲伤的，但只要一想起还是会情绪低落，或有时莫名其妙开心起来。限定物的状态无法预料，有时甚至令人嫌弃。限定物的心理动机可能不明显甚至不存在，该过程来源于心理神经过程的改变。从神经生物学角度来说，难以解释的限定物确认了情绪背后的神经机制的相对自主性。这一过程也提醒我们，这里也许存在着广泛的无意识加工领域，其中一部分可以进行心理学解释，另一部分则不可以。

快乐和悲伤的本质是：对特定躯体状态的知觉与并存的思维结合，并由思维过程的风格和效率的调整进行补充。总的来说，因为躯体状态或积极或消极的信号以及认知的效率和风格都由相同系统触发，所以这两者也趋于协调一致。尽管如此，在某些正常个体及患病个体中，上述这种协调关系也会被破坏。如果有机体的躯体状态是负面的，此时表象产生速度也随之减慢，表象多样性减少，推理效率也降低了；反之，在积极的躯体状态下，表象产生速度更快，多样性提升，推理效率不一定提高，但速度会变快。当有机体频繁出现负面躯体状态，或长期处于负面躯体状态时，如在抑郁症中，与负面情境相关的思维的比例就会上升，从而殃及推理的效率和风格。持续的躁狂状态会造成相反的结果。在《黑暗昭昭》（*Darkness Visible*）一书中，作者威廉·斯蒂伦（William Styron）生动地描述了自己曾经历的抑郁状态：抑郁就是无尽的痛苦，如同“溺水或窒息”，即便这些描述不太准确。他也没忘记描述伴随抑郁的认知状态：那时理性思维已经离我而去，我时常思维恍惚。我想不出合适的词来描述我绝望的状态，我的认知被“积极而主动的痛苦”所主导。“积极而主动的痛苦”这个词被威廉·詹姆斯用来描述他自身的抑郁状态。

另一个限制是：在认知和神经层面上，我阐述了关于感受构成的观点，但还需要进一步的研究才能说明该观点是否正确。我还没有解释我们是如何感觉到感受发生的。对于感受而言，在适当脑区接收到关于躯体状态的一组全面完整的信号是一个必要的开始。我在讨论表象时提到，体验的产生依赖于持续的躯体表征以及形成自我的神经表征之间的关联。关于特定客体的感受基于以下三者：对客体感知的主观因素，感知到客体引起的躯体状态，感知到思维过程的效率和风格的调整。

题外话 欺骗大脑

有哪些证据可以证明是躯体状态引起了感受？一些证据来自神经心理学研究，这些研究把表征躯体状态必需的脑区的损伤同感受缺失关联起来（见第5章），但对正常个体的研究也能发现相同结论。在保罗·埃克曼的研究中[14]，他指导正常被试控制面部肌肉的收缩，事实上，即让被试在不知道研究目的的情况下“创造”特定的情绪性表情。研究发现被试的确可以体验到与表情相对应的情绪感受。举例来说，一个粗略的快乐情绪的表情让被试体验到了“快乐”，一个生气的面部表情让被试体验到了“愤怒”，诸如此类。该研究令人印象深刻，要知道，研究中被试只能知觉到粗略的、不完整的面部表情，并且他们也不能知觉、评估任何与情绪相关的场景，因而他们的躯体一开始并没有展现出特定情绪相关的内脏变化。

埃克曼的实验表明，一种情绪状态的部分躯体模式特征就足以引发对同样信号的感受，而且这一部分特征随后还能引发躯体状态并导致感受的发生。有趣的是，并非大脑的所有部分都会被一系列不通过常规方法生成的动作所欺骗。最新的电生理研究发现：假装的微笑所产生的脑电波的模式与真实的微笑不同[15]。

乍看之下，电生理研究结果和埃克曼的研究有所冲突，其实不然。在埃克曼的研究中，尽管被试报告了其有对特定面部表情片断的感受，但是他们很清楚地意识到他们的开心或愤怒并没有具体的对象。生活中也经常有这种情况，当我们对他人礼貌性地微笑时，其实我们也在自欺欺人，这其实和电生理研究是一致的。这也可以很好地解释为什么优秀的演员、歌剧歌手以及其他这类经常模仿各种情绪的人，依然可以保持稳定的个人风格，展示出自我克制的能力。

雷吉娜·雷斯尼克（Regina Resnik）曾在歌剧中出演过卡门和克吕泰涅斯特拉（Clytemnestra），是我们那个年代最著名的歌剧演员，她在无数个夜晚中扮演歌剧中愤怒、疯狂的主人公。我问她从扮演的角色中抽身出来是否困难。她回答道：只要学会了技巧，就一点都不难了。没人可以想到，原来她在表演时，只是用形体“表现”情绪而非“感受”情绪。但是当有一次，她在演出柴可夫斯基的黑桃皇后（*Queen of Spades*）时，在老伯爵夫人被吓死的那场戏中，在黑暗的舞台孤身一人时，她也承认她的确感受到了主角的惊慌失措。

正如本章开头所说的，感受的种类有许多（见图 7-6）。第一种分类是基于情绪，即快乐、悲伤、愤怒、恐惧和厌恶，每种情绪都与相应的躯体状态对应。按照威廉·詹姆斯的观点，与这些情绪相关的躯体状态都是预组织的，当躯体符合相应躯体状态的模式时，我们就感受到相应的情绪。当我们感受到情绪时，注意主要就被分配给躯体信号，部分躯体状态因此从幕后转移到了前台。

感受的第二种类型是上述五种基本情绪的细微变种：欣快和狂喜是快乐的变种，忧郁和惆怅是悲伤的变种，惊慌和害羞是恐惧的变种。第二种类型由经验调节，此时认知状态的细微变化与情绪化躯体状态相连接。正是复杂认知内容和预组织躯体状态之间的联系使我们感受到悔恨、尴尬、幸灾乐祸、心怀恨意等复杂的情绪[16]。

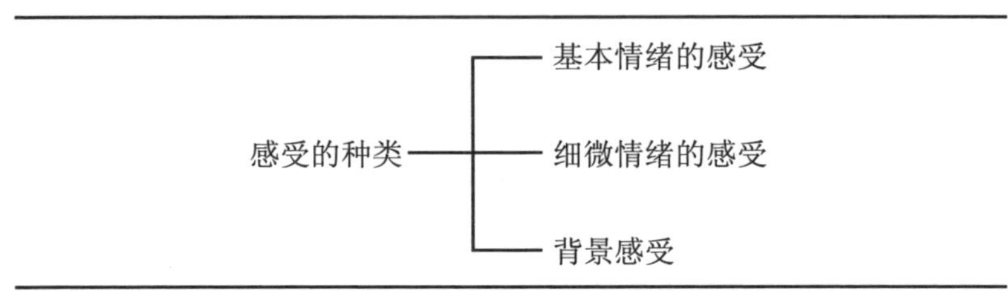

图 7-6　感受的种类

不过，这里我要讨论另一种感受，这种感受在演化中比其他感受出现得早。我把这种感受称为“背景感受”，因为这种感受源于作为“背景”的躯体状态而非情绪状态。这种感受既不是威尔第（Verdi）提出的高级情绪，也不是斯特拉文斯基（Stravinsky）提出的理智化的情绪，而是在音调和节拍上最微弱的背景音乐，是对生命自身的感受，对存在本身的感知。我希望这个概念可以有助于分析感受的生理学机制。

相对于我们之前讨论的情绪感受，背景感受的范围更受限制，尽管背景感受经常可以被知觉为愉悦或不愉悦，但通常来说都不会太积极或太消极。生活中我们经常体验的是背景感受，而非情绪感受。我们一般只能微弱地体会背景感受的存在，但这足以让我们随时说出它的特性。背景感受既非我们兴高采烈时的欢愉，也非我们怅然若失时的痛苦，这二者对应的都是情绪性的躯体状态。而背景感受对应的是各种情绪转换空当中占主导的躯体状态。当我们感受到开心、愤怒或其他情绪时，背景感受被这些情绪感受所压制。当躯体状态未被情绪动摇时，背景感受便是此刻我们躯体状态的表象。“心境”（mood）这个概念尽管和背景感受相关，但并未抓住背景感受的实质。

当背景感受持续数小时乃至数天表现为同一类型并且不会随着思维内容的涨落而变化时，这些背景感受可能就会成为某些或好、或坏又或者是中性的心境。

如果你想象一下没有背景感受时可能的样子，你就会对这个概念深信不疑。我认为，如果没有背景感受，自我表征的核心就会被破坏。让我解释一下我为何会这么想。

➤➤➤

正如我所说的，当前躯体状态的表征出现在脑岛、顶叶区域的多个躯体感觉皮层上以及边缘系统、下丘脑和脑干中。这些分布在大脑左右半球的脑区，都通过神经连接互相协调，其中右半球是优势半球。这个系统的精确连接细节尚未被研究透彻，颇为遗憾的是，关于灵长类动物这部分脑区的研究是最少的，但是有一点可以肯定：当前躯体状态混合、持续的表征是同时分布在皮层下和皮层上的大量结构中的。尽管大量来自内脏的信号被准确标记了，从而使我们可以发觉躯干或四肢的疼痛或不适，但是仍有相当一部分来自内脏的信号最终到达了没有被映射的脑区结构。尽管相对于外部事件，我们为内脏制作的映射并不那么精确，但宣称的模糊性和错误率还是被夸大了，这主要是因为“牵涉性疼痛”现象的出现。例如，心肌梗死时，左臂或腹部会疼痛；胆囊发炎时，右肩胛骨会疼痛。对来源于肌肉和关节的信号，它们最终可以到达以拓扑形式映射的结构中。

除了“在线”的、动态的躯体映射外，还存在一般躯体结构的更稳定的映射，这些映射表征着本体感受，如肌肉和关节的感觉，以及内部感受，如内脏感受，这些映射构成了机体表象概念的基础。这些表征是“离线”的或倾向性的，这些表征被激活后，可以和当前“在线”的躯体状态表征一起进入拓扑性质的躯体感觉皮层，并以此告诉机体接下来倾向于的状态，而非此时此刻的状态。这类表征的最佳证据来源于我们之前提到过的幻肢案例。在截肢手术后，一些患者依然可以感觉到肢体存在。他们甚至可以感知到不存在的肢体在状态上的变化，如感知到肢体的动作、疼痛、温度变化等。我对这种现象的解释是：因为来自残缺肢体的“在线”信号缺失，从而使源于残缺肢体的倾向性表征占据上风。也就是说，这些感觉来源于对之前已获得记忆的重建。

那些认为躯体状态在正常情况下几乎很少进入意识的人也许会想再认真考虑一下。当然，我们无法随时随地知觉躯体的每一个角落，因为外界事物的表征，通过视觉、听觉和触觉，和内部产生的表象一起，有效干扰了我们对持续不断的躯体表征的关注。我们的注意焦点通常都被分配在了与适应性行为有关的地方，但这并不意味着躯体表征不存在，这一点很容易就能证明。当出现疼痛或不适时，注意焦点就切换到躯体表征上了。即便很难被注意到，背景躯体感觉也是持续不断的，因为这种感觉表征的是整个躯体状态，而非躯体特定部分的状态。正是这种持续不停的躯体状态的表征使你可以不假思索地回答“你感觉怎么样？”（How do you feel?）这种问题，而且你的回答确实与你感觉的好坏相关。请注意这不同于简单的“你怎么样”（How are you?），这个问题通常只能得到敷衍的礼貌性回答，而非对躯体状态的描述。

有机体的背景状态随时都在被监控，因此设想如下情形会很有趣：如果这种监控突然消失了会怎样；如果当你被问及感觉如何时，你发现自己对背景状态一无所知；如果当你的大腿受伤了，你只能尽力一瘸一拐地走路时，这种暂时的不适感只是你心智中出现的孤立的知觉对象，而非你可以轻松获取的整体躯体感觉的一部分。研究已发现，末梢神经疾病引起的最简单的、相对局限的本体感觉的停滞，都会对心理过程造成严重损坏。奥利弗·萨克斯（Oliver Sacks）曾经报道过类似的病例[17]。可以想象，更大范围内躯体状态感知的缺失或调整将会产生更严重的紊乱，事实也的确如此。

我们在第 4 章中讨论过，某些典型的、完全的病感失认症患者对自身的疾病状况浑然不觉。他们没有意识到自身正承受着严重疾病的后果，这些严重疾病往往是中风、原发性脑肿瘤或躯体其他部位的继发性癌症。即便当他们不得不面对或看到自己左臂不能动的事实的时候，他们也不会意识到自己已经瘫痪了。他们无法描绘自身疾病的后果，也不关心自己的未来。他们的情绪表现是受限的，甚至可以说根本不存在，而且在旁观者的观察以及他们自己的述说中，他们的感受也毫无起伏。

病感失认症患者的脑损伤模式既导致了与躯体状态标记相关的脑区之间沟通的中断，也经常导致这些脑区本身的毁损。虽然这些脑区接收来自躯体两侧的信号，但它们通常位于大脑右半球。其中的关键脑区位于脑岛和顶叶以及包含脑岛与顶叶之间连接的白质，以及包含丘脑、额叶还有基底神经节之间连接的白质。

通过使用“背景感受”这个概念，我便可以讨论病感失认症患者身上所发生的情况。这些患者无法获取当前躯体状况的信号输入，因而也不能更新躯体表征，结果是他们无法通过躯体感觉系统快速自发地意识到自己的躯体面貌已经发生改变。他们仍然可以在心智中形成关于自身的表象，但这个表象是过时的。既然在他们意识中自身情况良好，所以他们便不揣冒昧地报告出来了。

幻肢患者虽然报告说他们可以感受到被截肢体的存在，但他们能清楚地认识到事实并非如此。他们没有出现错觉或幻觉，事实上，这种对现实的感觉使他们抱怨截肢所带来的种种不便。但病感失认症患者无法自动对现实进行检查。这或是因为疾病牵扯到了关于大部分躯体的信息，而非一个部分，又或者疾病更多地影响了来自内脏的信息，又或者兼而有之。总之，这两种病是不同的。病感失认症患者无法及时更新躯体表征，这不仅导致他们对自身缺陷的非理性认识，还连带导致他们对自身健康状况不适当的情绪和感受。这些患者显然不在意自己的疾病，其中一些表现出不合时宜的幽默，其他的一些则闷闷不乐。当他们被要求理性面对自身状况时，在通过口头或视觉信息呈现的事实面前，他们会暂时承认自己的状况，但很快就忘记了。不知为何，这些不是自然和自动地通过感受形成的认识无法在心智中维持。

病感失认症患者给我们提供了一个全新的视角，去研究那些无法感受当前躯体状态，尤其是背景感受的心智。我认为，由于这些患者无法以躯体作为基本参考来描绘当前的躯体状态，因而这些患者的自我是不完整的。他们仍然能以语言的形式调取个人身份信息：这些患者记得自己是谁、在哪儿住、在哪儿工作、自己的亲人是谁。但是，他们不能利用上述信息有效推断当前个体状态和社会状态。可悲且无法挽回的是，这些患者构建的关于自己和他人心智的理论过时了，与他们和他们的观察者共同沉浸其中的历史性时间脱节了。

背景感受的连续统一也与一个事实相适应，即只要生命能够维持，活的有机体和它们的结构就能保持连续性。我们所处的环境总在变化，我们构建的环境的表象往往也是不完全的，且受限于外界环境，与此相对，背景感受主要反映了躯体状况。我们的个体身份意识就停靠在这个虚幻的活生生的同一性岛屿上，以此为基础，我们能够了解发生在有机体周围的种种事物。

躯体作为情绪的剧场

一种对威廉·詹姆斯情绪理论的批评是针对把躯体当作情绪剧场的观点。尽管我相信在许多情况下情绪和感受的确如此运作，即信息从心智／大脑传递到躯体，再返回到心智／大脑，但我相信在很多情况下，大脑可以学着绘制“情绪性”躯体状态的一个模糊的表象，而不必在躯体中重新激活。此外，正如我们之前讨论的，神经递质核团在躯体调节的大脑表征中扮演重要角色，奇怪的是，脑干中的神经递质核团的激活和反应可以跳过躯体实现。似乎存在一个神经机制让我们“好像”可以感受到一个情绪状态，就好像躯体被情绪激活和调整了。类似机制让我们可以跳过躯体，并避免这一缓慢且耗费能量的过程。我们可以仅运用大脑就完成这种替代性的感受过程。然而我怀疑，这种替代性感受和真实躯体状态下的感受是否相同。

随着我们的成长，上述这种机制随之发展起来并与环境相适应。反复将特定实体或环境的表象与相应躯体状态的表象相连接，就可以建立特定心理表象和躯体状态的替代物。为了使特定表象触发“跳过机制”，首先必须在躯体剧场中运行这一过程，使其在躯体中形成回路（见图 7-7）。

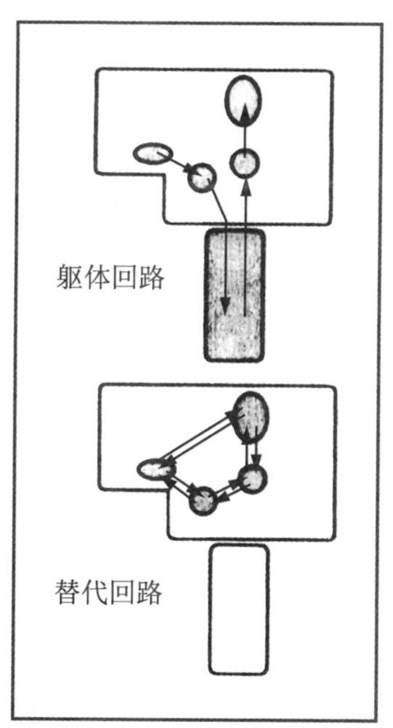

图 7-7 “躯体”回路和“替代”回路

在这两个回路中，图中上方的黑框代表大脑的表征，下方表示躯体的表征。“替代”回路完全跳过了躯体。

为什么上述替代感受是如此不同呢？我认为至少存在一个原因：假设一个正常被试正在进行实验，实验过程中有一台生理多导仪对被试情绪反应的强度和波形进行连续记录。现在这个被试正在完成一个心理学实验，实验中主试会判定被试的反应，其中正确的反应会得到一定奖赏，错误的反应则会带来一些惩罚。被试在得到积极反馈并得到相应奖赏后，生理多导仪记录的曲线在此时上升并到达高点。一段时间之后，被试作出了错误的反应并得到惩罚，此时记录的曲线和之前有所不同，此时的曲线上升得更高。又过了一会儿，被试作出了另一个错误的反应，引发了一个更严重的惩罚，这次不仅反应曲线不同，就连记录用的指针都划到了记录纸的边缘，并且差点儿就划出去了。

上述两种反应之间差异的原因众所周知：不同程度的奖赏和惩罚会引起不同的心理反应和躯体反应，生理多导仪也记录了这种躯体反应。但是，人们对于躯体反应和心理反应之间的联系还存在分歧。我的观点是：日常感受来源于对躯体改变的“读取”。我们还必须考虑另一种替代性观点，即躯体本身会被情绪性反应所改变，但是感受并不一定来源于这种改变；使躯体状态产生变化的脑区可以将躯体变化类型的信息传递到另一个脑区，假设是躯体感觉系统。

根据这个观点，尽管可能同时存在躯体状态的改变，但是感受可能直接来源于后一种信号，并全部在大脑中加工。主张这个观点的人认为躯体变化和感受是同时发生的，而不是躯体变化引起了感受的发生。正如我前面提到的，感受总是来源于“替代回路”，该回路不是躯体回路的补充，而是感受机制的核心。

为什么我认为上述替代性观点不如我的观点那样令人满意？首先，情绪并不单单由神经回路所引发，化学回路也在发挥作用。引发情绪的脑区可以将自身引发的神经信号包含的内容传递到该脑区的另一个部分，但化学信号不太可能以同样的方式传递。此外，大脑也不太可能预测到所有的指令，包括神经指令、化学指令，尤其是后者在躯体中发挥作用的方式，因为作用过程和结果状态都依赖于局部生物化学环境和其他大量机体内变量，而这些不可能在神经层面上被完全表征出来。躯体时时刻刻处于变化中，每次变化都不相同。我猜想，大脑不能预测躯体状态，而是需要等待躯体来汇报到底发生了什么。

上述提到的关于情绪和感受的替代观点始终受限于一组固定的情绪／感受模式，这些模式不会随着有机体的真实生活状态变化进行实时调整。如果这些模式就是我们需要的所有模式，也许这些模式还有用，事实上，这些模式只能不停“重播”而非“现场直播”。

大脑向躯体释放了一系列神经信号和化学信号之后，大脑可能无法精确预测躯体的反应，同样，大脑也无法预测真实生活情境中所有可能的细节情况。无论对于一个情绪状态还是非情绪的背景状态来说，躯体状态总是新的且从不重复。如果我们所有的感受都是替代感受，我们就不会有时刻都在发生的情感调节，但这正是我们心智的重要特点。病感失认症表明，正常心智需要来自躯体状态信息的稳定持续更新。按照当前的思路，大脑保持自身的清醒和觉知状态的前提是要先确认我们的生存状态。

关注躯体、关注感受

将情绪和感受排除在任何心智的整体概念之外都是不明智的。即便是一些知名的认知科学研究也犯了这个错误，即忘记将情绪和感受纳入认知系统中。这是我在导言中提到过的一种疏漏，即认为情绪和感受难以捉摸，所以不适合与其限定的思维内容相提并论。这种观点将情绪排除在主流认知科学之外。正如我在本章之前提到的，在传统脑科学中也有相似的观点，即认为情绪和感受源于大脑下部，在皮层下结构中，而被情绪和感受所限定的思维则发生在新皮层。我不认可这种观点。首先，显然情绪同时被皮层下结构和新皮层结构所调控。其次，更重要的是，和其他知觉表象一样，感受也具有认知性，并且和其他表象一样依赖大脑皮层的加工。

当然，情绪和感受有其特殊性。这种特殊性首先在于它和躯体有关，它受到有机体预组织机制的影响，并且通过有机体在感受影响下发展起来的认知结构，提供了关于自身内脏和骨骼肌肉状态的认知。在情绪状态下，感受使我们可以有意识地关注躯体，或者在背景状态下，使我们微弱地感受到躯体。通过提供躯体的知觉表象，情绪和感受使我们可以关注到机体的“实况”；或者通过提供特定状况下的躯体状态的回忆表象，用“重播”替代感受来关注躯体。

当躯体表象和其他物体或情境的表象共存时，感受使我们可以得知机体正在发生什么；由此，感受调节了我们对于其他物体和情境的综合认知。通过这种共存，躯体表象赋予了其他表象不同的倾向：好的或坏的、欢愉的或痛苦的。

我认为感受具有真正的特权地位。感受在多个神经层面上被表征，包括新皮层。在新皮层中，在神经解剖学和神经生理学层面上，感受信号和被其他感觉通道处理的信号是同等的。但是因为感受和躯体千丝万缕的联系，感受在发育过程中首先出现，保持着重要地位，并遍布我们的心智生活。因为大脑是躯体的忠实听众，故而感受占据了主导地位。此外，因为感受作为先来者为后来者提供了参考框架，所以感受对大脑和其他认知活动都有发言权。感受的影响无与伦比。

感受发生的神经基础

我们能感受到情绪状态或背景状态的神经基础是什么？在此我并不能给

出准确答案。我认为我已经有了答案的萌芽，但这个答案将去往何处还不确定。“我们如何感受”这一问题依赖于我们对意识的理解，虽然这值得讨论，但并不是本书的主题。然而我们仍然可以对这个问题进行探索，排除其中不可靠的解释，并考虑我们未来可以在哪个方向上找到答案。

其中一种差强人意的解释是有关情绪的神经化学机制的，发现与情绪和情感有关的化学物质还不足以解释人类是如何感受情绪的。很久之前我们就知道，某些化学物质可以改变情绪与情感，如酒精、麻醉剂以及很多药物都可以改变人类的情绪感受。众所周知的化学物质与感受的关系让科学家以及普通大众发现，有机体释放的化学物质应该也和感受有着类似关系。例如，内啡肽被普遍认为是大脑自己释放的吗啡，它可以轻易改变我们对自我、对疼痛、对世界的感受。因而，多巴胺、去甲肾上腺素、5-羟色胺以及多肽类神经调质，理所当然地也被认为应起到类似作用。

然而重要的是认识到，知道特定化学物质，无论是产自体外还是体内，可以引起特定感受发生，并不能与知道这种结果发生的机制画上等号。知道某种物质作用于特定系统、特定神经回路和接受器以及特定神经元，也不足以解释我们为什么会感受到高兴或悲伤。我们只是在化学物质和上述不同层次之间建立了初步的联系，但并不能解释它们之间是如何传递的。迄今我们对此只有初步的解释。如果高兴或者悲伤主要对应着持续躯体状态神经表征的变化，那么这些化学物质就需要对那些神经表征的源头发挥作用，即躯体本身和表征躯体的多个神经回路层次。诚然，理解情绪感受的神经化学基础需要了解机体的神经表征。如果感受高兴或悲伤部分对应着人类思维运转所基于的认知模式，那么根据我们上述的解释，化学物质也需要对生成和处理表象的回路产生影响。这意味着将抑郁降格并一般化为对5-羟色胺和去甲肾上腺素的可利用性问题，这一武断的做法是不可接受的，虽然这种做法在百忧解盛行的时代很普遍。

另一个不太能认同的说法是把情绪等同于某个特定状态下与有机体对应的神经表征。遗憾的是，这一说法也是不充分的。我们必须搞明白，被持续、恰当调整的躯体表征是如何变得有主观性的，以及这些表征是如何变成拥有这些表征的自我的一部分。我们要如何从神经生物学角度解释这个过程，而不必借助那个感知表征的小矮人的传说呢?

在躯体状态的神经表征之外，情绪的神经机制至少还需要两个主要的组成部分。其一是我们接下来要讨论的，它会在感受过程的早期发生。其二相对复杂，并与自我有关，我们将在第 10 章讨论。

为了让我们以特定方式感受一个人或一件事，大脑必须能够以明确方式表征特定人、事和机体状态之间的因果联系。换句话来说，你显然不想把一种情绪联系到错误的人或事上，无论是积极的还是消极的情绪。我们经常会建立错误的连接，举例来说，当我们把一个人、一件东西或一个场所同一些事的坏兆头联系在一起时便会如此，但有人还是会尽量避免形成这些错误联系。迷信就是这种虚假因果联系的产物：放在床上的帽子，你面前的黑猫从梯子下面走过，诸如此类都会带来不幸。当这种恐惧情绪与特定人或事件的虚假联系泛滥时，人就会出现病态行为。反之同样也令人烦恼。过度地将积极情绪不加区分地投射到人、事物甚至地点上，我们变得比正常状态更积极和放松，结果成了一个盲目乐观的人。

这种明确的对因果关系的感知可能来自大脑聚合区，聚合区充当机体信号和引发情绪的实体信号的中间人。聚合区以第三方中间人的身份，通过维持信息输入源之间的前馈和反馈联系来运作。我认为上述机制中有以下三种参与要素：与原因对应的实体的外显表征，当前机体状态的外显表征，以及第三方表征。进一步解释一下，其一是用信号表示特定实体并在适当的早期感觉皮层瞬间形成拓扑性表征；其二是用信号表示躯体状态变化并在早期感觉皮层瞬间形成拓扑性表征；其三是聚合区的神经表征，该表征通过前馈神经接收前两项大脑活动传来的信息。第三方表征保存着大脑初始活动的序列，并且通过与前两项大脑活动建立反馈联系来保持活动和注意的焦点。如上面这三者之间的信号将这些相对同步的活动在短时间内锁定在一起，很有可能的是，这个过程需要大脑皮层或皮层下组织的参与，也就是丘脑的参与。

➤➤➤

因此，情绪和感受依赖于如下两个基本过程：（1）某种躯体状态，以及与之并存的引起该状态的一组可触发和可评估的表象；（2）与前者平行运行的某种特定类型和特定效率水平的认知过程。情绪和感受过程中涉及的主要回路可参见图 7-8。

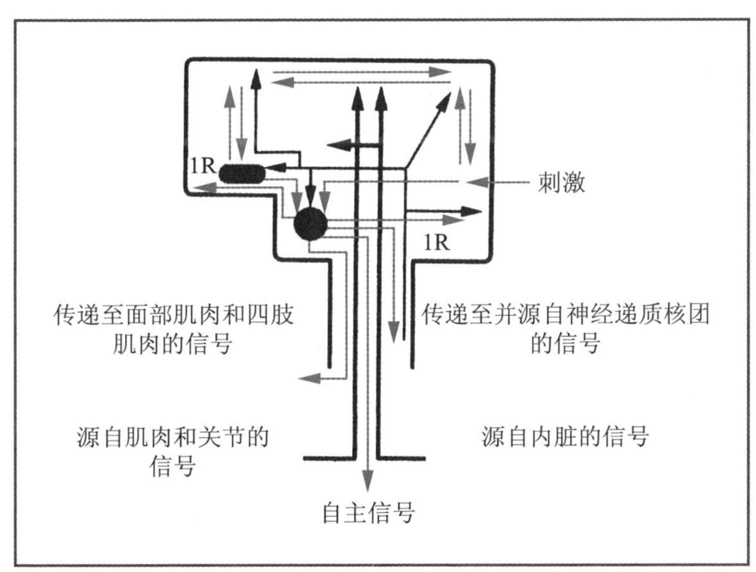

图 7-8　情绪和感受过程中的主要回路

该图是图 7-1、图 7-2 和图 7-5 的综合，表示的是情绪和感受过程中涉及的主要躯体回路和大脑回路。请注意，为了简明扼要，本图忽略了内分泌和其他化学信号。和之前的图一样，本图也忽略了基底神经节。

过程（1）需要出现一个躯体状态或者这种躯体状态在大脑中的替代。这种躯体状态预设了一种诱因的出现，一方面是存在后天习得的倾向，以此来展开评估，另一方面是存在先天的倾向，以此来激活躯体相关的反应。

过程（2）和过程（1）由同一个倾向运作系统所触发，但其目标是一组神经核团。这些神经核团位于脑干和基底前脑，通过有选择地释放神经递质来作出反应。神经递质的反应改变了表象被形成、被淘汰、被注意和被唤起的速度，还改变了针对那些表象进行推理的风格。举例来说，伴随着病态欣快感受的认知模式能够快速生成多种表象，从而使联想过程更加丰富，并且对表象的仔细推敲可以产生更丰富的线索，这些线索也会帮助联想。表象被关注的时间不会太长。这种随之而来的丰富性可能导致过度推论。这种认知模式伴随着运动兴奋甚至是运动抑制解除，以及食欲和探索行为的增加。这种认知模式的极端例子就是躁狂状态。相反，伴随着悲伤感受的认知模式则会减慢表象唤起的速度，更少线索会导致贫瘠的联想，会作出狭隘且低效率的推论，还会过度专注于同样的表象，而这些表象通常包含负面情绪反应。这种认知状态伴随着运动抑制且普遍存在食欲和探索行为减少的情况。这种认知模式的极端例子就是抑郁症[18]。

与许多人认为的不同，我不把情绪和感受看作难以捉摸、虚无缥缈的事物。情绪和感受的主要内容是实在的，并且与躯体和大脑内的特定系统有关，这一点不比视觉和语言差。这些负责情绪和感受的大脑系统也不限于皮层下区域。和视觉一样，情绪和感受的构建也是由大脑核心和大脑皮层协作完成的。一个人只靠大脑皮层是无法看到物体的，而且视觉很可能发端于脑干以及上丘、下丘这样的结构。

最后很重要的一点是，我们要意识到将情绪和感受在认知和神经层面上定义为具体的事物并不会减少情绪和感受中的美好或者不愉快，也不会降低它们在诗歌或者音乐中的地位。理解看和说的原理不会影响我们看到和说出之物的价值，也不会动摇绘画或戏剧作品的价值。理解情绪和感受背后的生物机制与用浪漫的视角审视它们对人类的价值，二者之间是可以完美兼容的。

08

躯体标记假设

我们几乎从不关注当下，即便我们这么做了，也只是看其能为未来计划做点儿什么[1]。这些话来自帕斯卡（Blaise Pascal），从这句话可以看出他富有洞见的观点，即当下其实是不存在的，我们总是利用过去计划将来，无论是不远的将来还是遥远的未来。这个耗费精力、永不停歇的创作过程就是推理和决策，本章讨论的就是这两者的部分神经生物学基础。

推理决策的基本内容

准确地说，推理的目的是决策，而决策的本质是选择反应项，也就是说，在某种特定情境下的多个可能选项中，选择特定的非言语行为、词语、句子或者它们之间的结合。推理和决策息息相关，很多情境下这两个词是互换使用的。菲利普·约翰逊－莱尔德（Phillip Johnson-Laird）说：“为了决定，我们需要判断；为了判断，我们需要推理；为了推理，我们需要决定推理什么。”这句话深刻表达了两者间的紧密联系[2]。

推理和决策通常表明决策者具有以下几方面的知识：(a) 决策所处的情境；(b) 不同的反应选项；(c) 不同选项带来的即时或远期结果。这些知识以倾向性表征的形式储存在记忆中，而且可以语言或非语言形式几乎同步地进入意识中。

推理和决策通常表明决策者拥有一些能够产生有效推论的逻辑策略，从而能够选择一个适当的反应项；另外，还表明决策的支持过程也已产生。注意和工作记忆在决策支持系统中常被提及，但是很少有人会提到情绪和感受，而且用于选择的种类丰富的选项生成机制也几乎无人提及。

从上述推理和决策的观点来看，似乎并非所有最终导致反应选择的生物过程都属于上面提到的推理和决策范畴。下面的例证就很好地说明了这一点。

第一，思考当你的血糖水平突然下降，且下丘脑中的神经元检测到了这种下降时，会发生什么。这种情况下，有机体需要采取措施；下丘脑的倾向性表征中存在专门的生理学知识；神经回路中也有一些“策略”能使有机体选择一种反应，这些反应包括形成饥饿状态并最终驱使有机体进食。在你意识到饥饿之前，这一过程中并没有外显的知识，没有选项及其后果的明确展示，也不包括任何推理的意识机制。

第二，思考当我们需要迅速躲开一个掉落的物体时会发生什么。这种情境下，我们需要尽快采取行动；有不同的行动选项，如躲或不躲，每种都有不同的结果。然而，我们在选择采取哪种行动时并没有用到任何意识上的外显知识，也没有用到有意识的推理策略。上述情境所需的知识曾经是意识性的，即在我们第一次了解高空坠物会伤到我们，我们需要阻止坠物或逃开时。随着成长，处理此类情境的经验也在增加，大脑会在刺激和最佳反应之间建立稳定的连接，因此我们可以自发且快速地在类似情境中作出反应，而不需要刻意思考。当然，你也可以有意识地尝试改变自发反应。

第三类例证包含了两组例子。一组例子包括择业，决定结婚、交友对象，决定是否在雷雨天搭乘飞机，决定投票对象或投资对象，决定是否原谅曾伤害过你的人，或作为州长决定是否对死刑案进行改判。对大部分人来说，还有另一组包括推理过程的例子：造一个引擎，设计一个建筑，解决数学难题，创作音乐或文学作品，判断一个新法条是否违背了宪法修正案的精神。

上述这段提到的例子都依赖明确的逻辑推理过程，即便面对最困难的问题，我们也可以不受激情的影响，从而作出可靠的推理，进而让我们作出最佳的选择，得出最佳的结果。因此，我们可以轻易区分第三类和之前的两类。在第三类的例子中，刺激场景有更多组成部分，反应选项也五花八门。这些事例的结果更加复杂和难以预料，而且它们的即时和远期结果也不同，因此会在不同时间内引发利弊矛盾。由于巨大的复杂性和不确定性，很难对结果作出可靠的预测。还有一点也很重要，即上述的种种选择和结果的权衡必须在意识层面进行，这样我们才能采取某些管理性策略。为了作出最终的反应选择，你必须运用推理。这一过程包括：在心智中储存大量事实，厘清不同假设行为选项的结果，将这些结果同短期和最终目标相匹配，这些都要求你已经在大脑中无数次预演过不同的可能情况。

基于第三类和前两类的显著差异，人们通常认为前两者在心理和神经层面上有完全不同的机制，也就不足为奇了。笛卡尔也将前两者置于躯体之外，认为是人类精神的象征，而其他两者则在体内，是动物精神的象征。它们互相独立，第三类代表清晰的思维、推断能力和计算能力，而前两类则象征模糊且缺乏控制的激情。

如果说第三类的例子本质上和前两类有所不同，那么也可以说第三类中的各个例子之间也不一样。诚然，这些例子都需要最普遍意义上的推理过程，但其中一些更贴近决策者所处的个体和社会环境：决定爱上谁或原谅谁，职业选择，投资理财选择。上面这些都属于个人和社会领域。然而，解决费马大定理，或判定法律是否违宪则与个人核心领域相去甚远。有人也许可以举出反例。前一类例子一般都和理性或实践理性的概念有联系，而后者则从属于广义推理、理论性推理甚至纯粹推理。

有趣的是，尽管这些例子迥异，而且其所属领域和复杂度不同，但它们都有一个共同的神经生理基础。

题外话 个体和社会范畴的推理与决策

当涉及个人生活和所直接接触的社会环境时，推理和决策总是艰难的。我们有充足理由将其视为一个独特的范畴。首先，个体决策的严重缺陷不一定伴随非社会领域的决策缺陷，正如菲尼亚斯·盖奇、埃利奥特和类似病例。我们当前研究的是，当决策情境不直接和这些患者相关时，他们完成决策的能力怎样。结果可能是，决策问题距离个体和社会范畴越远，他们完成决策的能力越好。其次，通过对人类行为的观察，我们也可以认为这些能力存在双分离。我们都认识这样一些人，他们在社交上游刃有余，他们擅长为自己和所属团队谋取利益，但面对非个体和社会难题时，他们显得异常笨拙。相反的状况也很有戏剧性：一些有创造力的科学家和艺术家的社会感不尽如人意，他们的行为经常伤害自己和他人。比如《飞天老爷车》（*The Absent-Minded Professor*）这个电影中的主角。在不同的人格类型中，关键在于他们是否有霍华德·加德纳所说的多元智能中的“社会智能”（social intelligence）或“数学智能”（mathematical intelligence）。

个体和社会范畴的决策和我们的命运紧密相连，其中包含了极大的不确定性和复杂性。从广义上说，在这个范畴中，能否作出有益决策直接关系到个体直接或间接的生存质量。作出优秀决策还意味着能够迅速作出决策，尤其是当时间紧迫时，或者，至少在手头的问题允许的时间内作出决策。

我理解，确定结果有利还是有害比较困难，此外，我知道一些决策的结果对一些人有利但对其他人则并非如此。例如，成为一个百万富翁并不一定是好事，赢得大奖也是一样。这在很大程度上取决于我们预设的参考框架和目标。我们所说的有利决策，指的是对基本的个人和社会结果有利，如自身和亲人的生存、住所的安全、心理及躯体健康的维持、工作和财务状况、社群中的良好地位。而盖奇和埃利奥特的心智状况使他们无法获得上述任意一种有利结果。

传统决策观点失效了

现在让我们考虑一个需要进行选择的场景。想象你拥有一家大公司，现在面临这样一个情况：你将要见的一个客户会给你带来潜在的巨大利益，但他碰巧是你好朋友的宿敌，你将决定是否继续这次交易。一个普通的、智力正常的且受过教育的个体可以在大脑中迅速构建一系列场景，这些场景包括了可能的选择及其相应的结果。对于我们的意识而言，这些场景由多个想象的画面构成，这些画面快速地接连在大脑中闪回，而非像电影一样从头放到尾。画面可能是：和这个客户见面；被朋友发现你在他宿敌的公司中，你们的友谊陷入危机；取消了会面；损失了大笔潜在收益但保全了珍贵的友谊，等等。这里我要强调的一点是，在上述推理过程开始的时候，你的心智并不是白板一块。相反，你的心智中充满了不同的与决策情境相关的表象，这些表象在意识中进进出出，你甚至无法将这些表象通盘考虑一遍。即便在上述这个漫画式的情境中，你也许会遇到我们每天都会遇到的那些两难问题。你该如何面对僵局呢？该如何利用心智中的表象来解决这些问题呢？

这里有两种截然不同的可能性：其一来自传统决策的“高阶推理”的观点，其二来自“躯体标记假设”。

所谓的“高阶推理”观点，也就是通常人们持有的观点。该观点假设我们有着最佳能力来作出最好的决策，正如柏拉图、笛卡尔和康德所认为的那样。形式逻辑本身可以为任何难题提供解决方案。理性主义中重要的一点是，为了达成良好的结果，情绪必须被排除在外。情绪不能影响理性加工。

基本上，按照“高阶推理”这个观点，你得首先区分不同情境，然后用类似于管理学的成本/收益方法对每个情境进行分析。你会牢牢记住“主观期望效用”，因为你将通过逻辑分析来将其最大化。举例来说，你会考虑每个选择在未来每个时间点上的利弊得失。考虑到在我们的故事里，你面临的问题远远不止两个选择，所以你的推理过程也将没那么容易。请注意，即便只有两个选择的题目也没有那么简单。招揽一个新客户可以带来即时回报以及可观的未来回报。但收益到底是多少仍是未知数，因此你需要去估计收益大小以及随时间变化的收益率，并据此和失去朋友带来的潜在损失相比较。因为潜在损失也随时间变化，你还需要计算一个“贴现率”！事实上，你面临的是一个在不同想象时间段上的复杂计算，由于需要比较不同性质的结果，你还需要将各种结果转换成统一形式。这个计算在很大程度上不仅依赖想象情境的连续阐述，还依赖与场景相伴的语言叙述过程的产生，这些是维持逻辑推理的必要部分。

好了，现在让我得出结论，如果我们只有上述策略，那么理性就无法工作了。好一点的情况是，你需要花很长的时间去作决策，以至于这一天你做不了其他事情。坏的情况是，你根本无法作出决策，因为你已经迷失在计算的旋涡中。为什么？因为计算和比较所需的得失账户太多了，根本无法将它们同时放进记忆中。那些中间步骤的表征，你已经记住并且现在需要转换成所需的符号形式，即便如此，它们还是很容易就被忘记了。推理过程因此失去了线索。注意和工作记忆这两者容量有限。最后，如果你的心智只能进行纯粹理性计算，那么你很有可能作出错误选择并抱憾终生，或直接沮丧地放弃选择。

埃利奥特这类患者的经历告诉我们，是这些前额叶损伤患者而非正常人会采用康德等人所说的冷静策略。正常情况下，也许决策者可以用纸和笔来帮助计算。写下所有可选项、所有可能情况及各自的后果等。显然，达尔文会建议任何一个想结婚的人都要这么做。首先，你需要许多纸和笔、一张大桌子，并且你也不能指望所有人都会等你算完。

此外，除了有限的记忆容量，还有一点也很重要，即便你有纸和笔可以进行演算，推理过程本身也漏洞百出，这一点已经被阿莫斯·特沃斯基和丹尼尔·卡尼曼所证实[4]。其中一个重要缺陷，正如斯图尔特·萨瑟兰（Stuart Sutherland）所指出的，人们常常会忽视或错用概率论和统计规律[5]。即便如此，根据我们为目标所订的时间规划，大脑依旧可以在几秒、几分钟内作出良好决策。如果这是真的，就不能仅仅用纯粹推理过程来解释大脑的运作了。我们需要另一个答案。

高效的躯体标记假设

请再次考虑我们之前描述的情境。其中的关键部分在大脑中即时地、粗略地甚至是同步地呈现，这个步骤太快了，以至于来不及呈现细节。但是，在你根据内容进行任何成本／收益分析前，在你对问题的答案进行推理前，一些重要的事情发生了：当与某个反应相关的负性结果出现时，哪怕只是一瞬间，你都会体验到一种不愉快的躯体感受。因为这种感受是与躯体相关的，我给这个现象起的专业名称为“躯体状态”（*somatic*）；并且由于这些现象“标识”了一个表象，我把它叫作“标记”。请注意我这里使用了广义的躯体概念，当我提及躯体标记时，既包括了内脏感受也包括了非内脏感受。

那么，躯体标记是如何工作的呢？它驱使你注意结果可能带来的负性结果，并发出警告提醒你：请注意某选择可能带来的危险结果。这种警告信息会使你立即放弃可能带来负面结果的选择。这种自动化的警告信息会保护你免遭未来损伤，从而让你在更少的选项中进行选择。这里依然需要运用成本／收益分析和适当的推断能力，但是在上述躯体标记减少了可选项之后。

对于正常人的决策而言，仅仅有躯体标记是不够的，因为在许多情况下，尽管不是所有情况下，还需要一系列紧接着的推理过程以及最终的反应选择过程。躯体标记可以提高决策过程的准确性和效率。缺乏躯体标记会降低决策过程的准确性和效率。这种区别很重要，但也很容易被忽视。躯体标记假设没有涉及躯体标记出现之后的推理过程。

简而言之，躯体标记是次级情绪所产生的感受的特例。通过学习，这些情绪和感受被联结在一起，并用来预测特定情境的未来结果。当一个负性躯体标记伴随一个特定未来结果时，两者结合就可以起到警示的作用。反之，当一个积极的躯体标记伴随一个特定未来结果时，就可以起到激励的作用。

这就是躯体标记假设的本质。要想完全了解躯体标记假设，你还需要继续往下看，你会发现躯体标记是悄悄运作的，并没有进入意识层面，而且利用了我们之前讨论的替代回路。

躯体标记并不会替我们考虑。它们通过强调一些或危险或有益的选项，并去除一些选项来帮助我们决策。你可以把躯体标记当成一个自动检测系统，无论你是否接受，它都会提前对可预见的未来的所有可能场景进行评估。你可以把躯体标记想成一个偏向装置。举例来说，想象你面对一个高风险高回报的投资机会，此外还有其他有诱惑力的方案。别人要求你尽快作出决定。如果投资该方案的想法伴随一个负性的躯体标记，你也许会想拒绝该方案，并驱使自己对潜在的负性结果做更详尽的分析。这里与未来结果相伴的负性状态抵消了近期巨额回报的诱惑。

躯体标记假设也和另一个说法保持一致，即有效的个体、社会行为依赖于个体形成充足的对自我和他人的“心理理论”。在这些理论的基础上，我们可以预测他人对我们心理状态的看法。当然，这些预测的细节和准确性对于我们在社会情境下作出决定来说是必不可少的。还要提醒注意的是，这里需要考虑的场景数量庞大，我的思路是躯体标记或类似机制可以辅助筛选大量细节。事实上，可以显著减少需要考虑的细节的数量，因为躯体标记可以自动检测情境中与决策相关的部分。很明显，所谓的认知过程和情绪过程进行了合作。

广义上，这个理论可以解释那些所谓先苦后甜的选择。一个例子是人们可以牺牲一时的利益换取未来的回报。想象一下，为了使摇摇欲坠的业绩扭亏为盈，你和你的同事不得不减薪，并从现在开始大量加班。该做法在短期来看是不愉快的，但是伴随未来收益产生的积极躯体标记可以使你克服对短期痛苦的抵触。这种美好未来表象触发的积极躯体标记使个体可以忍受当前的不愉快，从而争取潜在的更好的回报。为什么会有人选择手术、慢跑、读研究生或读医学院？有人会回答是因为意志力，但是又如何解释意志力呢？意志力依赖于对前景的评估，但是如果没有恰当地关注短期损失和未来收入，兼顾当前痛苦和未来回报，这种评估过程就无法实现。如果没有关注未来的回报，就会损伤意志力不可或缺的部分。意志力只不过是根据远期而非近期结果进行选择的另一种说法。

题外话 利他主义

讨论到这里，我们可能会问：之前的观点是否也适用于绝大多数所谓的利他行为呢？如父母为子女所作的牺牲、或简单的好人好事、或作为国民为君主或国家作出贡献以及我们这个年代还存在的英雄。利他行为除了为他人带来益处外，也给利他者本身带来许多好处，如自尊、社会承认、公共荣誉、名望甚至财富。上述任何一种回报都会伴随愉悦兴奋，这种感受的神经基础就是躯体标记，毫无疑问，当期待的回报变成现实还会带来更高水平的兴奋。此外，利他行为还可以在以下几个相关方面让利他者受益：利他行为可以使利他者免受不作为带来的内疚和羞愧。不仅冒着生命危险去拯救子女这个想法可以让人感受良好，而且不作为带来的痛苦感受相比危险带来的痛苦程度更甚。换句话说，认知评估既发生在权衡短期痛苦和长期回报时，也发生在短期痛苦和长期痛苦间。这里一个还说得过去的例子如下：过去，大家所认为的“道德正确”的战争发生时，人们会给予战斗生还者积极的回报，并认为逃兵是羞耻且不光彩的。

难道这意味着根本不存在真正的利他行为吗？这样看待人类精神是否太悲观了？我并不这么认为。第一，利他行为和其他类似的行为，其本质都关乎我们内在的信念、感受、意图与对外宣称的信念、感受、意图这两者之间的关系。这些信念、感受和意图是根植于我们机体以及我们所处文化中的一系列因素的共同结果，尽管这些因素可能太过细微以至于我们无法察觉。可以说，正是神经生理学和教育因素使一个人可能表现出诚实和慷慨，事实的确如此，但并不能说，他们的诚实品质和牺牲行为就不值得称颂了。此外，理解这些认知、行为背后的神经生理学机制并没有削弱这些认知、行为自身的价值、美好和尊严。

第二，看起来，生物性和文化传统直接或间接主导我们的推理并限制了自由意志的表达，我们必须意识到，人类的确存在自由的空间，使我们有意识地挣脱生物性和文化传统的桎梏。一些卓越的人类成就恰是因为逃脱了生物性和文化传统的牢笼而取得的。这些成就保证了新的生存水平，并使人们可以进行更多的发明创造，实践更多的生产方式。但是，在一些特定情况下，偏离生物性和文化传统也可能成为疯狂的标志，由此带来疯狂的想法和行为。

躯体标记的种种疑问

在神经层面上，这些躯体标记来自哪里？我们是如何获得这种机能的？是生来就有的吗？如果不是，它又是如何发展起来的呢？

正如我们在上一章讨论的，我们出生就带有基本情绪神经机制，这种神经机制可以产生躯体状态对特定种类的刺激作出回应。这种机制自发地偏向于对个体和社会行为信号进行加工，并在一开始通过适应性躯体反应将倾向性表征和大量社会情境进行匹配。对正常人类的研究证实了这一观点，此外，对其他哺乳动物和鸟类的社会认知的复杂模式的研究也证实了这一点[6]。不过，理性决策所使用的大多数躯体标记可能来自教育和社会化过程，是特定种类刺激和特定躯体状态在大脑中结合的产物。换句话说，这些躯体标记依赖于次级情绪过程。

适应性躯体标记的建立需要正常的大脑和文化环境。如果一开始，这两者任意一个出现问题，有机体都无法形成适应性的躯体标记。举个例子，发育性社会病态或反社会人格，就来自大脑缺陷。

生活中，发育性社会病态或反社会人格的患者已经屡见不鲜。他们盗窃、强奸、谋杀或诈骗。他们通常很聪明。当他们犯事的时候，情绪阈限如此之高，以至于他们显得毫不惊慌，他们自述“没有感受、冷漠无感”。总有人告诉我们为了做正确的事要保持冷静，他们恰恰就是冷静的典型。即便很残忍且他们的行为于己于人都无益处，他们还是不停地犯罪。事实上，还有一种病理性状态的表现，就是理性衰退与感受的抽离同步发生。当然，还有一种可能性是和盖奇一样，发育性社会病态人格也缘于皮层和皮层下神经系统的失调，但这不能归咎于成年期皮层在宏观层面上的直接损伤。相反，发育性社会病态人格是成长过程中早期神经层面的异常回路和异常化学信号导致的。理解发育性社会病态人格的神经生物学机制，一方面有助于对其进行预防和治疗，另一方面也能够帮助我们了解社会因素与生物因素间的交互作用在何种程度上会加重病情或提高发病概率，甚至可以帮助我们了解那些可能在表面上很相似且过去认为主要由社会文化因素导致的疾病。

如果针对支持躯体标记建立和运作的神经基础在成年期被损伤了，正如盖奇那样，躯体标记系统就无法如过去那样正常工作了。我使用“获得性反社会”来描述上述患者的部分行为，然而我的脑损伤患者和这些反社会患者在若干方面有所不同，至少我的患者很少有暴力倾向。

“病态文化”对正常成年人推理系统的影响看起来没有脑损伤的病灶区那么严重。然而也有反例。在那些反例中，“病态文化”压倒了正常的推理机制，并带来了灾难性后果。我担心，西方社会的大部分地区正逐渐沦落成为悲剧的反例。

在有机体内部偏好系统的控制下，人类通过经验获取躯体标记，这个过程同时受到外界环境影响。这里的外界环境不仅包括与我们直接交互的实体和事件，也包括社会习俗和伦理规范。

内部偏好系统的神经基础包括了大部分先天调节性倾向，这些倾向致力于确保有机体存活。保证存活本身意味着需要减少不适的躯体状态以及维持机体内稳态，即生物状态的功能性平衡。内部偏好系统先天倾向于避开痛苦，寻求潜在愉悦，并可能为在社会情境中实现这些目标进行预先配置。

外界环境主要包括：与个体交互的实体、物理环境和事件；行为选择的候选项；行为的结果；行为后果带来的近期、远期的奖赏和惩罚。在个体发展早期，这些奖赏和惩罚不仅来自动作实体本身，也可以来自父母、长辈和同伴，后者通常体现了个体所属文化的习俗和规范。内部偏好系统和外部环境的交互扩充了可被自动标记的刺激库存数量。

毫无疑问，这一系列关键的、影响发展的与躯体标记匹配的刺激是在儿童期、青少年期就获得的。躯体标记性刺激的积累直到生命结束才会停止，所以可以恰当地把这个过程称为终身持续学习。

在神经层面，躯体标记依赖于系统内的学习，这个系统将特定类型的实体或事件与某个躯体状态的出现，如愉悦与否相匹配。顺便提一句，在不断演化的社会交互过程中，不要狭隘地理解惩罚或奖赏的含义。缺乏奖赏本身就可以看作惩罚，因而是不愉快的；同理，缺乏惩罚可以看作奖赏，因而是愉悦的。关键在于特定个体在特定情境和特定时间下的躯体状态类型及感受。

当选择了 X 导致了负面结果 Y 出现，因而导致了惩罚和负面躯体状态，此时躯体标记系统获得了这个隐藏的、经验驱动的、非遗传的、主动的倾向性表征。每当有机体再次面对 X 选项，或想起 Y 结果，都会重演痛苦的躯体状态，该负面状态自动提醒接下来可能出现的消极结果。当然，这里所叙述的是个过分简化的过程，但在我看来已经抓住了基本过程。接下来我将会讨论到，躯体标记可以悄悄运作，不需要在意识中感受到，除了“警告”和“驱动”两个基本功能外，躯体标记还扮演着其他重要角色。

躯体标记的神经网络

获取躯体标记信号的重要神经系统位于前额叶，与次级情绪加工相关的重要系统也主要在这一区域。前额叶的神经解剖位置是获取躯体标记信号的理想位置，我将在下面几段解释其中的原因。

第一，前额叶接收来自所有感觉皮层的信号，构成我们思想的表象在这些感觉皮层中形成，这里也包括对过去和现在的躯体状态进行连续表征的躯体感觉皮层。不论这些信号是产生自我们对外部世界的知觉，还是我们看待外界环境的想法，又或是躯体本身发生的事件，前额叶皮层都可以接收。额区的各个部分都是如此，因为额区不同部分之间都存在双向联系。前额叶皮层因而包含了少数在任何时候都能够监听机体心智和躯体几乎所有活动信号的脑区[7]。前额叶皮层并不是唯一的监听站，另一个是内嗅皮层，该皮层是海马的入口。

第二，前额叶皮层接收若干大脑生物调节区域的信号。这些区域包括位于脑干的神经递质核团，如释放多巴胺、去甲肾上腺素和5-羟色胺的核团；基底神经节，即释放乙酰胆碱的脑区；杏仁核；前扣带回和下丘脑。有人开玩笑说，按照这样的安排，前额叶甚至都要接收来自国家标准测量局的员工信息了。与生存有关的有机体先天偏好，也可以说是生物价值系统，被传递到前额叶并成为推理和决策机制的构成部分。

在大脑诸系统中，前额叶区域的确处于特权地位。前额叶会接收以下信息：外部世界过去和未来的事实性信息，先天生物调节偏好，被上述事实性信息和偏好不断调整的躯体状态。毫无疑问，这些信息和我下面要讨论的话题非常相关：根据若干可能的维度，可以将生活经验进行分类。

第三，前额叶皮层自身也表征了有机体所处情境的种类以及我们真实生活中各种个体性事件的种类。这意味着，根据个体经验中特定物体和事件的相关性，前额叶网络为这些物体和事件的组合建立了倾向性表征。这里我解释一下。举例来说，在生活中，你遇到了某个友善但专制的人，接下来的交往中，你可能感觉被这个人轻视，又或者相反，你感觉被他赋予了相当重的权力；被推上领导的位置可能给你带来最好的也可能是最差的体验；旅居乡村可能让你感觉忧郁，但住在海边则让你感觉万分浪漫。如果换你邻居体验上述情境，感受或许大不相同。个体性就是在如下意义上使用的：这些是你个人的事情，只和你自己的体验有关，随个体经验变化。至于对门把手或扫把，我们每个人都会有类似体验，因为大体而言，这类物件的构造大致一致且运用方式可预测，因此这类经验没有个体性。

因而，位于前额叶皮层的聚合区存储了经过正确分类的倾向性表征，这些表征与我们生活经验的个体性有关。假如我让你想一想婚礼，前额叶中的倾向性表征此时掌握着在心智的意象空间中重构这类婚礼场景的关键。请记住，在神经层面上，这个重构过程实际上发生在几个不同的早期感觉皮层而非前额叶上，拓扑性表征也在这些感觉皮层上形成。如果我询问你有关犹太式婚礼或天主教婚礼的事，你可能会形成一系列类型化的表象，并据此将婚礼概念化。此外，你还能告诉我你是否喜欢婚礼，最喜欢哪种婚礼，等等。

整个前额叶区域看起来都致力于从个体相关性角度对个体性事件分类。布伦达·米尔纳（Brenda Milner）、迈克尔·皮特里（Michael Petride）和华金·富斯特（Joaquim Fuster），这三者的研究工作第一次发现了上述前额叶的功能[8]。我在实验室的工作不仅证实了他们的发现，而且发现了其他额叶结构，如额极和腹内侧区域对于类型化过程同样重要。

类型化的个体性事件是产生丰富未来场景想象的基础，个体进行预测和计划时需要这个想象过程。我们的推理过程需要将目标以及实现目标所需要的时间跨度考虑在内，此外，我们还需要丰富的个体分类知识以便预想特定时间、与特定结果相关的场景的演变结果。

不同领域的知识有可能就在前额叶的不同区域进行分类。因此，生物调节过程和社交似乎都与腹内侧区域密切相关，与此同时，背外侧前额叶负责归纳外部世界的知识，即人或物等实体，以及他们在时间和空间中的行动、语言、数学、音乐。

第四，前额叶之所以适合参与推理和决策过程，还因为这个区域直接连接了大脑的每条运动通道和化学反应通道。背外侧核和上内侧额叶区域可以激活前运动皮层，并由此顺次激活初级运动皮层（M1）、次级运动皮层（M2）以及第三运动皮层（M3）[9]。位于基底神经节的皮层下运动系统同样也连接到前额叶。最后同样重要的一点是，神经解剖学家瓦勒·瑙塔（Walle Nauta）发现，腹内侧前额叶可以将信号发送到自主神经系统的效应器上，并且可以促进下丘脑和脑干产生情绪相关的化学反应。这一发现并非偶然。瑙塔和其他神经科学家不同，他强调了内脏信息对于认知加工的作用。总的来说，前额叶，尤其是腹内侧前额叶非常适合以下信号的三向连接：与特定类型的情境相关的信号，个体独特经验中与特定类型情境相关的多种躯体状态信号，来自这些躯体状态效应器的信号。这些信号协调一致地在腹内侧前额叶中进行聚合。

躯体标记的两个机制

通过之前章节中对情绪的生理机制的讨论，你可能意识到，躯体标记过程存在两个而非一个机制。通过基本机制，躯体在前额叶皮层和杏仁核的指引下形成特定躯体状态，随后将信号传递至躯体感觉皮层，通过注意形成意识知觉。在另一个机制中，躯体被跳过了，前额叶和杏仁核告知躯体感觉皮层在外显活动模式中进行自我组织，并当躯体处于某种特定状态时，躯体感觉皮层就主动上传信号。躯体感觉皮层“假装”自己接收到了特定躯体状态的信号并进行运作，即便这种替代活动模式和真实躯体状态的活动模式并不相同，但还是会对决策产生影响。

这种替代机制是发育的结果。有可能我们在婴儿和儿童期就进行了社会化的调整，各种与惩罚和奖赏相关的躯体状态都影响了我们的决策过程。随着我们变得成熟，对重复的情境进行了归类，同样的决策慢慢地不再依赖于躯体状态，因此产生了一个经济的自动化机制。决策的策略开始部分依赖于躯体状态的“符号”。我们在多大程度上依赖于这种替代的符号是个实证问题。我相信，这种依赖程度在人与人之间、主题与主题之间差异很大；这种替代机制可能是有益的，也可能是有害的，取决于适用的主题和环境。

隐秘运行的躯体标记

躯体标记有不止一种运行方式：一种通过意识运作，另一种则在意识之外运作。无论机体状态是真实的还是虚拟的，即“假装”的，都会产生对应的神经模式并形成感受。尽管许多重要决策都涉及感受，但生活中大量的日常决策似乎都不涉及感受。这并不意味着这些认知评估没有产生相应的躯体状态；或躯体状态的替代物没有起到作用；或加工过程的调节性的倾向性表征机制没有启动。其实很简单，某个信号引起的躯体状态或替代性的躯体状态已经被悄悄激活，但因未成为注意的焦点，即没有注意的参与，躯体状态或替代性躯体状态都不能成为意识的一部分，尽管它们还可以无意识地影响潜在的动作，影响我们对世界或趋近或回避的态度。此外，神经核团活动的触发，作为情绪反应的一种，也能以隐秘的方式引导认知过程，并进一步影响推理和决策模式。

在对人类有了足够的关注之后，我们也该关注比较一下不同物种之间的区别。显然，对于那些大脑不具备意识能力的物种来说，上述的隐秘机制就是它们决策机制的核心。这些隐秘机制就是一套结果“预测”机制，并且可以使有机体按某种特定方式行为，在外界观察者看来就好像作出了选择一样。这大概也就是工蜂如何“决定”对哪支花朵采花粉并带回蜂巢的方式吧。我并不是说每个人的大脑深处藏着蜜蜂这样的大脑来帮助我们进行决策。演化过程不是单向的生物链，显然是多向发展的，其中一条演化路径到达了人类。我相信，人类可以受益于研究这些简单生物在神经层面完成这些看似复杂任务的机制。其中的一些机制在人类身上可能同样适用。这就是我的想法。

题外话 忍冬玫瑰！

“天知道你有多甜美，你是我的忍冬玫瑰。”这句顽皮的歌词来自爵士乐大师“胖子沃勒”（Fats Waller），这句歌词同样描述了蜜蜂的命运。蜜蜂的生殖繁衍依赖于工蜂到处采花粉。如果工蜂的工作不达标，就没有蜂蜜了，蜂群就会因失去了能量来源而衰败。

工蜂配备了一种视觉装置用来分辨不同花朵的颜色。此外，工蜂也配备了相应的运动结构以便它们飞行和着陆。最近的研究发现，工蜂在不同颜色的花朵上采花粉几次后，就能学会分辨含蜜量高的花朵。显然，当在一块田野中时，工蜂不会逐一去采每支花朵。它们的行为清楚地表明：工蜂可以预见到哪些花的花粉比较多，从而会更常去采那些花粉较多的花朵。莱斯利·莱尔（Leslie Real）曾经用实验的方法研究了工蜂的行为，他认为蜜蜂是根据所遇到的不同奖赏状态的频率来计算花粉分布概率的，而不是根据先验概率估计”[10]。蜜蜂是怎样靠着它们如此简单的神经系统产生高度复杂的推理系统的呢？它们的推理显示出它们运用了知识、概率论以及目标导向的推理策略。

答案是，蜜蜂这些看似深思熟虑的行为都源于一个简单却有效的系统，这个系统可以实现下列功能：首先，检测先天就预设了价值的刺激并据此构建奖赏；其次，当视野中出现可能带来奖赏的情境时，如某个颜色的花朵，机体对奖赏的出现或不出现作出反应，其表现为行为层面上的特定动作，即着陆与否。最近，蒙塔古（Read Montague）、达扬（Peter Dayan）和谢诺沃斯基（Sejnowski）利用行为和神经生理学数据，为该类奖赏行为构建了一类模型[11]。

蜜蜂体内确实存在一种非特异性神经递质系统，这个系统利用的可能是奥克巴胺（octopamine），类似于哺乳类动物常用的多巴胺。当探测到奖赏，即花粉的时候，这个非特异性神经递质系统会给视觉和运动系统发送信号，从而改变基本行为。结果就是，当下次伴随高奖赏的颜色出现在视野中时，运动系统使蜜蜂更趋向于停留在高奖赏颜色的花朵上去寻找花粉。实际上蜜蜂作出了一个选择，只不过这个选择是在无意识层面进行的，也没有经过深思熟虑，只是自动化机制结合特定自然价值输出的偏好。根据莱尔的说法，这里存在偏好的两种基本要素：“高期待价值的物体胜过低期待价值的物体，低风险价值的物体胜过高风险价值的物体。”顺带提一句，蜜蜂的记忆容量很小，蜜蜂只有短时记忆并且容量不大，因此偏好系统运作所依赖的抽样也是有限的。再提一次，我并不是说我们所有的决策都来自一个隐藏的蜜蜂式大脑，我相信我们有必要知道，即便是上述如此简单的结构也可以执行相当复杂的任务。

躯体标记假设与直觉

在意识层面，躯体状态或替代物会将反应的结果标记为正性或负性，从而使有机体趋近或远离某个特定反应选择。这个过程也可以隐秘地运作，即不在意识层面进行，此时有机体针对特定负面结果产生了一个外显表象，但并没有产生可觉察的躯体状态，取而代之的是抑制了大脑核心部位的调节性神经回路，该回路可以调节趋近或回避行为。通过抑制行为倾向，或提高抵御倾向，有机体作出潜在负性决策的概率就会降低。至少，这个过程可以帮助我们节省时间，这段时间里意识层面的深思熟虑可以提升作出合理决策的可能性，即便不是最合理的决策。此外，这个过程可以帮助有机体避开负面决策或提升积极决策的概率。这个隐秘的决策机制就是我们所说的“直觉”的源泉，我们利用这个神秘的机制在不动用推理的情况下解决问题。

数学家庞加莱（Henri Poincare）曾经在他的一篇文章中精辟地描述了直觉在决策过程中的作用，他的观点和我的想法不谋而合：

> 事实上，什么是数学创造力呢？并不是对已有数学知识的简单组合。任何人都可以这么做，其结果也只是产生大量无趣的知识。数学创造并不是进行这种没用的知识组合，而是用少量知识进行有机结合。创造即洞察力，也是选择。
>
> 如何进行选择呢？我先前已经解释过了，通过与其他事实类比，我们可以得出，那些值得钻研的数学事实就是可以引导我们发现数学定律的知识，就像物理实验结果引导我们发现物理定律那

样。长期以来，人们都错误地认为这些数学知识彼此并无关联，事实上并非如此。

数学创造中最为丰硕的成果往往来自相距甚远的数学元素之间的组合。我并不是说相距越远的元素组合就越容易产生创造，很多这类组合实际上是枯燥乏味的，只有很少一部分富有成效。

我说过，创造即选择。从字面上看，可能这个说法并不正确。请想象：一个消费者面前有成千上万件商品，他不得不一一看过从而作出选择，他可能穷其一生也来不及把这些商品都看一遍。现实情况下并非如此。创造者不会理会那些无聊的知识组合。那些无聊无用的知识组合根本不会出现在创造者的意识层面上，他脑海中只会有那些有用的知识组合。如果创造者是个考官，他只会出现在第二轮面试，去面试那些已经通过第一轮筛选的面试者[12]。

庞加莱的观点类似于我的看法。我们并不需要对所有可能的选择进行推理。大脑存在一个隐秘的预选择机制。这个生物机制通过预选择过程，只将经过筛选的有限可选项呈现给你。请注意，尽管庞加莱认为这个说法可以延伸到其他领域，但我谨慎地认为，这个观点只适用于我们讨论过的个体和社会决策领域。

物理学家、生物学家里奥·西拉得（Leo Szilad）也有类似观点：有创造力的科学家、艺术家和诗人有共同之处。逻辑思考和分析能力是科学家必要的能力，但只有这两者不足以做出创造性工作。科学灵感并不是来自对现有知识的逻辑推演，科学意义的创造性工作依赖于潜意识水平的活动[13]。乔纳斯·索尔克（Jonas Salk）也曾有过同样的观点，他认为创造力是基于“直觉和推理的融合”[14]。基于此，我们可以开始讨论个体和社会决策领域之外的推理过程了。

个体和社会之外的决策

我的后院里，一只松鼠为了躲避邻居家的黑猫溜上了树，这个过程中，它并没有对它的行动作出任何推理。它并没有精确计算每个可选项的收益和损失。它只是看见猫，吓了一跳，然后就逃走了。当时我正看着它，它蹲在橡树枝上，它的心脏正剧烈跳动着以至于我都能看见它的胸腔轮廓，它的尾巴也紧张得摆来摆去。刚刚经历了一种剧烈的情绪，现在它正焦躁不安。

演化是节约且逐步修补的过程。在演化过程中，大量物种的大脑中都有决策机制。这些决策机制依赖于躯体并且是生存导向的，在各自生态位中，这些决策机制都被证明是成功的。随着环境中偶然性事件的增加，有机体演化出了新的决策策略，出于经济节约的考量，新决策策略所基于的大脑结构应该和旧决策的有所关联。这些策略的目的一致，都是为了生存，控制这些策略的运行以及衡量结果的参数也是相同的，即健康生活，远离病痛。很多例子可以表明自然选择倾向于如此运行，它挑选和保留那些有效的、可以适应复杂环境的结构，几乎不会另起炉灶，设计新的结构。

很有可能，引导产生个体和社会领域躯体标记的结构也协助了“其他”种类的决策。帮助你交友的决策系统同时也帮助你设计了不会漏水的地下室。很自然地，躯体标记无须是被我们所知觉的“感受”，仍然可以隐秘地控制我们的注意，使我们更关注某些特定部分，事实上，躯体标记也控制着非个体和非社会领域决策的开始、停止和转向。这个机制在一定程度上类似于蒂姆·沙利思（Tim Shallice）提出的决策中的“广义标记机制”，尽管他并没有为这一机制建立神经心理学解释，但在最近的一篇文章中，他谈论了一种可能的近似[15]。这两者的生理学机制可能是相同的，即基于躯体的信号，无论是否进入意识层面，都可以被注意系统关注。

从演化的角度来看，最古老的决策机制首先涉及基本生物调节过程，接下来涉及个体和社会决策领域，最新的则涉及一系列抽象符号的运用过程，我们使用这套抽象决策系统进行艺术、科学、应用工程的推理活动，并用其发展语言和数学。尽管漫长的演化过程和相应的神经机制赋予这些决策推理“模块”一定的独立性，但我推测这些模块还是互相依存的。当我们见证了现代人类的创造力时，我们同时也见证了这些多种多样的决策模块的结合运用。

情绪的作用有好有坏

阿莫斯·特沃斯基和丹尼尔·卡尼曼的研究发现，我们每天所进行的客观推理远没有我们所设想那般高效[16]。简单来说，我们的推理策略有缺陷，正如斯图尔特·萨瑟兰所说的，非理性是理性策略中的“内奸”[17]。即便我们的推理策略完美无瑕，看起来还是不能很好地处理充满不确定性和复杂性的个体和社会难题。脆弱的理性机制需要特殊支持。

然而，情况远比我认为的要复杂。尽管我认为“冷静”的推理需要基于躯体的机制的辅助，但是其中一些躯体信号也会损害推理质量。反思卡尼曼和特沃斯基的研究，我认为理性中的失误不仅主要来源于计算失误，还源于生物驱力的影响，如顺从、从众、维护自尊的渴望，这些驱力经常表现为情绪和感受。举例来说，比起开车，大多数人更害怕坐飞机，尽管通过理性计算可以明确证明，坐飞机出事的概率要远远低于坐汽车，但人们害怕坐飞机仍然甚于坐汽车。这种决策缺陷来源于所谓的“易得性错误”，我的理解是，人们对于飞机事故的表象同其强烈的情绪刺激一起，主导了我们的推理过程，而且生成了一种负面的偏见使我们偏离正确决策。这个例子看起来和我的论点不协调，其实不然。这个例子中，生物驱力和情绪确实影响了决策，而且这种基于躯体的“负性”影响，尽管其与统计数字并不一致，但的确是生存指向的：飞机有时的确会坠毁，且一旦坠毁，生还人数远远小于汽车事故。

尽管有时候生物驱力和情绪会带来非理性的增加，但这两者对于我们仍是必不可少的。理性行为依赖于生物驱力和由此产生的自动化躯体标记机制，尤其是在个体和社会决策领域。尽管在特定场合下，驱力和情绪也会通过使我们忽略客观事实，甚至影响工作记忆这类决策支持系统而损害理性决策。

➤➤➤

还有一个例子来自我的个人经历，可以帮助说明上述观点。不久前，在一个冰冷的冬天，一个腹侧额叶损伤的脑损伤患者拜访了我的实验室。当时正下着冻雨，道路也结冰了，此时开车是十分危险的。因为他是自己开车过来的，于是我询问他路况是否很差、开车是否困难。他的回答迅速且不带感情：还好，和平时没有两样，除了在冰面开车时要特别留意一些步骤。接着这个患者描述了在这种天气开车要注意的步骤，还描述了一些汽车和卡车因为没有采取这些步骤而滑出了路面。他甚至还提到了一个例子，一个在他前面开车的妇女，开上了冰面之后开始打滑，她因为害怕所以猛踩刹车而不是慢慢制动，于是径直栽进了路边的排水沟中。不久，我的患者就开上了这个冰面，但丝毫没有受到前一个事故的影响，依旧冷静沉稳地向前开。他在讲这个故事的时候依然表现得很平静，和他当时经历这个故事时一样。

毫无疑问，这个例子告诉我们，缺少正常的躯体标记机制也有许多益处。大多数人都需要一个深思熟虑的决策过程才能压制自己情绪的冲动，告诉自己不要惊慌，不要受事故影响而猛踩刹车。这个例子说明了自动化躯体标记有时也会对行为有负面影响，换句话说，在特定情况下，缺少自动化躯体标记也是有益的。

下面将场景切换到第二天，同样是这个患者，我正和他讨论下次见面的时间。我建议了两个可选的日期，这两个日期都在下个月并且只差几天。这个患者打开了他的日程本，开始查询日历。此时，我们在场的研究人员都注意到了他显著的异常行为。在接下来的大半个钟头里，这个患者不厌其烦地列举了选或不选某个日期的理由：已经有安排、和其他安排冲突、可能的天气情况，基本所有可能的原因他都列举了一遍。就像他冷静地叙述在冰上开车一样，现在他开始没完没了地对不同日期的好处坏处、各种可选项及其结果进行没用的比较。我强忍住拍桌子的冲动没有让他闭嘴，我们最终冷静地告诉他还是在第二个日期来。他的反应同样冷静且迅速，只是回答了一个“好”，就把日程本揣回兜里，然后离开了。

他的行为是个很好的例子，显示了纯粹理性的缺陷，同时也表明了缺乏自动决策机制的灾难性后果。在这个例子中，一个自动化的躯体标记机制可以在许多方面有所裨益。首先，它可以帮助改善问题的整体框架。没有人会像这位患者一样浪费这么长时间在这个问题上，因为自动化的躯体标记系统可以帮助我们认识到这样的行为是没有意义的。至少，我们可以意识到这样的努力是可笑的。在另一个层面上，感受到潜在方法是徒劳的之后，我们就会选择抛枚硬币或其他依靠直觉的方法来确定日期。或者我们直接将问题抛给别人，让别人来选择，告知对方：我无所谓，你自己选择就好。

简单来说，我们可以意识到这种行为是浪费时间的，并且将其标记为负性的；我们也可以预计到别人看自己的眼神，并将其标记为尴尬。我们有理由认为这个患者存在这些内部表象，但是缺少相应的躯体标记，因此无法对其予以关注并加以考虑。

你可能会产生疑问，生物驱力和情绪既有益也有害，这一点太诡异了。让我解释一下，在生物领域中，利弊皆有的情况不只这一例。我们都知道一氧化氮是有害的，它会污染空气、使血液中毒。但这种气体同样也可以作为神经递质，在神经细胞间传递信号。另一个更奇妙的例子就是谷氨酸，这也是一种神经递质。谷氨酸在脑中广泛存在，用来传递兴奋信号。然而，当中风损害神经细胞后，神经细胞会在周围释放过量的谷氨酸，导致周围无辜的健康神经细胞因过度兴奋而死亡。

➤➤➤

最后，我们还要关注不同类型的问题所涉及的躯体标记的数量和种类。在恶劣天气下，飞行员将飞机降落在繁忙的机场时，不能让自己对细节的注意受到感受的影响，因为飞行员的决策要依赖于此。然而，在这种情况下，他的感受也应在行为目标中占有一席之地，即对所有乘客、机组人员以及自己的生命、家人的幸福的责任感。小框架下感受过多或大框架下感受过少都会有灾难性后果。股票市场的场内交易员也处在相似的窘境中。

一个很好的例子来自对指挥家卡拉扬的研究。澳大利亚心理学家G. 哈勒和H. 哈勒（G.and H.Harrer）对卡拉扬在不同情况下的自动反应模式进行了观察：在他驾驶私人飞机降落在萨尔茨堡的机场时，在录音室工作时，在聆听贝多芬的利奥诺拉序曲三的回放时。

卡拉扬的音乐表演充满了大量的反应变化。与运动相比，他受情绪冲击时脉搏跳动频率上升更为剧烈。他在聆听音乐时和录音时的脉搏特征差不多。卡拉扬降落飞机的技术也很一流，即便有人让他在飞机触地后紧接着做个紧急拉起爬升，此时他的脉搏变化也远远低于演绎音乐时。他最钟情的还是音乐，事实也本该如此。有次我也注意到了，就在他弯曲了一下指挥棒准备开始演奏贝多芬第六交响曲时，我对坐在我边上的妻子轻声说了句话。卡拉扬的胳膊就停止了，转过身并用斥责的眼神盯着我。可惜当时没有人测量一下我俩各自的脉搏。

注意和工作记忆

与躯体标记机制同样必要的可能是为理性构建神经生物学的基础，但是，必要性并不意味着充分性。正如我之前所讨论的，除了躯体标记，逻辑能力也会发生作用。此外，有些过程需要在躯体标记之前，或同时，或紧随其后发生。这些过程是什么呢？它们的神经机制又是什么？

当躯体标记发挥其倾向性作用时，还有其他过程也在或外显或隐秘地起作用吗？是什么让大脑能够将推理依凭的表象维持必要长的时间呢？为了回答这些问题，请允许我回到本章开头讨论的问题。在你需要作出决策时，主导你心智的就是由对情境的考量而产生的丰富、广阔的知识。与各种行为选择及其可能结果相关的表象都被激活，并成为注意的焦点。描述你听到的或看到的实体和情境的词语和句子也都争相成为焦点。这个过程建立在连续的对实体和事件结合的创造上，其结果是，结合之前类型化的知识形成了丰富多样的共存的表象。让－皮埃尔·尚热（Jean-Pierre Changeux）曾将前额叶组织描述为“多样性生成器”（generator of diversity），因为前额叶的确执行了这一功能，并且引起了其他脑区大量表象的形成。这个描述对于前额叶来说尤其恰当，因为额叶产生了自己的“免疫前体”（immunological forerunner），还将自己变成了一个神奇的首字母缩略词[19]。

这一多样性生成器需要配备大量的事实性知识，这些事实性知识涉及了我们所面对的情境、情境中的主体、这些主体可能的行为及其相应结果。大脑将事实性知识进行分类处理，构成事实性知识的事实根据要素标准分类，根据对选项类型、结果类型、选择和结果联系的类型的区分，这种分类有助于我们进行决策。这种分类过程还会将与特定价值相关的选项和结果进行排序。当我们面对某个特定情境时，事先的分类有助于我们迅速发现特定选择和结果是否对自身有利，或偶然性在多大程度上会影响这一有利性。

只有满足下面两个条件，知识的呈现才会发生：第一，个体必须能够使用基本注意，这种注意可以使表象在意识层面得以保持。在神经层面而言，这个过程依赖于维持特定表象的神经模式的增强及周围神经活动水平下降[20]。第二，个体必须有基本工作记忆，其可以将独立的表象保存几百毫秒到几千毫秒[21]。这意味着大脑可以从容地重复使用维持各种表象所需的拓扑性表征。当然，这里有一个重要的问题，即是什么驱动了注意和基本工作记忆呢？答案只能是“基本价值”（basic value），即生物调节系统中固有的一系列基本偏好。

如果没有基本的注意和工作记忆，当然就不会有连贯的心智活动，而且可以确定的是，躯体标记根本不能正常运作，因为此时没有稳定的场所可供躯体标记工作。此外，在躯体标记工作完成之后，有机体可能仍然需要注意和工作记忆。有机体进行推理时需要比较可能的结果，确立不同结果的排序，从而得到相应的推论，这些过程都需要注意和工作记忆。在完整的躯体标记假设中，我提出：由某个特定表征所引起的躯体状态，无论它是积极的还是消极的，那么其就不仅是被表征物价值的标记，还是持续工作记忆和注意的推动者。个体的偏好和目标，无论是正面的还是负面的，都为工作记忆和注意注入了动力。工作记忆和注意的分配和维持不是凭空产生的。这两者首先由有机体的内在偏好所驱动，在此基础上受后天获得的偏好和目标影响。

对于前额叶皮层而言，我认为，对腹内侧区域的生物调节和社会领域事件起作用的躯体标记，会影响背外侧区域的注意和工作记忆的运转，而且其他领域知识的运转也依赖背外侧区域。这就是说，躯体标记也有可能会影响生物调节和社会领域本身中的注意和工作记忆。换句话说，对于正常个体而言，源于特定刺激的躯体标记会激发整个认知系统的注意和工作记忆。但是对于腹内侧区受损的患者而言，上述过程或多或少地受到了损害。

偏好机制与序列创造

有三个因素可以支持针对由事实性知识产生的大量场景的推理过程：伴随偏置机制的自动化躯体状态、工作记忆、注意。这三个支持性因素相互作用，并且似乎都涉及一个关键问题，即产生平行空间呈现的输出序列，卡尔·拉什利（Karl Lashley）最早意识到了这个问题，因为考虑到大脑的固有设计，在任一时间内，只允许有限量的运动输出和有意的心智输出[22]。构成思维的表象必须先组成“短语”，然后按照时间顺序组成“语句”，我们对外界反应的动作构成也是如此。这些最终构成思维和运动的“短语”和“句子”，都是从各种平行呈现的可能性中选出的。此外，因为思维和运动都需要同时加工，这几种序列的组织也必须连续进行。

无论我们认为推理是基于自动化选择，还是基于利用符号系统进行的逻辑推演，又或两者兼有，我们都不能忽视序列的问题。我提出以下解决方案：（1）如果序列产生于几种可能性，那么必然需要对这些可能性进行排序。（2）如果需要进行排序，那么必然存在排序的标准或称价值或偏好。（3）排序标准由躯体标记提供，躯体标记表达了任意时间内我们接收和获取的积累偏好。

但是躯体标记如何提供排序标准呢？一个可能性是，当不同的躯体标记和不同的表象组合共存时，它们就可以改变大脑处理这些表象的方式，因此可以偏好的形式运作。这种偏好可以针对不同部分分配不同的注意增强，其结果就是不同程度的注意被自动分配给了不同的内容，进而产生了一个不均匀的场景。例如，根据在整个过程中的排序，意识加工的焦点会从一部分转移到另一部分。这个过程的发生需要各组成部分在心智中以相对稳定的形式维持几百毫秒到几千毫秒，而这就是工作记忆所能做的。最近一些研究支持了我的想法，即威廉·纽瑟姆（William T. Newsome）和他的同事对感性决策所做的神经生理学的研究。他们发现，某些表征特定内容的特定神经元群信号平衡的变化，会导致有利于这一特定内容的“决定”的产生，而且是通过类似于“赢家通吃”的机制[23]。

正常认知和运动过程要求对同时发生、相互作用的序列进行组织。有需要序列的地方就有作决策的需要，而有需要作决策的地方就需要有决策的标准。由于许多决策都会对有机体的未来造成影响，因此有可能一些决策标准直接地或间接地根植于有机体的生物性驱力中，也可以说就是推理中。生物性驱力会隐秘地或公开地展现，并可以作为标记偏好来使用，这一标记偏好是由某一领域内表征的注意设置的，这些表征通过工作记忆保持活跃。

绝大多数人的自动化躯体标记装置都已经很幸运地在一个相对健康的环境中得以建立，并且通过教育适应了文化中的理性标准。尽管自动化躯体标记装置根植于生物调节系统中，但它还是根据文化规则加以调节从而使个体能在特定社会中生存。如果我们假设大脑是正常的，其发育所处的文化也是健康的，那么与社会习俗和伦理规范相关的躯体标记装置就是有合理性的。

生物性驱力、躯体状态和情绪，也许这三者对于理性的建立都是必不可少的。推理神经大厦的较低层级同样也用来调节情绪和感受的加工过程，与躯体本身的整体功能一起，共同保证有机体正常存活。这些低级神经系统和躯体本身保持着直接和双向的关系，因而使躯体成为最高级的推理和创造力运作中的一环。理性可能是被躯体信号所塑造和调节的，即便在理性表现出最崇高的特性并付诸行动时也是如此。

➤➤➤

大卫·休谟曾敏锐地意识到了情绪的价值，他应该不会反对上面的讨论。帕斯卡也说过：“心有其理，但推理对其一无所知。”[24] 据此，他也应该会同意我的观点。这里我稍稍修改一下他的说法，即有机体拥有一些理由是必须被推理加以利用的。推理过程在心灵之外继续运作，这一点是毋庸置疑的。首先，利用逻辑工具，我们可以检查在偏好帮助下所作出的选择的有效性。其次，我们可以利用语言中的归纳演绎策略在超越上述选择的范围内进行决策。在完成本书后，我发现一些可以共存的观点。埃文斯（J. St. B.T. Evans）提出有两种理性，大致与我说的个体与社会领域以及非个体与社会领域的分类相同；哲学家罗纳德·索萨（Ronald De Sousa）提出情绪天生具有理性；约翰逊－莱尔德（P.N. Johnson–Laird）和基思·奥特利（Keith Oatley）提出基本情绪可以用理性的方式帮助管理行为[25]。

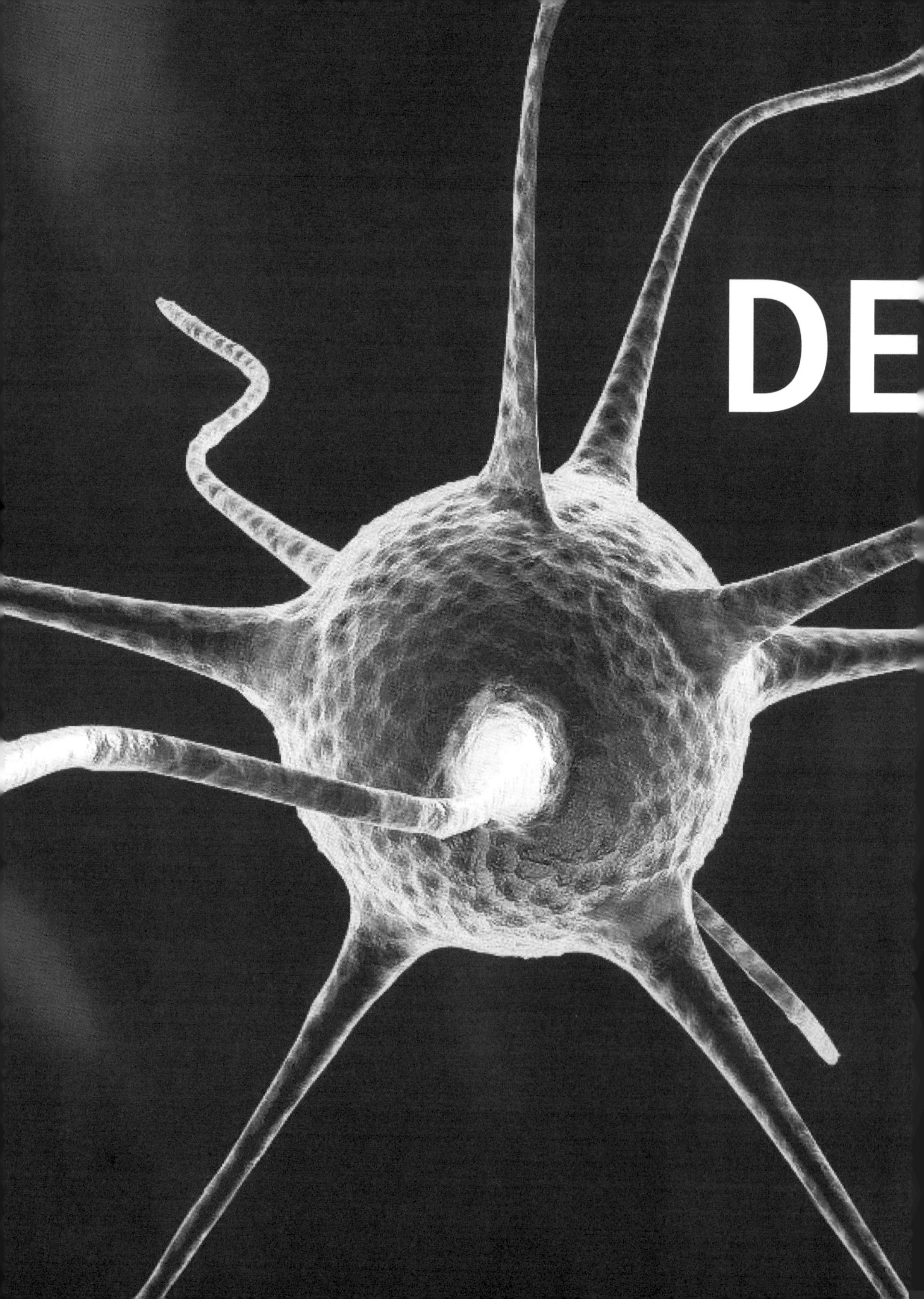
DE

CARTES'
ERROR

第三部分

彻底颠覆二元论

从躯体标记假设和演化的证据上看，没有躯体就不可能产生心智。但笛卡尔的“二元论”在我们的肉体和心灵之间划出了一道鸿沟，它将最精巧的心智过程与躯体分离了，这种观点一直主导着西方科学界和思想界，是时候颠覆它了。

09

检验躯体标记假设

为了检验躯体标记假设，我的第一个研究方法利用了自主神经系统的反应，我和心理生理学家兼实验神经心理学家丹尼尔·特拉内尔为此设计了一系列实验。自主神经系统由位于边缘系统和脑干的以杏仁核为代表的自主控制中枢，以及从中枢到全身内脏的神经元投射组成。有机体的所有血管，包括皮肤的血管都受到自主神经系统的神经末梢的支配，心脏、肺部、肠子、膀胱和生殖器官概莫能外。甚至连脾脏这种主要与免疫有关的器官也受自主神经系统的支配。

自主神经系统分为两个主要部分：交感神经和副交感神经，它们发端于脑干和脊髓，有时伴随非自主神经一起向下延伸，有时独立延伸。交感神经和副交感神经的活动由不同的神经递质调节，而且它们是相互颉颃的；例如交感神经负责收缩平滑肌，而副交感神经则使平滑肌松弛。将反映内脏状态的信号传回中枢神经系统的自主神经系统也使用同样的路径。

从演化的角度看，那些远没有我们人类复杂的有机体的大脑似乎是通过自主神经系统来对内部经济调节进行干预的。如果生命只追求少量器官功能之间的平衡，如果有机体与周围环境的互动在种类和数量上都有限，那么免疫系统和内分泌系统就能够管理所有需要被管理的事情。此时大脑所需要的是来自不同器官的状态信号以及特定外部环境下有机体进行调整的方法。自主神经系统可以精确提供下面的内容：针对内脏信号传递改变的输入网络，以及将运动信号传至内脏的输出网络。随后，有机体还演化出了更为复杂的运动反应，如最终对手部和声带的控制。这些控制反应需要更为复杂的周围运动系统的分化，使其能更精细地控制肌肉和关节，并向有机体传递触觉、温度、疼痛、关节位置和肌肉收缩程度的信号。

回想一下，虽然在背景和情绪状态的构建中，内脏部分看起来似乎比骨骼部分更关键，但是躯体标记涵盖了躯体状态的所有改变，包括由神经和化学信号两者所引起的内脏和骨骼系统的改变。为了用实验方法探索躯体标记假设，我们必须从上述躯体状态中选择一种进行研究，因此从自主神经系统开始研究也就合情合理了。毕竟，当我们产生特定情绪的躯体标记时，尽管重要的化学回路也会被激活，但自主神经系统才是调节躯体生理参数的关键。

皮肤电传导反应

在所有能够在实验室中被研究的自主神经系统反应中，皮肤电传导反应可能是最实用的。该反应很容易被激发，也很可靠，且心理生理学家已经对各个年龄段以及各个文化中正常成人的这一反应进行了详细研究。其他很多被详细研究过的反应，还包括心跳、皮肤温度等。通过一对分别连接到皮肤和生理多导记录仪的电极，实验者可以在不造成被试任何疼痛和不适的情况下记录皮肤电传导反应。该反应的主要原理如下：当特定感知觉或思维开始影响我们的躯体并开始产生躯体状态，如有关特定情绪的躯体状态时，自主神经系统会悄悄提升皮肤汗腺的分泌。尽管这种程度的汗液释放不足以被肉眼或皮肤觉察到，但已经足以减少电流通过的电阻。为了测量这种反应，实验者需要在两块探测电极间释放一股低压电流。皮肤电传导反应即指这股电流的改变，并被记录为一个波形，在一段时间内先上升后下降。我们可以对这个波形的振幅以微西门子（micro Siemens）为单位进行测量，用来描绘其随时间的变化。我们还可以测量在特定时间窗口内特定刺激引起的皮肤电传导反应频率。

皮肤电传导反应是心理生理学的主要研究手段之一，它在所谓的测谎中也发挥着备受争议但实实在在的作用。在测谎时，会诱导被试故意否认特定的人或事，被试会不自觉地产生皮肤电传导反应，从而表明被试在说谎，这和我们的实验目的截然不同。

在我们的研究中，我们首先希望探索像埃利奥特这样的患者是否仍然会产生皮肤电传导反应。我们想知道他们的大脑到底还能否诱发躯体状态。为了回答这个问题，我们在实验中比较了三类被试：正常人、额叶损伤患者和其他区域脑损伤患者。我们诱发了被试的皮肤电传导反应，并对该信号进行持续记录。其中一个实验条件称为“惊吓”反应，我们用一个意料之外的声音，如故障，或突然的强光来刺激被试。其他比较可靠的皮肤电传导反应的常态化指标是一些生理活动，如深呼吸。

没过多久，我们就证实，所有额叶损伤患者和其他区域脑损伤患者都能像正常人那样在相应的实验条件下产生皮肤电传导反应。换句话说，对于额叶损伤患者来说，产生皮肤电传导反应所需的神经机制并没有受到损害。

我们还想知道，当面对那些需要进行情绪评估的刺激物时，额叶损伤患者是否会产生皮肤电传导反应。为什么需要回答这样的问题呢？因为我们知道，像埃利奥特这样的患者无法产生情绪体验，而之前的研究发现，正常人在面对高度情绪化的图片时，总是会产生强烈的皮肤电传导反应。例如，我们看到恐怖或血腥的场面其照片时，以及观看色情图像时，都会产生这类皮肤电传导反应。你可以把皮肤电传导反应想象成躯体状态中微弱且不易察觉的一个组成部分，但是如果躯体状态非常强烈，你还是可以察觉到躯体的兴奋和唤起。例如，有些人此时就会起鸡皮疙瘩。重要的一点是，皮肤电传导的改变只是躯体状态反应的一部分，出现皮肤电传导反应并不意味着你一定能觉察到躯体状态的改变。显然，如果没有出现出现皮肤电传导反应，你就无法在意识层面觉察到情绪带来的躯体状态改变。

我们设计了实验用来比较额叶损伤患者、其他区域脑损伤患者和正常人，三组人在年龄和教育程度上都进行了匹配。实验中，被试坐在一把舒服的椅子上，身上连接着生理多导仪以记录皮肤电传导反应，他们不用说话也不用做其他事情，只需要看投影出来的一张张图片，其中大部分图片都是平凡无奇的，如平淡的风景或抽象符号，但我们也时不时地在中间随机穿插了一些刺激性的图片。被试看这几百张图片的时候实验一直在进行。我们告知被试要专注，并且让他们在实验之后报告自己看到了什么、有什么感觉，以及某张图片出现在哪个时间段。

实验结果是确凿无疑的[1]。额叶损伤患者看到刺激性图片时无法产生比看到中性图片时更强烈的皮肤电传导反应，他们的反应信号是一条直线；相反，正常人和其他区域脑损伤患者都产生了相应的皮肤电传导反应（见图 9-1）。

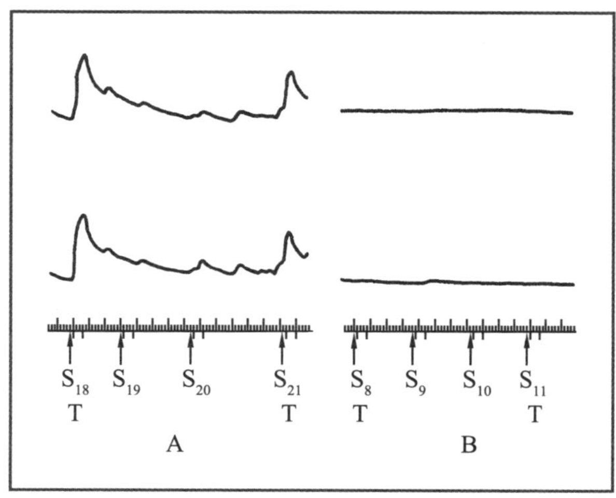

图 9-1　不同被试的皮肤电传导反应

正常被试的皮肤电传导反应（A）和额叶损伤被试的皮肤电传导反应（B）。他们观看的图片中的刺激性图片被标记为 T，如 S_{18}。正常被试在观看刺激性图片时会产生比观看正常图片时更强烈的皮肤电传导反应，但是额叶损伤的被试对两种图片都没有产生反应。

为了避免草率地得出结论，我们决定用不同被试、不同图片重复实验，同时也用这批被试在不同的时间再次重复实验。实验中，之前的结果没有发生变化。正如上文所述，额叶损伤患者在看到刺激性图片时无法产生任何皮肤电传导反应。虽然这些额叶损伤患者可以在实验后清楚地报告他们看到的图片细节，包括位置和顺序。他们能在语言上描述图片所示的情绪，如悲伤、厌恶或害怕；也能报告这些图片相互之间的关系，或这些图片出现的先后顺序。毫无疑问，这些被试全神贯注地完成了实验，他们能理解图片的内容，也能在不同程度上理解图片所表达的概念。他们知道某张图片描绘了什么，如一个谋杀场景，也知道这张图片的恐怖之处，且人们应该对遇难者表示哀悼、对谋杀的发生表示遗憾。换句话说，特定刺激可以唤起额叶损伤被试的相关知识。但是，和对照组不同的是，他们无法产生任何皮肤电传导反应。统计分析表明，这其中的差异是非常显著的。

就在做第一批访谈时，一个额叶损伤的被试就坦率地承认，自己损失的不仅仅是皮肤电传导反应。他注意到，观看实验图片的时候，尽管他能意识到其中某些图片具有强烈刺激性，但内心毫无波动。我们要考虑他的这番坦诚的重要性。这个患者能理解到图片的意义以及图片暗含的情绪，但却清楚地意识到自己不能“感受”到那些从前可以感受到或本应该感受到的情绪。这个被试还坦率地告诉我们，他的肉体不再能像之前那样对那些刺激产生反应了。这就是说，“知道并不一定能感受到”，即便你意识到在某些情况下自己应该产生情绪，你也无法感受到这种情绪。

额叶损伤患者始终缺乏皮肤电传导反应，此外他们还缺乏相应的情感，这两点使我们相信，躯体标记假设值得我们进一步探索。看起来，这些患者损伤的是对特定事实与特定情绪进行配对反应的倾向性知识，其他知识体系则保持完好。由于缺少了这种自动的联结，患者虽然可以在内部唤起事实性知识，但是无法产生躯体状态，或者至少可以说他们无法意识到这种躯体状态。他们可以利用丰富的事实性知识，但是他们不能体验感受，也就是说，他们不能利用与被唤起的事实性知识相连的躯体行为方式的“知识”。此外，因为这些患者曾经是正常人，所以他们能意识到曾有的情绪感受丧失了。

总的来说，皮肤电传导反应实验提供了一个可测量的生理学指标，反映了我们在这些患者中发现的情绪共鸣的明显减弱，并且反映了这些患者自身感知到的这种感受的减弱。

赌博实验

另外一个检验躯体标记假设的实验方法是我的博士后安托万·贝沙拉（Antoine Bechara）设计的。就和其他研究者一样，他对大多数神经心理学不自然的实验方法都不满意，因此他希望设计一个更加贴近真实决策行为的实验。他设计出一系列精巧的实验任务，而后又被我们实验室的汉娜·达马西奥和史蒂芬·安德森改进，并被世人所知，叫作“赌博实验”[2]。总的来说，相比其他无聊的实验，赌博实验显得丰富多彩。正常人和患者都能乐在其中。我还记得，当时有重要的人来访问我的实验室，正好看见实验过程，他目瞪口呆，悄悄地告诉我：“居然有人在这里赌博！”

在基本实验中，被试，即游戏中的“玩家”坐在四张桌前，桌上分别放了一堆纸牌，并被标记为A组、B组、C组、D组。实验开始前，我们借给被试2 000美元的游戏纸钞，但看上去和真钞一样，并告知他们，该实验中他们的目标是尽可能地少输钱、多赚钱。实验中，被试需要不断地翻纸牌，直到主试停止实验。被试并不知道实验会在什么时候停止。我们告诉被试，他们每翻开任意一张纸牌，都会赚取一笔钱，在赚钱时偶尔也需支付给主试一笔钱。此外，每张纸牌的得失额、纸牌与桌子间的关系、不同纸牌之间的关系和顺序，事先都不会告知被试。只有在纸牌被翻开后才会告诉被试每张纸牌的得失额。除此之外，没有其他更多的说明。在实验进行中的任何时刻，我们也不会告诉被试一共赚的钱或亏的钱，我们也不让被试做笔记。

翻开A组、B组中的每一张纸牌都会获得100美元，翻开C组、D组中的每一张纸牌只能获得50美元。在翻纸牌的过程中，时不时地，翻A组、B组，即100美元组的卡片的时候，被试会亏一大笔钱，有时候甚至高达1250美元。同样地，翻C组、D组，即50美元组的纸牌的时候，被试有时也会亏钱，但总的来说亏的不多，平均来说少于100美元。这个隐藏规则贯穿实验全程。此外，我们也没有告诉被试，实验过程只有100轮。被试在开始时无法预测接下来会发生什么，并且也绝没可能准确记住得失。和现实生活一样，我们生存以及构建对未来适应性所保凭的经验都是一点一滴积累起来的。我们的知识就和该游戏中的玩家的知识一样，被有机体的内在偏好和周遭环境共同塑造，举例来说，相比损失、惩罚和高风险，我们更偏好收益、奖赏和低风险。

正常被试在实验中的表现很有趣。他们一开始会尝试所有四组纸牌，试图发现游戏模式或线索。之后，也许是受到A组、B组高回报的诱惑，他们一开始会偏好A、B这两组纸牌。但是，随着游戏继续进行，在30轮之前，他们就会开始偏好C组和D组的纸牌。尽管有些自称爱冒险的人还会时不时地翻A、B这两组的牌，但还是转向了更加谨慎的选择。总体来说，大部分正常被试会坚持偏向C、D这两组牌，直到游戏结束。

实验中，被试无法精确计算收益和损失。但是，被试可以一点一点地了解到A组、B组的牌比其他两组牌更危险。也许他们通过直觉意识到了，尽管C、D两组的初始报酬很少，但因惩罚额比较小，从长远来看是较为有利的。我猜测，在有意识的直觉之前和之下，存在一个非意识的过程。该过程在每次决策之前对结果作出了预测，并不断告诉有心的被试，采取某个行动可能会带来的收益或损失。简而言之，我认为，这不是一个简单的有意识或无意识过程。看来要让这个高度协调的决策脑正常运作，有意识和无意识过程都要参与进来。

腹内侧前额叶损伤的患者在实验中的表现提供了许多信息。他们在实验中的表现与他们损伤发生后在日常生活中的表现类似，但与损伤发生前不同。实验中，他们的行为模式和正常人截然不同。

在经历了一般的尝试之后，前额叶损伤患者会持续地偏向A、B两组纸牌，并更少地翻C、D两组的纸牌。尽管一开始他们会从A、B两组牌中获得更多的收益，但是因为中间亏损过多，以至于实验进行到一半时他们就破产了，不得不向主试借更多的贷款。埃利奥特在游戏中的表现尤其突出，因为他把自己描述成一个保守的、低风险偏好的人，但那些把自己描述为高风险偏好或赌徒的正常被试和他相比，都表现得很谨慎。此外，实验结束的时候，埃利奥特清楚地知道哪些牌组好，哪些牌组差。几个月后我们用不同的实验材料又重复了一次实验，埃利奥特在实验中的行为依旧和他在现实生活中一样，即持续不断地犯错误。

这是有史以来的第一个实验室实验，用以测量像菲尼亚斯·盖奇这样在生活中麻烦不断的人。在该实验任务中，其他前额叶损伤患者的行为表现和埃利奥特类似。

为什么这个实验能够成功，但另一些实验失败了呢？大概是因为这个实验十分贴近真实生活。这个实验任务是实时进行的，并且类似日常的卡牌游戏。该实验涉及了输赢，并且输赢还明显地与金钱有关。该实验吸引被试在一个风险情境下寻求利益，并为被试提供选项，但是实验本身并没有明确告诉被试怎么选、什么时候选和选什么。实验充满不确定性，并且减少不确定性的唯一方法就是尽力产生直觉从而对概率作出估计，因为精确计算是不可能的。

上述行为背后的神经心理学机制非常有趣，在额叶损伤患者当中更是如此。显然，埃利奥特认真地投入到了实验中，他全神贯注、十分合作并且关注游戏结果。事实上，他希望"赢钱"。但什么原因使他的选择如此糟糕呢？和他的其他行为一样，他并不缺乏知识或缺乏对情境的理解。随着实验的进行，选择的背景逐渐明朗。当他输了 1 000 美元时，他意识到了，因为他把罚款付给了主试。但是此后他依然会选 A、B 两组，尽管这两组牌总是让他亏损。我们无法将其归咎为游戏的记忆负荷过大，因为输赢都是很明显的。随着亏损越来越多，埃利奥特和其他额叶损伤患者不得不向主试申请贷款，这也是他们决策失误的一个明显证据。但他们还是持续作出不利决策且时间远远长于其他组的被试，其中包括非额叶区域脑损伤的被试。两组被试在四组牌上的选择频率见图 9-2。

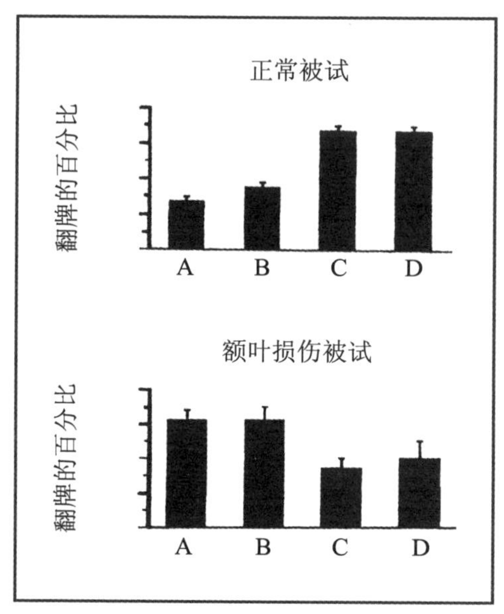

图 9-2　两组被试在四组牌上的选择频率

整体来说，正常被试偏好 C 组和 D 组，而额叶损伤被试偏好 A 组和 B 组。两者的差异是显著的。

非额叶区域脑损伤的被试和正常被试玩得一样好，只要他们有正常视觉并能理解规则。甚至有语言障碍的被试也可以正常游戏。一个左侧颞叶损伤并由此导致命名障碍的被试在实验中一直嘟囔着，说不理解发生了什么。然而，她的行为无可指摘。在保存完好的理性的指引下，她果断地作出了自己的选择。

额叶损伤的被试的大脑中发生了什么？现将几种可能的机制陈述如下：

1. 和正常被试不一样，额叶损伤的被试对惩罚不再敏感，他们的行为只受奖赏控制。

2. 额叶损伤的被试对奖赏过度敏感，以至于只要奖赏出现，他们就忽视了惩罚。

3. 额叶损伤的被试仍然对奖赏和惩罚敏感，但是这两者都无法影响自发决策机制，也无法调节对目标的预期，因而他们只青睐能够带来短期回报的选项。

为了厘清这些可能性，安托万·贝沙拉又设计了另外一个实验任务，新实验将之前任务中奖赏和惩罚出现的顺序颠倒了过来。现在，在大部分情况下，每次翻牌都出现惩罚，而奖励则散见其中。和前一个实验一样，其中两组牌带来收益而另外两组牌带来损失。在新游戏中，埃利奥特的表现和正常被试一样好，而且其他额叶区域脑损伤的患者的表现也未见异常。换句话说，前额叶脑损伤患者对惩罚不敏感这一说法可能是不对的。

我们提出的另外一个反对前额叶脑损伤患者对惩罚不敏感假设的证据，来源于对这类患者在第一个任务中的表现的定性分析。结果显示，在受到惩罚后，这些患者会像正常人那样立即避开之前带来惩罚的那组卡片，但和正常人不一样的是，这些患者之后还会继续选这些牌组。这说明这些患者依然对惩罚敏感，尽管惩罚的作用似乎并不长久，这可能是因为惩罚并不能与之后决策的结果预期相联系。

对未来的短视被放大

对于一个外部观察者而言，上述第三个假设似乎会让患者更在乎近期结果而非远期结果。由于缺乏对未来预期做标记和持续调整的能力，这些患者在很大程度上受制于短期结果，看起来对长期结果不敏感。这意味着前额叶脑损伤患者的异常表现是因为对正常短视趋向的异常放大，因而他们追求短期利益而不顾长期利益。适应性良好的社会个体会将该短视趋向控制在合理范围内，尤其是在与个人相关的情境中，但前额叶脑损伤患者则屈服于该趋向。我们将前额叶脑损伤患者所处的窘境描述为“对未来的短视”，这个说法也被用来描述那些因酗酒和药物滥用而影响行为的个体。酗酒的确让个体变得目光短浅，其影响如此之大甚至能使个体完全只关注当下[3]。

现在我们可以做个小结了，前额叶脑损伤会使个体不再使用从教育和社会化中学到的内容。人类最显著的特征之一就是有能力学会以未来前景而非即时结果来指导自己的行为，个体从儿童期就开始了这种学习。但是对于前额叶损伤患者而言，脑损伤不仅破坏了他们之前已经习得的与行为指导有关的知识，还影响了他们继续获取这种知识的能力。这种悲剧唯一让人宽慰的地方在于，这些患者为科学研究打开了一扇窗，在脑损伤的病例中常常如此。通过这些研究，我们可以了解他们所丧失的能力的本质是什么。

➤➤➤

我们现在已经知道了那些会带来麻烦的脑损伤发生在何处。我们也对这些受损脑区包含的神经系统有了认识。但是，为什么这些区域的损伤会使远期结果不再对决策产生影响了呢？我们进一步对各个部分进行了分析，认为有如下几种可能性。

一种可能是，组成远期结果的表象都是微弱且不稳定的。这些表象可以被激活，但是在意识中无法保存太久，以至于不能一直在合适的推理策略中发挥作用。用神经心理学的话来说，就远景的表象而言，此时工作记忆或注意机制没有很好地运转。无论这些表象涉及躯体状态还是躯体之外的场景，上述说法都是成立的。

另一个可能性运用了躯体标记假设。即便远景的表象是稳定的，内侧前额叶损伤依然可能阻止与躯体状态相关信号的唤起，这可以通过躯体回路或替代回路完成，其结果就是无法标记相关远景。这些远景的重要性不再明显，也无法对决策过程产生影响，或被即时结果的重要性所掩盖。对于这个可能性我再解释一点，即这些患者丧失的是对未来结果产生重要性预测的机制。在前述赌博游戏中，通过不断学习给定牌组的惩罚/奖赏比例，正常被试可以学习到这个重要性。换句话说，大脑可以给每个牌组打上不同程度的或好或坏的标签。这一基本过程可能是无意识的，并包含了对负面结果在频率和数量上的权衡。这个潜伏的、非意识的推理过程的神经表达即为偏好状态。但是，这个过程似乎没有发生在前额叶受损的患者身上。

我当下的观点结合了上述两种可能性。相关躯体状态的激活是关键因素。但是我仍然推测，躯体状态机制作为一个推动者，起到维持和优化与未来场景相关的工作记忆和注意的作用。简而言之，如果类似躯体标记的机制无法发挥作用，你就无法对自己和他人的心智构造出完整的“理论”。

预测未来的功能受损

自然而然地，汉娜·达马西奥提出了一个赌博实验的后续研究计划。她的想法是监测正常被试和额叶损伤患者在赌博实验中的皮肤电传导反应，以此来发现额叶损伤患者和正常被试的反应到底有何不同。

安托万·贝沙拉和丹尼尔·特拉内尔开始着手研究这个问题，他们让患者和正常被试在游戏的同时连接上多导记录仪。这样就可以同时记录两组数据：被试的持续行为选择以及过程中产生的持续的皮肤电传导反应的概貌。

第一批结果产生了一个惊人的结果。与每次翻牌产生奖赏和惩罚同步，正常被试和额叶损伤患者都可以产生皮肤电传导反应。换句话说，在每次惩罚和奖赏出现之后的几秒内，正常被试和额叶损伤患者都受到了触动，并都产生了皮肤电传导反应。这一点很重要，因为其又一次表明，这些患者在特定情况下可以产生皮肤电传导反应，但在其他情况下不行。显然，患者会对正在发生的，如声、光、输、赢等刺激产生反应，而不会对不能直接知觉的某些与刺激相关的心理表征产生反应。乍看起来，有人会把这些额叶损伤患者的窘境描述为“眼不见，心不烦”（out of sight, out of mind），帕特里夏·戈德曼–拉基奇（Patricia Goldman–Rakic）就用这个词准确地形容了背外侧额叶功能失调所造成的工作记忆损伤。我们知道，对这些患者而言，虽然“眼不见”，但“心还见”，只是心中所想的无法影响行为罢了。或者更好的表述是“眼不见，心还见，但不在乎”。

在一连串的翻牌过程中，正常被试身上也发生了一些有趣的现象。当正常被试从坏牌组也就是 A、B 这两组事先被认定为高奖赏但惩罚更高的牌组中选择的时候，被试会产生皮肤电传导反应，并且反应强度随着实验的进行不断提高。换句话说，正常被试的大脑可以不断学习并进行预测，从而在选择前对相关的负面结果发出警告信号[4]。

正常被试在实验开始前没有产生上文所说的那种信号，而是在实验进行中通过积极、消极的经验逐渐积累的。这些强有力的事实说明，正常被试可以学习情境的重要方面，并且试图提前发出信号来预测那些消极的结果。

我们在正常被试身上看到的结果令人着迷，额叶损伤的被试的反应更是如此：这些患者根本无法产生预期反应，也没有证据表明这些患者的大脑可以对负面的远期结果作出预测。

比起其他可能的原因，上段提到的解释更能揭示这些患者的困境以及部分神经病理学原因。这些神经系统本可能让个体学习应该避开什么或应该偏好什么，但是患者的这个神经系统损坏了，导致他们无法对新情境产生合适的反应。

我们还不清楚，在赌博实验中，对负面远期结果的预期是如何产生的。有人认为，被试对每副牌组的好坏都作出了认知评估，并且自发地用直觉将其与躯体状态相联系以发出警告信号。在这个过程中，推理作为一种认知评估过程，发生于躯体信号之前。但是在这个过程中躯体信号仍然是关键因素，因为我们知道即便这些患者了解每副牌组的好坏，他们依然无法“正常”运作。

但是仍然还有一种可能性。在任何认知过程之前都有一个潜在的、非意识的评估过程。前额叶网络根据奖惩之后躯体状态的好坏频率，对每副牌组的好坏比例作出估计。在这种自动化的分类机制下，被试可以借此机会，思考每副牌组的好坏。基本躯体调节系统会为意识和认知过程提供基础条件。如果没有这个基础准备，个体就永远无法意识到接下来的结果是好还是坏，或者无法及时意识到。

10

为躯体服务的大脑

“他的躯体已经进入大脑了。”这句话是多萝西·帕克（Dorothy Parker）诗集中不为人知的一句。当然，帕克小姐从未涉足过神经生物学，也应该没听说过威廉·詹姆斯、乔治·莱考夫（George Lakoff）或马克·约翰逊（Mark Johnson），其中后两个人分别是语言学家和哲学家[1]。我引用这句诗的目的是试图给已经对我的学说感到厌倦的读者带来一丝轻松。在下面的内容中，我将回到我的观点，即躯体为心智提供了基础参照。

没有躯体就没有心智

想象这个场景：午夜，在一个大城市中，你一个人走在回家的路上，突然发觉有人一直在不远处跟着你。此时此刻，常识性的描述是这样的：你的大脑发现了这个危险，产生了一些可选项，你进行了选择，实施了行为；然后减少或消除了危险。正如我们前面对情绪进行的讨论一样，此时发生的事远比上述过程复杂。在这一场景中，大脑会发生神经和化学层面的改变，从而引起整个机体中组织和器官的巨大变化。此时有机体的能源利用效率、新陈代谢速率和免疫系统都发生了变化，生物化学状态快速波动，头部、四肢和躯干的骨骼肌收缩。躯体状态每一秒都在变化，这些变化的信号通过神经回路和血液中的化学回路返回大脑，并进一步影响了中枢神经系统的不同部位。而大脑检测到危险或兴奋，使躯体在局部回路或整体回路上偏离了常态。最重要的是，躯体和大脑都会发生改变。

尽管现在我们知道了许多例子，并可以用来说明躯体和大脑存在复杂的交互回路，但是通常我们还是认为躯体和大脑无论在结构层面还是功能层面上都是相互分离的。我们常常忽视了一点，即与环境互动的是整个有机体，而不是单独的躯体或大脑。当我们看、听、闻、尝和触的时候，躯体和大脑同时参与了和环境的互动过程。

想象你在欣赏喜爱的风景，此时不仅仅只有你的视网膜和大脑视觉皮层参与了这个视觉加工过程。虽然角膜是被动的，但视网膜和虹膜使光线通过，还根据图像调节了自身的大小和形状。眼球被若干块肌肉所固定，从而可以有效跟踪物体，头部和颈部也调节到了合适的位置。没有这些调整，个体无法看到风景。上述调整都建立在躯体和大脑之间的信号传输的基础上。

随后，跟风景有关的信号在大脑中得到加工，上丘这类的皮层下结构被激活，早期感觉皮层、大量联合皮层以及与之相连的边缘系统也被激活。随着风景相关的知识被大脑各处的倾向性表征激活，躯体也逐渐加入了这个过程。不久之后，内脏也对所见的风景和记忆中的相关表象做出了反应。最终，当对这一风景有关的记忆形成的时候，这个记忆就是上述机体状态改变的一个记录，这些机体状态有些发生在大脑中，包括外界图像的表象和由记忆构建的表象，有些发生在躯体中。

因此，感知环境不只是由大脑接受特定刺激，更不用说处理画面了。有机体主动地调节了自身并尽可能地与环境交互。躯体并不是被动的。还有一点也很重要。有机体为什么需要和环境互动呢？因为有机体需要维持内稳态以及机体功能平衡。有机体不断作用于环境，首先是行动和探索，这样就可以进行生存所需的各种交互。如果要有效避开危险并寻找食物、配偶和住所，就需要通过闻、尝、触、听、看的方式对环境进行感知，从而对环境做出适当的反应。对知觉而言，对环境做出反应和接收信号一样重要。

心智来源于整个有机体，这个说法乍一听有点反直觉。最近，心智所处的位置已经从 17 世纪时的虚无缥缈移到了大脑中，看起来有点降格，但仍然是个有尊严的位置。从演化生物学、个体发生学和目前的研究进展来说，提出心智依赖于大脑与躯体交互的这个说法看起来让人难以接受。我的观点是，心智当然来源于神经回路，但是其中许多回路是根据有机体的功能需要演化而来的，正常的心智运作依赖于这些回路对有机体本身的基本表征功能，并持续监控机体运作。简单来说，在外界物理刺激、社会文化刺激作用于有机体，而有机体对环境作出反应的过程中，神经回路不断表征机体。如果表征的基本内容没有与躯体绑定，我们或许也能拥有某种形式的心智，但这并不是我们现在所拥有的心智。

我并没有说心智就在躯体中。我说的是，躯体不仅支持了日常生活以及大脑调节，还为正常的心智提供了部分内容。

现在让我们回到之前那个深夜回家的例子。你的大脑发现了一个威胁，即有人在跟踪你，结果激发了你体内一连串复杂的生化和神经反应链。此时体内的反应有的刻印在躯体中，有的则在大脑中。即便你的身份是神经生理学家或神经内分泌学家，也无法区分体内的反应来自哪里。你只知道自己处于危险中，你警觉起来，走得越来越快，并最终脱离了危险。上述故事中的“你”是一个整体。事实上，它是一种非常真实的心智构建，因为现在还想不出更好的词来形容，我先称其为“自我”。“自我”建立在有机体的整体活动之上，其中既包括躯体，也包括大脑。

在介绍自我的神经基础之前，我首先要强调：自我是个反复重构的生理状态而不是之前章节提到过的那个藏在你脑中进行冥想的“臭名远扬的小人”。这里又提到这个小人，是因为我想强调，不能依赖这个假设的“脑中小人”来解释视觉或思维，因为显而易见的问题是，这个小人的脑中是否也有个小人呢？这种回答只会带来无穷往复的难题①，根本不能算作解释。我也必须要指出，我认为只存在一个完整的自我，这个观点和丹尼尔·丹尼特的一致，他认为大脑中不存在笛卡尔假设的那种“剧场”。当然，脑部疾病会让某个个体产生许多自我，正如多重人格障碍；或削弱或破坏正常的自我，正如病感失认症或某些类型的癫痫。这个自我虽然赋予了个体经验以主观性，但并不是心智中全知全能的主宰者。

为了产生这一生理状态下的自我，大脑和躯体的多个系统都需要全速运转。如果切断从大脑到躯体的所有神经连接，躯体就会发生严重改变，心智也会随之变化。反之，切断从躯体到大脑的连接，心智也会改变。即使只堵塞一部分躯体到大脑的通路，正如那些脊椎损伤的患者那样，此时心智也会发生改变[2]。

有个叫作“缸中之脑”的哲学思想实验，说的是：假设从人体上取下脑袋，将其放置在营养液中，按照和真实世界一样的方式刺激神经[3]。一些人相信这样一个大脑也会有正常的心智体验。现在暂且把针对这类思想实验合

---

① 事实上，我更喜欢把这个问题看作空间上的无限倒退问题，以此来强调真正的麻烦在于制造了一个俄罗斯套娃，一层套一层。

理性的怀疑放置到一边，我的观点是，这样的大脑不可能有正常的心智。由于缺乏大脑到躯体的刺激来更新和调节躯体状态，此时无法触发躯体状态的改变，而躯体状态的改变恰恰是生存感的基石。有人会争辩，可以在神经层面精确模拟躯体状态传来的信号，从而使缸中之脑产生心智。这当然“可行”，我猜测这种情况下会有某种形式的心智产生，但更精巧的方案是直接构建某个躯体替代物。从而证实，对于正常心智最重要的还是“躯体输入”。不太可能做到的是，让这种“躯体输入”以现实的方式与大脑做评估时引发的各种躯体状态所呈现的组织安排相匹配。

简单来说，大脑构建的用来描述情景的表征以及对情景反应所形成的动作，二者都依赖于大脑和躯体之间的双向互动。躯体在化学和神经的影响下不断变化，因而大脑就会构建持续变化的表征。其中一些表征是非意识层面的，另外一些表征则进入了意识层面。同时，来自大脑的信号持续传输到躯体，其中一些信号传输是有意识的刻意为之，而另一些则是自发的，后者来自一些其活动从来不会在意识中被表征的脑区。结果是，躯体再次发生变化，而相应的表象也随之改变。

在大脑神经元活动生成心智期间，大脑神经元首先和必须做的是表征躯体图式和活动。

躯体在演化中居于首位：数百万年，从简单到复杂，大脑都首先关注其所属的机体。而在较小的尺度上，这同样也适用于我们每个个体的发展过程，最初出现的是躯体本身的表征，之后才出现与外部世界相关的表征；最后在更小但并非无足轻重的尺度上，即当我们构建此刻的心智时也是如此。

心智来自有机体整体而非脱离肉体的大脑的想法与若干假设相一致。

第一，如果那些足够复杂以至于可以既生成运动反应（动作）又能生成心理反应（心智中的表象）的大脑在演化中被选择，那很有可能是因为这些心理反应通过如下一个或所有方式增强了机体的生存能力：对外部环境更加深刻的认识，如知觉到物体的更多细节、对物体的空间定位更加准确等；运动反应的精细度增强，如以更高的精确度击打目标；通过想象场景和规划动作预测远期结果，从而有助于获取最好的预想结果。

第二，因为有心智的生存旨在让整个有机体都能够生存下来，所以心智大脑最初的表征必须在躯体的结构和功能状态方面关注躯体本身，包括有机体对环境反应所做出的外部和内部动作。大脑不太可能在不表征机体生理机能和生理结构的基本及当下细节的情况下，调节和保护有机体。

形成心智，其真正含义是形成能以表象形式被意识到的表征，这为有机体提供了一个适应外部环境的新方法，而这些环境是基因无法预见的。这种适应性的基础很可能从构建运作中的躯体本身的表象开始，即当躯体对外部环境和内部环境作出反应时，如使用胳膊、调节内脏状态时产生的表象。

如果确保躯体本身的生存是大脑进化的首要目的，那么，当有心智的大脑出现时，它们会从关注躯体开始。并且为了确保有机体尽可能有效率地生存。我认为自然无意间发现了一种高效的解决方法：根据外部世界在躯体内引起的改变来表征外部世界，就是说，当在任意时刻，有机体与环境之间发生交互时，都通过改变躯体的原始表征来表征环境。

这些原始表征是什么呢？它又存在于哪里呢？我认为这种表征包括：（1）位于脑干和下丘脑中有关生化调节状态的表征；（2）内脏的表征，所谓内脏不仅包括头部、胸部和腹部，还包括肌肉和皮肤，它们行使着器官的职责并构成了机体的边缘，一个把我们围成一个整体的超膜。（3）肌肉与骨骼框架及其潜在运动的表征。正如我之前在第 4 章和第 7 章中描述过的，这些表征分布在若干个脑区中，其必须通过神经元之间的连接进行协调。我猜测皮肤以及肌肉与骨骼框架的表征可能在寻求这一协调过程中起到很大作用，下面我会详细解释。

当我们思考皮肤时，出现的第一个想法就是，它是一个面向外部的扩展感觉层，时刻准备通过触摸的方式帮助我们构建外部物体的形状、外表、质地和温度。但是皮肤的作用不限于此。首先，皮肤在体内平衡调节中有重要作用：它受到大脑直接自主神经信号和多个来源的化学信号的控制。当你害羞或恐惧时，这种害羞或恐惧会发生在“内脏意义”的皮肤上，而不是发生在你所知道的作为触觉传感器的那个皮肤上。事实上，皮肤是整个躯体最大的内脏，在皮肤作为内脏时，它通过设定皮肤血管的直径来调节躯体温度，它通过调节铁含量，如排汗的变化来调节新陈代谢。烧伤之所以能够致死不是因为烧伤导致触觉的大面积丧失。毋宁是因为皮肤是机体不可或缺的内脏。

我的观点是，大脑的躯体感觉区，尤其是人类大脑右半球的躯体感觉区是以躯体图式作为参考来表征我们的躯体结构，这一躯体图式包括中线部分的躯干和头部、附属部分的四肢以及躯体边缘。用皮肤表征来表示躯体边缘的能力是与生俱来的，因为皮肤就是一个界面，它同时面向有机体内部和有机体交互的环境。

整个有机体的动态映射被固定在躯体图式和躯体边缘之中，它不可能只在一个脑区中生成，而是通过神经活动模式的临时性协调，在若干个区域中生成。位于脑干和下丘脑中被模糊映射的躯体活动的表征会与脑岛皮层以及被称为 S1、S2 的躯体感觉皮层相连[4]。其中，脑干和下丘脑中以拓扑形式组织的神经活动非常少，而在脑岛皮层和躯体感觉皮层中则会有更多以拓扑形式组织的信号。所有部分的感觉表征和运动潜能一起会与运动系统的不同区域和层次相连接，而运动系统的活动可以引起肌肉的活动。换句话说，我所认为的一系列动态映射就是“躯体运动”（somato-motor）。

上面所大致描绘的结构的存在是不容置疑的。尽管我不能保证这些结构会完全如我所描述的那样运作，或如我所推测的那般发挥作用。但是我的假设可以被检验。与此同时，考虑一下如果我们没有类似的可用机制，我们也许再不能指出发生在我们躯体某处的疼痛或不适的大概位置，尽管我们这么做时可能是不准确的；我们也许再不能于久站之后感觉到腿部的沉重，或者再也不能感觉到胃部的恶心、倒时差时的恶心和疲乏以及其他需要我们在全身范围内定位的感觉。

假定我的理论是可靠的，接下来让我们讨论该理论的适用问题。首先，大部分与环境的交互都发生在躯体边缘中的某个地方，无论是触摸还是另外的感觉参与，因为感觉器官都位于这个躯体边缘具体地理映射中的某个位置上。有机体与外部环境互动的信号以这个躯体边缘的整体映射为参照，并可以被很好地加工。一些特殊的感觉是在躯体边缘上的特殊区域加工的，如视觉就是在眼睛中进行加工的。

因此来自外部的信号都是双份的，你所看到或者听到的激活了特殊的“非躯体”的视觉和感觉信号，同时它们也激活了皮肤上特殊信号进入位置上的“躯体”信号。当有这些特殊感觉参与时，这些感觉生成了两套信号。第一套来自躯体，源于特殊感官所在的位置，如看在眼睛中、听在耳朵中，并且这些信号被传递到躯体感觉皮层和运动区域中，后者动态地将整个躯体表征为一个功能性映射。第二套来自特殊感官本身，这套信号在专属于这种感觉模块的感觉单元组中被表征。如对于看来说，就包括了早期视觉皮层和上丘。

上述安排有一个实际的结果。当你看的时候，你不只是在看，你还感觉到自己正在用眼睛看着什么。你的大脑加工两种信号，一种是有机体在躯体参照映射的某个特殊部位活动的信号，如眼睛及控制眼睛的肌肉；另一种是刺激了视网膜的视觉特征的信号。

我推测，有机体通过触摸物体、观看风景、听辨声音或者以特定轨迹在空间中移动所获得的知识，都是以运转中的躯体为参考而被表征的。首先，并不存在触、看、听或者移动本身，不如说是存在一个当有机体触、看、听或者移动时的躯体感受。

在相当大的程度上，这一安排会一直维持。把我们的视觉感知描述为“当我们看时的躯体感受”是恰当的，而且我们的确“感受”到我们正在用眼看而非用我们的前额。我们还“知道”，我们之所以用眼睛看是因为如果我们闭上眼睛，视觉表象就会消失。但是这一推论与用眼睛看的自然感受并不等价。分配到视觉加工本身的注意确实倾向于让我们部分地忽略躯体。然而，如果疼痛、不适或情绪出现时，注意会立即聚焦到躯体表征上，并且此时躯体感受会从背景变为舞台的中央。

实际上我们对整个躯体状态的意识程度远远多于我们通常愿意承认的，很明显，随着视觉、听觉以及触觉的演化，分配到整体感知组成部分上的注意也随之增加了。因此对躯体本身的感知恰好被保留在了它过去和现在都能很好发挥作用的地方，即背景中。这一想法与在简单有机体中发现的事实一致，除了从有机体整个躯体边缘或者说“皮肤”上发展出来的躯体感觉的前体外，还有一些特殊感觉，包括视觉、听觉和触觉的前体，这些前体可以从整个有机体边缘分别对光、振动和机械接触的反应中观察到。甚至在没有视觉系统的有机体中，我们也能以感光性的形式观察到视觉的前体：一个有趣的想法是，当躯体某一特化部分，如眼睛利用了感光性时，那么就是这一部分本身在整个躯体图式中拥有了一个特殊地位。达尔文认为眼睛演化自对光敏感的部位。尼古拉斯·汉弗莱（Nicholas Humphrey）也有类似观点[5]。

在大部分知觉运作的例子中，躯体感觉系统、运动系统与被感知物体相关的特定感觉系统同步参与了知觉的运作。甚至当特定的感觉系统是躯体感觉系统中用来感受外界刺激的或者说是外部导向的部分时也是如此。因而，当你触摸一个物体时，就有两套来自你皮肤的局部信号。一套信号关注物体的形状和质地，另一套则关注因物体触碰以及手臂移动所激活的躯体部位。此外，因为这一物体可能会引发随后的、与情绪价值相关的躯体反应，所以在反应发生不久后，躯体感觉系统又会参与其中。无论我们做什么或者想什么，躯体的加工明显都是必不可少的。如果没有某种类型的具身化（embodiment），那么心智就不太可能出现。具身化这个概念在乔治·莱考夫、马克·约翰逊、埃莉诺·罗施（Eleanor Rosch）、弗朗西斯科·瓦雷拉（Francisco Varela）和杰拉尔德·埃德尔曼（Gerald Edelman）的理论中被大量提及[6]。

我曾在多个公开场合讨论过我的想法，如果我的亲身经历能作为一个衡量指标，那么可以说大部分读者都能欣然接受这一观点，但是少部分读者会认为我的观点很极端或错误。我仔细地听取了质疑者的意见并且了解到他们的主要反对理由是，当他们独自思考的时候，他们感觉不到当下的、广泛的与躯体有关的任何体验。然而，我不认为这是个问题，因为我一直都没有说躯体表征占据了我们心智的全部图景，当然情绪爆发时除外。就目前而言，我的观点是躯体表象处于背景之中，通常不被注意但随时准备冲向前台。此外，我的观点主要关注的是大脑和心智发展的历史而非当下的大脑和心智。我认为躯体状态的表象对当下是不可或缺的，其必要性就如砖头和脚手架之于建筑。毋庸置疑，主导当下的是非躯体的表象。

另外一种质疑认为，躯体确实与演化中的大脑有关，但是其已经彻底且永久地在大脑结构中被"符号化"了，因而躯体不必"在回路中"（in the loop）。这是一个极端的观点。我同意躯体在大脑结构中被很好地"符号化"了，而且这些躯体的"符号"也会"像"当前躯体信号那样被使用。

但是，出于我所列出的原因，我更愿意认为躯体仍旧“在回路中”。我们只需要额外的证据去证明此处提出的观点的价值。同时，我希望质疑者可以多一些耐心。

躯体是基本参照标准

躯体提供的原始标准可以提供空间和时间框架，其他类型的表征可以此为参照。在躯体的解剖和环境中运动模式的基础之上，个体可以在大脑中构建三维空间表征。

虽然现实的的确确存在，但是我们只能通过外界环境对躯体状态的扰动来了解其存在。我们永远无法了解“绝对”现实是什么样子。我们需要知道的，也是我们的确拥有的，只是我们大脑中构建的现实一致性。

考虑一下我们对猫的认识：我们必须先构建一个可以被有机体调节的所谓的猫的图像，并且个体和集体都需要一致同意。对我们自己来说，这些系统的、一致的表征都是真实的。我们的心智是真实的，对猫的表象也是真实的，对猫的感受也是真实的。就是这样一个心智的、神经的和生物性的现实构建了我们人类的现实。青蛙或小鸟对猫的认识和我们的不一样，反之对猫自己也不一样。

最重要的是，躯体的原始表征在意识中可能发挥了重要作用。它在自我的神经表征中起了核心作用，自然而然地为体内发生的和体外发生的事情提供了一个参照。有躯体作为基础参照，就无需将主观性的产生归因于大脑中的那个“小人”了。相反，大脑中连续的躯体状态在神经层面上进行更新，自我就锚定在每个时刻的多重映射上。

在神经层面发现自我

我对意识这个主题非常感兴趣，我相信，神经生物学的发展使我们可以着手处理这个主题了。一些哲学家，包括约翰·瑟尔（John Searle）、帕特里夏·丘奇兰德和保罗·丘奇兰德（Paul Churchland），都催促神经生物学家对意识展开研究，此外一些哲学家和神经生物学家，如弗朗西斯·克里克、丹尼尔·丹尼特、杰拉尔德·埃德尔曼、鲁道夫·利纳斯（Rodolfo Llinás）也开始构建意识的理论[7]。但本书并不是关于意识的，我会把相关讨论局限在表象、感受和躯体标记上。这些讨论涉及自我的神经基础，并有助于阐述主观性过程，主观性是意识的关键特征。

我首先要厘清我所说的“自我”概念，为了说明，我将再一次介绍我在神经系统疾病患者身上反复观察到的现象。这些患者或丧失了辨认熟人、颜色和文字的能力，或无法识别旋律、理解言语或产生言语。当他们描述发生在自己身上的现象时，除了极少的例外，他们都会说自己身上发生了一些奇怪的现象。他们自己可以观察到这些现象，他们也会感到迷惑，并用一些新奇、具体的方式来描述自己的情况。奇怪的地方在于，在心理理论的层面上，这些患者将自己的问题定位于自己躯体的某个部分，这些部分受到自我优势地位的审视。他们使用的描述框架同他们的膝盖或胳膊出问题时所用的一样。正如我提到的，不排除其中也有少数例外。患有严重失语症的患者对自己的缺陷并不敏感，也无法清晰地阐述自己的心智过程。通常来讲，他们连缺陷发生的确切时刻都能记得很清楚。这些疾病通常有确切的开始时间。我无数次听过这些患者描述自己发生脑损伤并由此产生认知或运动损伤时所说的话，通常是：“我的天哪，我怎么了？”这些复杂的缺陷从不是针对某些模糊的实体或其他个体。这些缺陷发生在“自我”之中。

下面我来介绍一下我在严重的病感失认症患者身上观察到的现象。无论是我的个人经验，还是我阅读过的文献，都无法对这些患者做出合理解释。实际上，他们中没有任何一个人会说：“上帝啊，我再也不能感受到自己躯体的任何部分了，我只能感受到我的心智，这也太奇怪了！”他们也不会告诉你疾病是什么时候开始的。除非别人告诉他们，否则他们自己也不了解情况。与之前提到的其他患者不同，病感失认症患者不会把问题归咎于“自我”。

更加令人啧啧称奇的是，只出现部分躯体感觉障碍的患者可以将问题归咎于自我。这种情况发生在患有暂时性病感失认症患者或称为躯体失认的患者中。例如，一名患者暂时丧失了整个躯体框架和躯体左右两侧边界的感觉，但能清楚地觉知自己的内脏功能，如呼吸、心跳、消化，而且她能意识到，出问题的是她躯体的一部分，而不是她的“自我存在”。每当出现部分躯体感觉的丧失时，她还能保有相当程度的自我。这个患者患有癫痫，病因在于大脑右半球的一个较小但重要区域的病变，就在我提到的躯体感觉映射的区域的交会处；她的病灶避开了前脑岛，我认为该区域是内脏感觉的关键区域；抗癫痫药物迅速消除了她的症状。

我对严重病感失认症患者的症状解释是，他们的脑损伤部分削弱了自我的神经基础。由于其处理当前躯体状况的能力受损，他们所构建的自我状态也受到了影响。自我的构建依赖于过去的信息，并且这些信息每分每秒都在流失。

关注“自我”，并不意味着我在讨论自我意识，因为在我看来，自我及其引发的主观性对于一般意义上的意识是不可或缺的，并非只针对自我意识。对“自我”的研究兴趣也不意味着意识的其他特征不太重要或者在神经生物学层面上不可接受。生成表象的过程，以及形成这些表象所必需的清醒和唤起，与我们作为这些表象的认知者或所有者一样重要。然而，在认知或神经层面上，自我和表象形成的神经基础并不在同一水平上。没有清醒状态、唤起状态和表象形成，自我便无法形成。严格来讲，在清醒和唤起状态下，大脑和心智中形成部分表象，与此同时自我仍可能是缺损的。在极端情况下，失眠和唤醒的病理改变会导致恍惚、植物人状态或昏迷等自我完全消失的状况，正如弗雷德·普拉姆（Fred Plum）和杰罗姆·波斯纳（Jerome Posner）在经典案例中所表述的那样[8]。但是，也存在神经基础改变但不影响自我的情况，某些类型的癫痫患者或病感失认症患者就是例子。

在我们继续讨论之前，还需要澄清：在使用自我这个词的时候，我绝没有暗示我们心智中的**一切**内容都是由一个位于中央的全知全能者进行监控，更不意味着这样一个实体位于一个单独的脑区。我说的是，我们的经验倾向于一致的视角，从而使大部分，尽管不是全部的内容好像的确由一个全知全能者监控。我认为这种视角根植于一个相对稳定、不断重复的有机体状态。这种稳定性来源于有机体稳定不变的结构和运作，以及有机体的自传体历史的缓慢演化。

正如我所看到的那样，自我的神经基础至少存在于两种表征的连续激活中。其中一组表征涉及个人自传体记忆中的关键事件，在此基础上，可以通过部分激活拓扑性质的感觉映射不断重建身份。描述我们一生的倾向性表征与大量分类事实有关，这些事实定义我们是谁：我们做了什么、我们喜欢什么、我们喜欢谁、我们使用什么类型的物体、我们经常去哪些地方、我们经常做什么。你可以将这组表征看成 J. 埃德加·胡佛（J. Edgar Hoover）所擅长收集的文件，除了一点，这些文件存在于大脑的关联皮层中，而不是在文件柜中。此外，除了这种分类之外，还有来自我们过去历史的独特事实，这些事实不断被激活为映射表征：我们生活和工作在哪儿、我们的工作是什么、我们自己的名字、近亲和朋友的名字、城市和国家的名字，等等。最后，在最近的倾向性记忆中，个体还收集了最近发生的事件，以及这些事件的大致时间，我们在记忆中还收集了一些计划，还有想象中我们打算做的事情或期望发生的事情。这些计划和虚构事件构成了我所说的“可能未来的记忆”，它就像其他任何记忆一样被置于倾向性表征中。

简而言之，自我这一过去记忆和未来计划的结合体，其表象更新持续重新激活，在很大程度上构成了我所理解的自我状态。

神经层面上自我的第二组表征由个体躯体的原始表征构成，我之前曾提到：不仅指躯体一直以来的整体状态，还包括对客体 X 有知觉之前，躯体的样子。这是重要的一点。下面你将会看到，我认为主观性在很大程度上取决于在加工客体 X 期间和之后躯体状态发生的变化。当然，这包括了背景躯体状态和情绪状态。躯体的整体表征构成了“自我概念”的基础，就像形状、大小、颜色、质地和味道的表征集合，可以构成橙子这个概念的基础一样。早期的躯体信号，无论在演化还是发展中都有助于形成自我的“基本概念”，这个基本概念为有机体发生的任何事情提供了参考，包括持续包含在自我概念中并即将成为过去状态的当前躯体状态。这是杰罗姆·卡根（Jerome Kagan）提出的自我概念的前提和基础[9]。当前在我们身上发生的一切，事实上都基于过去的自我概念，包括那些刚刚过去的。

每时每刻，自我状态都是从头开始构建的。这是一个随时消逝的参考状态，它持续不断地重建，以至于个体永远不会知道它正在被重塑，除非该重构过程出现问题。当下的背景感觉，或当下的情绪感受，以及当下的非躯体感觉信号，在各个脑区的协调下，都对自我概念的实现产生影响。但是，我们自己，或者描述得更精确一点，我们的“元自我”，只是稍后才“学习”到这个“当下”。我在第 8 章中提到的帕斯卡关于过去、现在和未来的论述，精确地抓住了本质。现在不断变成过去，当我们评估当下的时候，我们又处在了另一个当下，同时我们又在规划未来，对未来的规划又依赖于我们的过去。严格意义上的当下永远无法达到。因为意识，我们总是迟到一步。

最后，我们讨论最关键的一个问题。客体 X 和自我状态都是因拓扑性表征瞬时激活而存在的，这两者又是如何神奇地产生经验的主观性的呢？我先说一个大概，这个过程依赖于大脑创作的描述，以及对该描述的表象的呈现过程。当新感知到的客体，如面孔在早期感觉皮层中形成对应的表象时，大脑就会对那些表象作出反应。这是因为在那些表象中生成的信号被传递到几个皮层下核团，如杏仁核和丘脑以及多个皮层区域中，此外，这些核团和皮质区域包含了对某种信号的倾向性反应。最终的结果是，这些核团和皮层区域的倾向性表征被激活，并由此引起有机体状态的一系列变化。反过来，这些状态变化也会立即改变躯体表象，从而扰动了自我概念的当前实例化过程（instantiation）。

虽然反应过程意味着知悉，但这并不意味着任何一个大脑组成部分“知悉”这些反应是对应于实体而产生的。当有机体的大脑产生一对一的实体反应时，自我表征的存在并不能让“自我”知道有机体正在进行反应。如上所述，自我不知道。然而，我们可以称之为“元自我”的过程可能会知道，前提是：（1）大脑对表象反应所产生的对有机体状态的扰动，大脑可以对其进行描述；（2）这种描述将产生扰动过程的表象，以及（3）扰动过程的表象和引发扰动过程的表象共同呈现或交替呈现。简而言之，大脑对客体 X 表象的反应引发了一种描述过程，这一描述和有机体状态的扰动有关。这种描述过程不使用语言，尽管它可以被翻译成语言。

只有单独的表象是不够的，即使我们调用了注意和意识。因为当自我体验到表象的时候，注意和意识只是一个自我的组成部分。同时拥有表象和自我也不足够。把客体表象说成是组成自我的多个表象或与这些表象相关，并不会对人们的理解有帮助。主观性从该过程中产生的原因无疑是个谜。

现在考虑以下几种可能性。首先考虑一下，大脑拥有第三组神经结构，这个结构既不是支持客体表象的结构，也不是支持自我表象的神经结构，而是与两者都相互关联。换句话说，这第三组神经元集合结构就是所谓的聚合区，是在脑皮层区域和皮层下核团中构建倾向性表征的神经基础。

接下来，假设当有机体被客体表象所扰动时，第三组神经元集合从客体表征和自我表征两者中接收信号。换句话说，当有机体对客体进行反应时，这第三组集合也在反应的过程中构建自我的倾向性表征。这种倾向性表征没有什么神秘之处，就是大脑擅长的有关储存、制作和重塑的那种表征，这并不奇怪。此外，我们知道大脑拥有所有必需的信息来构建这样一种倾向性表征：在我们看到一个客体并在早期的视觉皮层中形成表征后不久，各个躯体感觉皮层也形成了有机体对客体反应的其他许多表征。

我所设想的倾向性表征既不是那个小矮人创造的，也不是被它所觉知的，其他倾向性表征也是如此。在与之相关的早期感觉皮层中，倾向性表征有可能重新激活一种表象，即有机体针对特定客体的反应所生成的躯体感觉表象。

最后，考虑到上面我所描述的所有部分，即一个被表征的客体，对被表征客体作出反应的有机体，以及由于有机体对客体的反应而处于改变过程的自我的状态。这些同时被保持在工作记忆中，并在早期的感觉皮层中同时或交替出现。我认为，大脑不仅产生客体表象和有机体对客体反应的表象，还产生了第三种表象，即有机体对客体感知和反应时产生的表象。我相信主观性就来自第三种表象。

因此，要产生主观性，至少需要早期感觉皮层，包括躯体感觉，以及感觉和运动联合皮层。另外还有构成第三组集合的皮层下核团，特别是丘脑和基底神经节。

这种基础神经系统不需要语言。我所设想的元自我建构纯粹是非语言过程，是主要参与部分从另外两者的外部视角出发得出的概括性看法。实际上，这种第三方观点构成了一个非语言叙述文件，该文件记录着各参与部分每时每刻所发生的事。这种叙述可以在没有语言的情况下实现，而以感觉系统和运动系统在空间和时间上的基本表征为工具。我认为没有语言能力的动物也可以实现这个过程。

人类具有语言带来的二级叙事能力，可以从非语言叙述中产生语言叙述。我们精巧的主观性来自后者。语言可能不是自我的根源，但它肯定是“我”这个词的根源。

对另一个有关主观性的神经基础的解释我不是很熟悉，但是由于主观性是意识的一个关键特征，所以我需要简要提一下我的观点和其他人的观点有什么联系。

弗朗西斯·克里克对意识的假设集中在表象的形成上，而完全不考虑主观性。克里克并没有刻意忽视主观性问题。相反，他只是决定先搁置这个问题，因为他不认为可以通过实验手段来处理主观性问题。他的偏好和谨慎是有道理的，但我个人担心，如果搁置对主观性的考虑，我们可能无法正确地解读关于表象生成和感知的实验数据。

相反，在丹尼尔·丹尼特的假设中，自我就是意识的顶端，是心智的终极产物。他同意自我的存在，但他并没有提出自我的神经基础，而是重点关注意识流的经验性机制。有趣的是，在该过程中，他利用了序列构造，即Joycean虚拟机的概念，这个概念与我在较低和较早的层面上使用的表象构建的概念没有什么不同。然而，我相当确定，我所认为的主观性并不产生于丹尼特所假设的虚拟机中。

我的建议与杰拉尔德·埃德尔曼关于意识的神经基础的观点有一个共通

之处，即对生物自我价值的承认。埃德尔曼几乎是唯一重视生物内在价值的现代理论家。然而，埃德尔曼将生物性自我限定在皮层下的内稳态系统中。而我将其限定在真实存在的皮层系统中，皮层活动的产物就是感受。因此，我们二人认为的支持过程和结构是不同的。此外，我不确定我的主观性概念与埃德尔曼的原始意识的概念之间的关联程度如何。

威廉·詹姆斯认为心理学不应质疑“个人自我”的存在，并认为心理学迄今最糟糕的尝试就是试图剥夺自我的重要性。如果他知道现在还未经证实，但有可能的确存在自我的神经机制，他应该会非常高兴。

11

推理中潜藏的激情

在本书的开头，我提出，感受对理性有很强的影响，两者需要的大脑系统是相互联系的，而上述系统又与调节躯体的系统交织在一起。

我提出的事实大体上支持了这些假设，希望吸引研究者进一步的研究，得出新的研究结果，对之进行修正。感受似乎依赖于由多个部分组成的系统，这个系统与生物调节紧密结合。推理似乎也依赖于特定的一些脑区，这些脑区中的一部分恰好也加工感受。因此，在解剖和功能层面，可能存在从推理到感受再到躯体的连接轨迹。我们好像被一种推理的激情所支配，这种驱力源于大脑的深层核心，并渗透到神经系统的其他层面，以感觉或无意识偏差的形式出现，并指导着决策。推理，从实际层面到理论层面，都是构建在这种先天驱力的基础上的，其过程类似于掌握一门技术或技艺。没有这种驱力，你就无法掌握推理。但是只有驱力，你也不一定能够自动掌握推理。

如果这些假设得到支持，那么推理就不是纯粹的理性过程了。这一观念是否有其社会文化意义呢？我相信确有意义，而且这些意义大都是积极的。

了解感受在理性过程中的相关性并不意味着推理不如感受那么重要，或推理只是备胎，或我们就不应培养推理能力。相反，理解感受的普遍作用可能会使我们增大感受的积极效果，减少可能的伤害。具体来说，在不降低正常感受引导推理的作用的情况下，人们会希望在规划和决策过程中避免异常感受带来的影响或被感受所操纵，从而作出错误的决定。

我不相信有关感受的知识会降低我们实证研究的倾向。有关情绪和感受的生理学的更多知识能使我们更加清楚地意识到科学观察的缺陷。我的论述不应该削弱我们控制外部环境以服务个人和社会利益的决心，也不应该削弱我们发明或完善那些使世界更美好的文化工具，即伦理、法律、艺术、科学和技术的决心。换句话说，我并没有要求大家一定要接受我的观点。我必须强调这一点，因为提到感受，经常引起这样的印象，即过分关注自我、无视环境、任性妄为。实际上，我的观点恰恰相反。有些人可能并不担心上述问题，但会担心，对感受的过度重视会削弱我们坚持浮士德条约的决心，而这种条约带来了人性的进步，分子生物学家冈瑟·斯滕特（Gunther Stent）就是代表[1]。

令我担心的一点是，我们一方面接受了感受的重要性，另一方面却不去努力了解其背后复杂的生物和社会文化机制。这种态度的最佳例证就是，通过肤浅的社会原因或神经递质的作用来解释感受损伤或非理性行为，这种解释思路现在充斥在各种平面媒体和视觉媒体中。还有人试图用医疗药物和非医疗药物来纠正个人和社会问题。这种对感受和推理本质的理解不足是“抱怨文化”的特点之一[2]，它引起了我们的警觉。

本书所概述的对于人类机体的观点，以及从各种研究结果中推论出的感受与理性之间的关系都确实表明，理性的增强可能需要我们更多地考虑到内部世界的脆弱性。

在实践层面上，理解感受在推理中的作用有助于帮助我们理解当前面临的社会、教育和暴力问题。在这里讨论这个问题不太适合，但我要提一句，强调当前感受和未来预测结果之间的明确关系，可能会对教育系统有所帮助；如果儿童过度暴露在现实生活、新闻广播或视听小说的暴力内容中，他们在习得和实施适应性社会行为时，情绪和感受的强烈程度就会降低。大量间接接触暴力却没有道德框架的约束，会使儿童对暴力愈发不敏感。

笛卡尔的错误

如果不提及笛卡尔这位在西方自然科学和人文科学中极具影响的科学家，不提及他在身、心、脑三方面的观点，我就无法向大家呈现本部分内容。正如你所看到的，我关注的是笛卡尔身心分离的二元论观点以及这个观点的几个现代变体。例如，一种观点认为心智与大脑有关，但仅限于将心智看作软件程序，运行在一个称为大脑的计算机硬件上；或者大脑和躯体是相关的，但只是说前者必须在后者的生命支持下才能生存。

那么笛卡尔的错误到底是什么呢？还是用更好的说法，不礼貌、不友好地问一句，笛卡尔到底哪一点错了呢？有人可能会先抱怨并责备他让生物学家直到现在还在使用机械论作为生命过程的解释模式。但这也许不是很公平，所以可能会继续转向那句“我思故我在”。这也许是哲学史上最有名的一句话，其首次出现于 1637 年法文版的《方法论》（*Discourse on the Method*）的第四部分，还有 1644 年拉丁文版的《哲学原理》（*Principles of*

Philosophy）的第一部分中[3]。从字面上来说，这一说法和我认为的心智的起源以及心智与躯体关系的观点正好相反。这句话表明，思维和思维意识是“存在”的基础。既然我们都知道笛卡尔认为思想是一种与躯体完全分离的活动，那么这句话的确对将“思考的东西”（res cogitans）从具有外展性和机械性的躯体部分 (res extensa) 中分离出来进行了颂扬。

在人类出现很久之前，生命就已经存在了。在演化的某个时刻，一个基本的意识出现了。有了这个基本的意识，就产生了一个简单的心智。如果心智的复杂性越来越高，思考出现的可能性也就越来越大，进而用语言来沟通和组织思维也成为可能。对那时的我们来说，“存在”是先于“思考”而出现的。现在我们来到这个世界也是先存在，然后再思考，我们存在之后我们才能思考，我们思考只因我们存在，因为思考的确是由生物的结构和运作所引发的。

当我们把笛卡尔的声明放回它所属的时代，我们可能会想一会儿，这句话的含义是否与现在所代表的含义不同。可以看一看，这句话是否只是对感受和推理的一种肯定，并没有涉及其起源、成分和时间特征呢？这句话是否只是笛卡尔为了调和宗教压力而创造的呢？后者只是一种可能性，但无从证实这一可能。笛卡尔把他常引用的一句话作为他的墓志铭，“Bene qui latuit, bene vixit”，其意义是“隐藏得很好的人，才能活得好”，这句话来自奥维德（Ovid）的《哀怨集》（*Tristia*，3.4.25），难道笛卡尔隐秘地放弃了自己的观点吗？对于前者，我认为笛卡尔写的就是他自己想表达的。他写下那句话的时候，他认为这个观点确定无疑，且任何质疑都无法动摇它：

> ……评论说“我思故我在”这个真理确定无疑，即便是最刁钻的怀疑论者也无法动摇它，我决定，将其作为我追求的哲学的首要原则。

这里，笛卡尔在为自己的哲学打下逻辑基础，这个说法和奥古斯丁（Augustine）的“我错误所以我存在”（*Fallor ergo sum*）相类似[5]。在下面几段中，笛卡尔明确地澄清了自己的观点：

> 据此，我知道“我”是一种物质，其全部本质或性质就是思考，而它的存在并不需要空间，也不依赖于任何实在物质；所以这个“我”就是我所说的灵魂，独立于个体，比后者更容易理解；即使没有躯体，灵魂也不会消亡[6]。

这就是笛卡尔的错误：在躯体和心灵之间划分了一道鸿沟，即在有形有象、机械动作且无限可分的躯体，以及无形无象、无法触及且不可分割的心智间，划分了一道鸿沟；他认为，推理、道德判断以及肉体疼痛或情绪动荡所带来的痛苦存在于躯体之外。具体来说：他将最精巧的心智过程，与生物有机体的结构和运作分开了。

现在有些人可能会问，为什么要抓着笛卡尔不放，为什么不选择柏拉图？柏拉图对躯体和心智的看法更为激进，《斐多篇》（*Phaedo*）就可以体现这一说法。为什么要喋喋不休地抓住笛卡尔这个错误？毕竟，他的其他错误比这个错误更严重。如他认为热量使血液循环，还有血液中的细小颗粒蒸发成“动物精神”，从而使肌肉运动。为什么不攻击这两个错误？原因很简单：我们长期以来就认识到他在这些问题上的观点是错误的，并且血液循环的方式和原因已经得到了满意的解答。但是考虑到心智、大脑和躯体的问题时，情况就并非如此了，笛卡尔的错误还是极具影响力。对许多人来说，笛卡尔的观点被认为是不言而喻的，不需要重新审视。

在20世纪中期，笛卡尔的心智无实体的观念使人们将心智比喻成软件程序。事实上，如果心智是与躯体分离的，或许人们可以不借助神经生物学而去理解它，也不需要神经解剖学和神经化学的知识。有趣但矛盾的是，许多认知科学家认为自己不借助神经生物学就可以探索心智，但他们不承认自己是二元论者。

可能在有些神经科学家的观念中还残存着笛卡尔二元论的思想，他们坚持认为，只关注大脑就可以完全解释思维，而不用考虑有机体的其余部分和周围的物理环境和社会环境，实际上，他们也忽略了以下事实，即环境中的一部分本身就是有机体之前行为的产物。我抵制这种观点，并不是因为心智与大脑活动没有直接的关系，显然并非如此；而是因为这个说法是不完备的，让人无法认同。心智来源于大脑是无可争辩的，但我更希望评估这个观点，并考虑大脑中的神经元如何实现思维性的运作。就我而言，后者才是至关重要的问题。

笛卡尔的二元论思想似乎也塑造了西方医学对疾病的研究和治疗方式（见后记）。笛卡尔的学说同时渗透到了研究和治疗领域。因此，躯体疾病所造成的心理后果通常被忽视或没有被认真考虑。以外，更被忽视的是心理冲突所产生的躯体后果。笛卡尔确实改变了医学的发展历程，颠覆了心智存在于躯体的观点，即便后者从希波克拉底时代到文艺复兴时代都占主流。如果亚里士多德了解这一切，他该对笛卡尔有多不满啊！

笛卡尔错误的各种版本，使人们忽视了以下事实，即人类心智根植在复杂且脆弱、有限但独特的生物体中，他们掩盖了在这种脆弱的、有限的和唯一的知识中隐含的悲剧。人们无法意识到固有的悲剧，所以很少想到减少这些悲剧，因此也对生命的价值不够尊重。

关于感受和推理的说明，以及我讨论过的大脑与躯体之间的相互联系，都支持我这本书中的最一般的观点：有机体的角度对从整体上理解人类心智是必需的；心智不仅必须从非物质领域转移到生物组织的领域，而且还需要与一个完整的、整合了躯体和大脑的有机体相联系，此外还需要与物理环境和社会环境充分互动。

然而，我所设想的具身心智，并不放弃那些构成灵魂和精神的最精妙的层次上的运转。从我的角度来看，正是灵魂和精神，加上尊严和人性，才能形成有机体展现出的复杂性和独特性。也许作为人类，我们可以做的最不可或缺的事情，就是每一天提醒我们自己和其他人，人类具有复杂性、脆弱性、有限性和独特性。这当然是困难的工作，难道不是吗？将精神从不存在的基座移到其他某个地方，同时保持其尊严和重要性；承认其谦卑的起源和脆弱性，但仍接受其指导。但是，如果我们不加以坚持，那还不如让笛卡尔的错误就这样流传下去。

DESCARTES'
ERROR

后记

处于冲突中的人类心灵

“诗人的声音不应仅仅是对人类的记录，而是可以成为一种支柱，帮助他坚持直到成功。”威廉·福克纳在1950年写下了这句话，这句话在今天也同样适用。福克纳原本设想的观众是他的作家同侪，但他也可以用这句话劝勉我们这些探索大脑和心智的人：科学家的声音不应仅仅是生命的记录；科学知识也可以成为帮助人类坚持和胜利的支柱。这本书贯穿着这样一种信念：普通知识和神经生物学知识在人类命运中可以发挥作用。只要我们愿意，更深入的大脑和心智的知识将有助于我们获得幸福，而对幸福的渴望正是绵延两个世纪的进步的助力，而且这些知识也将维持保尔·艾吕雅（Paul Éluard）在他的《自由》（*Liberté*）一诗中所描述的那种光荣的自由。

福克纳在上述同一篇文章中告诉他的同侪，他们已经“忘记了人类内心冲突的问题，但这个问题自己就能成就良好的写作，因为只有这是值得写作的，无论这个主题是痛苦还是汗水”。他号召自己的同侪不要给其他类型的作品留下任何空间，“除了与心有关的古老的事实和真理，没了这些，任何故事都是短暂的且注定要灭亡的，无论是爱情、荣耀、怜悯、骄傲、同情还是牺牲”。

相信神经生物学不仅可以帮助我们理解和怜悯人类的处境，还能帮助我们理解社会冲突并有助于缓解冲突。这点也许超越了福克纳的本意，但的确令人兴奋和鼓舞。这并不意味着神经生物学可以拯救世界，只是说，逐渐掌握有关人类的知识可以帮助我们找到更好的方法来管理人类事务。

长期以来，人类一直处于一个新的、经过深思熟虑的演化阶段中。对于人类的躯体以及人类所构成的社会而言，心智和大脑既是躯体的仆人也是主人。当然，如果源于自然的大脑和心智想要扮演魔法师学徒的角色并对自然施加影响，那还是有风险的。但是，如果不迎接挑战，不试图减少痛苦，那么风险依然存在。事实上，即便什么也不做，也依然存在大量风险。顺其自然只能取悦某些人，这些人无法想象还有更好的世界和更好的改善世界的方法，他们自认为已经身处于各种可能性环境里最好的一个[3]。

➤➤➤

在我们文化中的医学观念和从医人员之间存在一些矛盾。许多医生对从艺术、文学到哲学的人文科学有兴趣，其中相当数量的一部分人已经成为卓越的诗人、小说家或剧作家，若干作品深刻地反映了人类境况，并影响了人类社会的心理、社会和政治等方面。然而，培养他们的大部分医学院校都忽视了人文方面的教育，它们都专注于躯体本身的生理和病理学。西方医学，特别是美国的医学，通过扩张内科和外科相关专业得以繁荣，两者都以躯体的病变器官和系统作为诊断和治疗的目标。大脑，更确切地说是中枢和周围神经系统也被纳入其中，因为它也是一个躯体器官。但大脑最珍贵的产品，即心智，主流医学几乎没有关注，甚至都不是研究脑部疾病的神经病学的关注重点。美国的神经病学一开始是作为内科的附属专业存在的，直到 20 世纪才独立出来，这也许并非偶然。

这种传统的最终结果明显忽视了作为有机体功能之一的心智。到目前为止，几乎没有医学院校向学生提供任何关于正常心智的教学指导，而这些指导只能寄望来自普通心理学、神经心理学和神经科学的课程。医学院确实提供了一些精神疾病中出现的病态心智的研究，但令人惊讶的是，学生在学习心理病理学之前都没有接受过正规的心理学教育。

这种情况背后有几个原因，我认为，大多数原因都与笛卡尔的人性观点有关。过去三个世纪以来，生物学研究和医学的目的就是理解关于躯体本身的生理学和病理学。而心智被排除在外，在很大程度上，它被视为宗教和哲学的关注对象，甚至在心智已经成为心理学的焦点之后，直到最近才开始进入生物学和医学的视野。我知道这其中也有一些令人称道的例外，但这些例外恰恰凸显了上述的普遍境况。

所有这一切的结果是，在人性概念不完整的情况下，医学就展开了工作。因此，由心理因素导致的躯体疾病一贯只是次要因素，或者根本不加考虑，这毫不令人奇怪。医学界一直都没意识到，人们对于医疗状况的感受是影响治疗效果的一个重要因素。我们对安慰剂效应还不甚了解，而患者通过这种安慰剂效应得到的益处，甚至可以超过特定的医疗干预可能会带来的真实效果。一般研究安慰剂效应的手段是：给患者服用或注射药物，实际上摄入的药物不具有活性药理成分，因此理论上该药物不应具有任何积极或消极疗效。例如，我们不知道是谁更有可能受到安慰剂效应的影响，可能我们所有人都受其影响，我们也不知道安慰剂效应能够持续多久，以及它能够在多大程度上接近真实药物的影响。我们对如何增强安慰剂效应也知之甚少。我们也不知道，所谓的双盲研究中，安慰剂效应导致的研究错误到底有多少。

无论轻度的还是重度的心理障碍，都可能导致躯体本身的疾病，这一事实已经开始被人们接受。但是在什么情况下以及在什么程度上会如此却少有研究。当然，我们的祖母辈知道这一点，她们会说悲伤、焦虑、过度愤怒等都会伤害心脏、造成溃疡和面色无光，更容易感染细菌。但就科学而言，这些都太“土气”且“没有根据”，的确如此。医学花了很长时间才开始发现这种人类智慧的基础值得思考和研究。

西方生物学和医学基于笛卡尔的思想对心智的忽视已经产生了两个主要的负面后果。第一个是在科学领域。从一般生物学角度理解心智的努力被延迟了几十年，甚至说它还没开始都不为过。迟到总比不来好，这是肯定的，但延迟也意味着，有关心智的生物学机制对人类本应产生的潜在影响的深刻理解，迄今为止是缺失的。

第二个负面后果与对人类疾病的有效诊断和治疗有关。毫无疑问，所有伟大的医生都不仅能熟练掌握所处时代的心理病理学核心知识，还善于通过自己的洞察力和积累的智慧，去安抚处于冲突中的人的心灵。他们是诊断专家和奇迹缔造者，因为他们能将知识和天赋结合起来。然而，如果我们认为西方世界的医疗实践标准是我们众所周知的伟大医生的标准，那我们就是在自欺欺人。对人类有机体的曲解，加上势不可挡的知识增长和对精细分科的需求，合谋增加了医学的不完备性，而非减少这种不完备性。医学过去几乎不需要考虑来自经济状况的其他问题，但现在也面临这个问题，而且这些问题肯定会使医疗表现恶化。

虽然人们已经熟知西方医学中身心分离的问题，但该问题尚未得到公众广泛而深入的了解。我甚至怀疑，一些“替代”疗法，特别是那些根植于非西方医学传统的，很可能是对这一问题的补偿性反应。诚然，在这些非传统的医学中，有一些值得钦佩和学习的东西，遗憾的是，无论它们多么充分地考虑了人的因素，都不足以有效地处理人类疾病。公平地说，我们必须认识到，即便是最普通的西医也能果断地解决一大堆问题。但是替代医学确实指出了西方医学传统中的明显弱点，这些弱点应当在医学科学内部被科学地纠正。如果现在替代医学的成功标志着公众对传统医学无法将人体作为整体来考虑的不满，那么随着西方社会精神危机的深化，这种不满在未来的岁月里还会继续增长。

大家都希望能够向他人倾诉受伤的感受，都祈求治愈个人的伤痛和苦楚，都开始迫切渴望那种可能永远无法获得的内在平衡和幸福感，而且上述愿望不会很快消失[4]。要求医学医治病态的文化是愚蠢的，但忽视人类疾病的文化方面同样也愚蠢。

➤➤➤

本书通篇论及了一些已经被接受的事实、有争议的事实以及对事实的解释；还论及了在大脑 / 心智领域中被大家认可或不认可的观点；还谈到了符合或可能符合我观点的事实。读者可能会惊讶于我坚持声称这么多“事实”是不确定的，那些关于大脑的内容最多只能被认为是工作假设。自然地，我也希望我可以说，我们确定地知道了大脑如何产生心智，但我无法这么说，恐怕也没有人能这么说。

我急着要补充的一点是，缺乏关于心脑方面问题的确切答案并不是一件令人绝望的事情，不能视为当前这方面科研工作的失败。恰恰相反，当前该领域的研究团队都意志高昂，因为出现新发现的速率比以往任何时候都要高。缺乏准确和全面的解释并不意味着陷入了僵局。虽然为其设定日期或声称即将到来是鲁莽的，但是我们有理由相信，我们最终会得到令人满意的解释。如果有任何令人担忧的原因，不是因为缺乏进步，而是因为神经科学所提出的大量新发现，这可能会让我们失去清醒思考的能力。

如果我们有这么多新的发现，你可能会问，为什么还没有明确的答案呢？更重要的是，为什么我们不能准确而全面地说明我们是如何看见客体的呢？何以有一个自我让看见成为可能呢？

答案迟迟不能得出的主要原因，也许是唯一的原因，就是我们需要解决的问题太过复杂。很明显，我们想要了解的问题在很大程度上取决于神经元的运作，我们的确对这些神经元的结构和功能有了大量的了解，甚至了解了组成它们的分子以及它们高效运作的方式，即神经元放电，或参与激活模式。我们甚至知道决定这些神经元以某种方式运作的基因。但是，显然人类思维依赖于这些神经元的整体激活，因为神经元是从局部的、显微镜可见的回路到长达几厘米肉眼可见的宏观系统的范围内组成了许多神经元集合。一个人脑的回路中有数十亿个神经元。在这些神经元间形成的突触数量多达100万亿个，而形成神经元回路的轴突的长度总计有几十万公里。这里，我要感谢索尔克生物研究院（Salk Institute）的神经生物学家查尔斯·史蒂文斯（Charles Stevens）提供的这组估计数据。这些回路活动的产物是传递到另一个回路的放电模式。这一回路是否会放电取决于一系列影响，一些影响是局部性的，由其他终止于附近的神经元带来，还有一些影响是整体性的，是由到达血液中的激素等化合物带来的。神经元电信号放电的时间尺度非常小，只有几十毫秒的数量级，这意味着在我们心智的一秒钟时间内，大脑在分布于各个脑区上的大量回路中产生了数百万次的神经元放电。

我们应该清楚的是，即便我们搞清楚了某个神经元的所有奥秘，无论这个神经元有多典型，我们也无法据此厘清心智的神经基础中的秘密；我们也无法通过研究典型的局部神经回路揭示所有错综复杂的神经活动模式。最接近的答案是，心智的基本秘密存在于有机体大脑内的许多神经回路所生成的神经元放电模式中，这些模式在局部和整体内每时每刻都在相互作用。

对于大脑/心智的难题，并没有一个简单的答案，而是有很多答案，这些答案的关键位于神经系统不同结构层级上复杂的组成部分中。理解这些层级，需要各种技术，并且研究进程快慢不一。其中一些工作基于动物实验，往往发展相对较快。但其他一部分工作只能在人类身上进行，考虑到伦理限制，这方面的进展必然较慢。

有些人问到为什么神经科学还没有获得像过去40年里分子生物学那样的辉煌成就？有些人甚至问，神经科学中有没有等同于DNA结构这样的发现，以及相应的神经科学事实是否已经建立了。并没有这样简单的对应关系，虽然某些神经系统层级上的科学发现被认为在实际价值上可能与发现DNA的结构相当，如了解什么是动作电位。但是，在大脑产生心智的层面上，与上述发现等价的，只能是一个大规模的有关神经回路和系统设计的概况，包括在微观和宏观层面上的描述。

如果读者发现上述关于我们现有知识局限性的理由看上去不充分，请允许我再多说两点。第一，正如我之前指出的，我们脑中只有一部分回路是由基因决定的。人类基因组详细规划了我们的躯体建构，包括大脑的整体设计。但并非所有积极发展和运作的神经回路都由基因设定。在成年人生命中的任何特定时刻，每个大脑回路的大部分都是个别的和独特的，并真实反映了特定有机体的成长历史和成长环境。当然，这并不能使解开神经奥秘的过程变得更容易。第二，每个人类有机体都生活在类似的有机体集合中；属于某个集合的个人的思想和行为在特定的文化和物理环境中运作，但这些行为并不仅仅由上述活动回路所塑造，更不会单独被基因所塑造。要以令人满意的方式理解这颗制造人类心智和人类行为的大脑，就有必要考虑到其所处的社会和文化背景。这才是我们工作的艰巨之处。

➤➤➤

在一些非人类甚至非灵长类的物种中，它们的记忆、推理和创造力是有限的，但它们仍然存在复杂的社会行为，这些行为的神经控制机制必定是先天的。昆虫，尤其是蚂蚁和蜜蜂，是社会合作的典范，它们的合作能力甚至令联合国大会蒙羞。言归正传，哺乳动物有类似的表现，而狼、海豚和吸血蝙蝠的行为甚至证明了伦理结构的出现。显然，人类拥有一些相同的先天机制，这些机制可能是人类伦理结构的基础。然而，我们生活中最精细的那些社会习俗和伦理结构只能在文化中产生并传播。

如果是这样，人们可能会想知道这些策略的文化发展的诱因是什么。可能在个体的记忆能力和对未来的预期能力已获得了显著发展的前提下，这些策略便演变为一种可以应付个人所遭受痛苦的手段。换句话说，这些策略是在能意识到生存受到威胁的个体以及意识到幸存后的生活可以更好的个体身上发展出来的。这样的策略只存在于少数几类物种的演化中，这些物种的大脑结构需要具备以下条件：第一，有足够容量记住物体和事件的不同类型，并记住独特的物体和事件，即在一般和特殊层面上建立不同物体和事件的倾向性表征的能力。第二，有足够能力操纵这些被记住的表征的组成部分并通过创新性的结合来生成新事物。这些新事物中最直接有效的类型包含了想象场景、预期行动结果、制定未来计划以及制定可以提高生存概率的新目标。第三，有足够的能力记忆上述新事物，即预期的结果、新计划和新目标。我把这类被记住的新事物称为“未来回忆”[5]。

即使过去经验和预期未来的知识增长是生成社会策略来解决痛苦的原因，我们仍然必须首先解释痛苦是如何出现的。为此，我们必须考虑到生物学层面所定义的痛苦及其反面，即愉悦。当然，让人感到好奇的一点是，当还不存在痛苦或愉悦的神经机制的时候，这两者是如何被先天演化所选中并结合起来的。这可能意味着，同样的简单机制，当应用在具有不同复杂度和不同环境中的系统中时，会导致不同但相关的结果。免疫系统、下丘脑、腹内侧额叶皮层和美国《人权法案》都有相同的根源。

痛苦和愉悦是生物体需要的促使本能和习得策略高效运作的控制开关。它们在很大程度上也是控制社会决策策略发展的开关。当社会群体中的许多人经历了心理、社会和自然现象带来的痛苦后果时，就有可能据此制定智力和文化策略以应对或减少痛苦。

➤➤➤

当我们意识到躯体状况明显偏离基准范围时，痛苦和快乐就出现了。被感知为痛苦和快乐的刺激和脑活动模式的构造是预置在大脑结构中的。它们之所以发生是因为神经回路以特定方式被激活，而这些神经回路的存在是被基因所设定好的。虽然我们对痛苦和快乐的反应可以通过教育来改变，但它们还是以先天倾向性表征为基础的心理现象的主要例证。

我们至少应该厘清痛苦和快乐中的两个组成部分。首先，大脑绘制了局部躯体状态变化的表征，这些表征指向躯体的某一部分。这是真正意义上的躯体感觉。它来源于皮肤、黏膜或器官的一部分。疼痛和快乐的第二个组成部分来源于躯体状态更为一般的变化，实际上就是一种情绪。如我们所说的痛苦或快乐其实就是我们大脑知觉到的特定躯体状态的概念名称。这种对躯体状态的知觉通过神经递质和神经调质在大脑中被进一步调节，神经递质和神经调质影响与躯体表征有关的脑区运作和信号传递。与阿片受体结合的内啡肽是对“愉悦状态”知觉的重要因素，它可以消除或减少对“痛苦状态”的知觉。

让我们用痛苦加工的例子来进一步澄清这个想法。情况是这样的：存在组织损伤的某个躯体部分的神经末梢，如牙齿根管受到刺激，大脑由此构建了这部分躯体区域与以前不同的局部躯体变化的瞬时表征。疼痛信号对应的活动模式和结果表征的知觉特征都完全由大脑进行限定，但是在神经生理学层面上，其与其他任何类型的躯体知觉没有什么不同。如果这就是事情的全部，我会认为你所体验的一切都只是躯体变化的特定表象，而没有任何麻烦的后果。你可能不喜欢这些表象，但是你也不会感到不适。我的观点是，这个过程并不限于此。无害的躯体变化过程迅速触发了一波额外的躯体状态变化，进一步使整个躯体状态偏离了基准范围。随之而来的状态是一种具有特殊特征的情绪。在随后的躯体状态偏差中，形成了令人不快的痛苦感受。你可能会问，为什么这会被体验为痛苦呢？因为有机体就是这么表达的。我们先天就拥有可以体验痛苦和快乐的预组织机制。文化和个人成长史可能会改变触发此类感受的阈值，或改变感受的强度，或为我们提供抑制它的手段。但其基本机制是规定好的。

拥有这样一个预组织机制的用途是什么？为什么会有这种额外的令人烦恼的状态，而不是只有痛苦的表象呢？对此，人们只能怀疑，原因一定与痛苦对我们的警告有关。痛苦为我们提供了最佳的生存保护，因为它提高了个体留意疼痛信号并采取行动避免疼痛，或纠正其结果的可能性。

如果疼痛是适当部署驱力和本能以及制定相关决策策略的控制开关，则疼痛知觉的改变应伴随着行为障碍。似乎正是这样。患有先天性无痛症这种奇特疾病的人无法获得正常的行为策略。他们看上去一直很开心，尽管事实上这种疾病导致了关节损伤，因为不能感受疼痛，他们的关节运动超出了可承受的机械极限，因而撕裂了韧带和关节囊；还导致了严重的烧伤和割伤，因为他们不会从滚烫的盘子和或锋利的刀片上缩手[6]。由于他们仍然可以感受到快乐，因此能够受到积极感觉的影响，因此他们的行为缺陷越发有趣。更令人着迷的是这种假设，即上述的控制开关机制不仅作用于生长发育过程中，而且也作用于后天习得的决策策略的部署。前额叶损伤的患者惊人地改变了他们的疼痛反应。例如，他们疼痛本身的局部表象完好无损，但是作为疼痛过程一部分的情绪反应则缺失了，或者至少可以说之后的感受是不正常的。还有其他这种分离现象的证据可供参考，如采用手术脑损伤治疗慢性疼痛的患者。

某些神经疾病包括剧烈和频繁的疼痛。一个例子是三叉神经痛，“神经痛”代表神经源性疼痛，“三叉”代表三叉神经，三叉神经用来在面部和大脑之间相互传递信号。三叉神经痛通常是影响面部一侧的一个区域，如脸颊。突然无意中触摸皮肤甚至是清风拂面，都会引发剧痛。人们痛苦地抱怨这种疼痛好像刀割肉体或针刺骨头。他们的整个生活重心都集中在痛苦上；刺痛来袭时，他们什么都做不了，而且这种刺痛发生得很频繁。他们疼得几乎蜷缩成一团。

对于那些对所有可用神经痛药物都有抗性的患者，他们的病症被归类为难治性或顽固性神经痛。在这种情况下，医生就会求助于外科手术来寻求缓解疼痛的可能性。过去曾经尝试过的一种治疗方法是额叶切除术（见第 4 章）。这种干预的结果比其他任何事实都更好地表明了疼痛本身和痛苦感受之间的区别，前者是对某种感觉信号的知觉，后者是对知觉过程进行反应所产生的感受。

试想一下我曾亲眼目睹的下列情节：当时我正与阿尔梅达·利马一起进行培训，他是位神经外科医师，曾帮助埃加斯·莫尼斯开发了脑血管造影术和额叶切除术，事实上，他进行了首例类似的手术。利马不仅是一个娴熟的外科医生，而且是一个富有同情心的人，一直在使用改良的额叶切除术治疗顽固性疼痛，并且认定在走投无路的情况下，采用该手术是合理的。他让我全程观看一次这类手术。我至今还能生动地回忆起那个患者，他正坐在床上等待手术。他遭受了刻骨铭心的痛苦，一动都不敢动，害怕引发进一步的疼痛。手术两天后，当利马和我查房时，他几乎变成了另外一个人。看上去他和其他人一样放松，并且在医院的房间里与同伴一起专注于玩扑克游戏。利马问他病痛的事儿。这个男人抬起头高兴地说：“哦，还是一样的疼痛，但我现在感觉很好，谢谢。”显然，这个手术所做的是消除了构成疼痛一部分的情绪反应。这个手术结束了他的痛苦。他的面部表情、声音和行为举止都展现出愉快的状态而非疼痛的状态。但是，手术似乎没有改变三叉神经引起的躯体部位的局部表象，所以患者说疼痛是一样的。虽然大脑不再能产生痛苦，但它仍然能生成“疼痛的表象”，即还能进行正常的对疼痛状态的躯体感觉标记[7]。这个例子除了告诉我们关于疼痛的机制之外，还揭示了实体表象，即等同于疼痛表象的生物组织的状态与躯体状态的表象之间存在分离，并通过及时共存对实体表象进行限定。

我认为，神经生物学和医学的主要努力方向之一应该是减轻上述类型的痛苦。而对于生物医学而言，同样重要的一个目标应该是减轻精神疾病的痛苦。但如何处理医疗领域之外的个体和社会冲突所产生的痛苦则是一个不同的、完全未解决的问题。目前的趋势是根本不做区分，只利用医疗方法消除任何不适。这种态度的支持者的论据很有吸引力。例如，如果增加5–羟色胺水平，不仅可以治疗抑郁症，还可以减少攻击性，让你不再害羞，并让你变得更自信，那为什么不好好利用这个手段呢？除了最扫兴、最拘谨的人，还有谁会拒绝这些神奇药物给同伴带来的好处吗？当然这里的问题是，由于有许多原因，选择并不明确。第一，药物的长期生物效应是未知的。第二，社会层面大量摄取这些药物的后果同样是个谜。第三，也许是最重要的：如果提出的解决个体和社会痛苦的方法忽略了个体和社会冲突，那么效用不太可能维持很长时间，只能治标而不能治本。

我至今讨论愉悦比较少。至少就痛苦和愉悦在控制生存中的角色而言，这两者不是双胞胎或镜像的关系。不知何故，通常情况下，是与痛苦相关的信号使我们避开了即将到来的当下或可预测的未来的麻烦。很难想象，如果个人和社会主要以寻求快乐为目标，其程度相当于或超过对痛苦的避免，这样的个体和社会可以维持下去。当前的社会发展中越来越多的享乐主义为这种观点提供了支持，我的同事和我正在进行的各种情绪的神经相关性研究也提供了进一步支持。负面情绪的种类似乎远远多于正面情绪，而且很明显，大脑使用不同系统来处理积极和消极的情绪。也许当托尔斯泰在写下《安娜·卡列尼娜》的开篇时也有相似的洞见："所有幸福的家庭都是相似的，不幸的家庭各有各的不幸。"

考虑到环保的因素，也为了节省纸张、降低图书定价，本书编辑制作了电子版的注释与参考文献。请扫描上方二维码，下载“湛庐阅读”APP，搜索“笛卡尔的错误”，即可获取注释与参考文献列表。

DESCARTES'
ERROR

注释与参考文献

致谢

在编写手稿过程中，我有幸得到几位同事的建议，他们阅读了手稿并提出了建议。他们是 Ralph Adolphs、Ursula Bellugi、Patricia Churchland、Paul Churchland、Francis Crick、Victoria Fromkin、Edward Klima、Frederick Nahm、Charles Rockland、Kathleen Rockland、Daniel Tranel、Gary Van Hoesen、Jonathan Winson、Steven Anderson、Richard Caplan、Arthur Benton。我从与他们的友好辩论中学到了很多东西，在辩论中他们经常提出建议，特别是在我们无法达成共识的情况下。语言不足以表达我对拉尔夫（Ralph）、丹（Dan）和伦迪夫人（Mrs. Lundy）的感谢，感谢他们付出的时间、知识和智慧。他们阅读了本书中若干章节的不同版本，并帮助我进行了改进。

本书中涉及的经验我已经累积了大约 25 年，其中 17 年的经验是我在艾奥瓦大学时积累的。我非常感谢神经病学院的同事，特别是认知神经科学系的成员，他们是：Hanna Damasio、Daniel Tranel、Gary Van Hoesen、Arthur Benton、Kathleen Rockland、Matthew Rizzo、Thomas Grabowski、Steven Anderson、Ralph Adolphs、Antoine Bechara、Robert Jones、Joseph Barrash、Julie Fiez、Ekaterin Semendeferi、Ching-Chiang Chu、Joan Brandt、Mark Nawrot，感谢他们多年来与我的交流讨论，以及在他们帮助下构建的一个探索心智和大脑的完美环境。我对纳入本研究的神经疾病患者表示感激，现在已经超过 1 800 人，因为他们的存在才让我有机会了解他们的问题。我希望本书的讨论能够帮助他们及其家属了解他们所面临的问题。我特别希望这本书会帮助他们向别人解释为什么有时他们会出现异常行为。

我希望我能向约翰·哈洛表示感谢，感谢他留下的关于盖奇的记录。本书的开篇章节就依赖于这些记录。根据现有的知识，这些记录能够产生一些有趣的推论和猜想，但开篇章节中对亚当斯先生的描述，以及事故当天的天气描述，完全都是我的文学创作。

贝蒂·雷德克（Betty Redeker）以其奉献精神、专业精神和幽默感为本书准备了手稿。乔恩·斯普拉德林（Jon Spradling）和丹尼丝·克鲁兹菲尔德（Denise Krutzfeldt）用他们熟练的业务能力帮助我搜索参考书目。蒂莫西·迈耶（Timothy Meyer）是专家级的编辑。

没有迈克尔·卡莱尔（Michael Carlisle）和简·伊赛（Jane Isay）这两位朋友的深刻影响和专业指导，这本书就无法完成，他们的热情和忠诚是无价的。

汉娜·达马西奥的想法、发现、批评、建议和灵感是本书不可或缺的一部分。我对她的感谢溢于言表。

DESCARTES'
ERROR

译者后记

这本书的翻译工作发端于去年和汪丁丁老师的一次聊天，我们有感于国内认知神经科学书籍的匮乏以及现有书籍翻译质量的欠缺。考虑到我的背景（经济学本科，认知心理学研究生），权衡之下，我选择翻译这本认知神经科学的经典书目。在此之前，我已经参与过三本认知神经科学教材的翻译工作，本以为这次翻译也会一帆风顺，没想到却遇到不少问题：首先是时间上的，翻译工作正好赶上我今年最忙的时候，每天晚上，只有在实验室工作完成之后，我才能开始翻译工作，期间还要复习考试，时常感叹分身乏术；另外，本书的语言相当考究，与我平日阅读的论文和教科书风格大为不同，对于从未在英语文化中浸染长居的我而言，许多语句只有在反复思忖之后，才能推敲出其真正想表达的意思。

本书作者达马西奥是认知神经科学的先驱，也是最早用脑损伤病人来研究社会行为的神经基础的学者，直到现在，我们还在反复引用他在本书中提到的研究，其早年每篇相关论文均有非常高的引用量，曾被评为最高被引学者之一。当然，随着决策神经科学（Decision Neuroscience）或者说神经经济学（Neuroeconomics）的兴起，用现在的眼光来看待本书中提到的实验，会有新的理解。例如，本书中的提到的翻纸牌实验，实质上是一个学习问题（learning），而额叶损伤患者的行为，可以在学习这个框架下被分解为不同的成分，如学习速率（learning rate），预期误差（prediction error），预期奖赏（expected reward），等等，在强化学习的框架下，我们可以对这些脑损伤患者的行为做更细致深入的分析。感兴趣的读者可以继续追踪这一领域的发展。

最后，我想致谢北大国发院的汪丁丁老师。汪老师是我进入认知神经科学的领路人，如果四年前，我没有偶然进入汪老师的行为经济学课堂，此刻的我恐怕会走上完全不同的科研道路。此外，在这几个月的翻译过程中，我要特别感谢天晴的帮助，在最忙碌的月份，感谢她帮忙仔细校阅了本书的大部分章节；此外，我还得到了同学勉小玲的协助。在这里祝愿她们之后的学习工作一切顺利；我还要感谢我当时的导师，北大心理系朱露莎的理解和支持；另外，我还要感谢湛庐文化两位编辑的辛勤工作！最后，希望广大读者可以籍由本书体会到认知神经科学的奥秘与乐趣。

殷云露　于薄扶林香港大学梁銶琚楼

未来，属于终身学习者

我这辈子遇到的聪明人（来自各行各业的聪明人）没有不每天阅读的——没有，一个都没有。巴菲特读书之多，我读书之多，可能会让你感到吃惊。孩子们都笑话我。他们觉得我是一本长了两条腿的书。

——查理·芒格

互联网改变了信息连接的方式；指数型技术在迅速颠覆着现有的商业世界；人工智能已经开始抢占人类的工作岗位……

未来，到底需要什么样的人才？

改变命运唯一的策略是你要变成终身学习者。未来世界将不再需要单一的技能型人才，而是需要具备完善的知识结构、极强逻辑思考力和高感知力的复合型人才。优秀的人往往通过阅读建立足够强大的抽象思维能力，获得异于众人的思考和整合能力。未来，将属于终身学习者！而阅读必定和终身学习形影不离。

很多人读书，追求的是干货，寻求的是立刻行之有效的解决方案。其实这是一种留在舒适区的阅读方法。在这个充满不确定性的年代，答案不会简单地出现在书里，因为生活根本就没有标准确切的答案，你也不能期望过去的经验能解决未来的问题。

而真正的阅读，应该在书中与智者同行思考，借他们的视角看到世界的多元性，提出比答案更重要的好问题，在不确定的时代中领先起跑。

湛庐阅读 App：与最聪明的人共同进化

有人常常把成本支出的焦点放在书价上，把读完一本书当作阅读的终结。其实不然。

时间是读者付出的最大阅读成本

怎么读是读者面临的最大阅读障碍

“读书破万卷”不仅仅在“万”，更重要的是在“破”！

现在，我们构建了全新的“湛庐阅读”App。它将成为你“破万卷”的新居所。在这里：

- 不用考虑读什么，你可以便捷找到纸书、电子书、有声书和各种声音产品；
- 你可以学会怎么读，你将发现集泛读、通读、精读于一体的阅读解决方案；
- 你会与作者、译者、专家、推荐人和阅读教练相遇，他们是优质思想的发源地；
- 你会与优秀的读者和终身学习者为伍，他们对阅读和学习有着持久的热情和源源不绝的内驱力。

下载湛庐阅读 App，
坚持亲自阅读，
有声书、电子书、阅读服务，
一站获得。

湛庐阅读 App

思想者的声音图书馆

倡导亲自阅读

不逐高效，提倡大家亲自阅读，通过独立思考领悟一本书的妙趣，把思想变为己有。

阅读体验一站满足

不只是提供纸质书、电子书、有声书，更为读者打造了满足泛读、通读、精读需求的全方位阅读服务产品——讲书、课程、精读班等。

以阅读之名汇聪明人之力

第一类是作者，他们是思想的发源地；第二类是译者、专家、推荐人和教练，他们是思想的代言人和诠释者；第三类是读者和学习者，他们对阅读和学习有着持久的热情和源源不绝的内驱力。

以一本书为核心

遇见书里书外，更大的世界

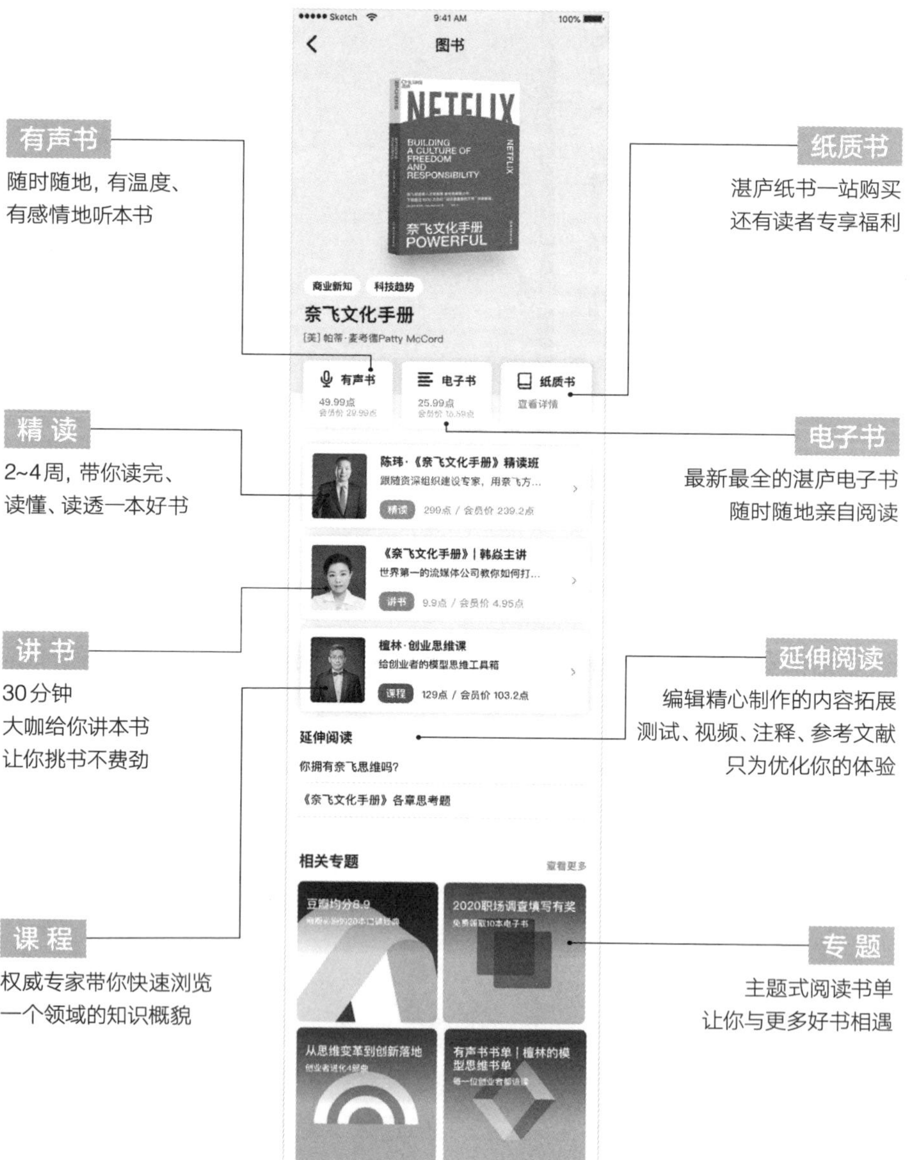

图书在版编目（CIP）数据

笛卡尔的错误：情绪、推理和大脑 /（美）安东尼奥·达马西奥著；殷云露译 .—北京：北京联合出版公司，2018.2（2024.1重印）
ISBN 978-7-5502-9917-7

Ⅰ.①笛… Ⅱ.①安…②殷… Ⅲ.①心理学 Ⅳ.①B84

中国版本图书馆CIP数据核字（2017）第329827号

著作权合同登记号
图字： 01-2017-8582

上架指导：心理学

本书法律顾问 北京市盈科律师事务所 崔爽律师

笛卡尔的错误：情绪、推理和大脑

作　　者：[美] 安东尼奥·达马西奥
译　　者：殷云露
选题策划：湛庐文化 Cheers Publishing
责任编辑：邓　晨
封面设计：所以設計館
版式设计：湛庐文化 Cheers Publishing 衣　波

北京联合出版公司出版
（北京市西城区德外大街 83 号楼 9 层　100088）
唐山富达印务有限公司印刷　新华书店经销
字数 214 千字　720 毫米 ×965 毫米　1/16　17.25 印张　4 插页
2018 年 2 月第 1 版　2024 年 1 月第 8 次印刷
ISBN 978-7-5502-9917-7
定价：79.90 元